IDEENFINDUNG MIT KI | Neue Wege für Kreative

Jenny Habermehl

Rheinwerk
Design

Wir hoffen, dass Sie Freude an diesem Buch haben und sich Ihre Erwartungen erfüllen.
Falls Sie Anregungen, Wünsche und Kommentare haben, lassen Sie es uns wissen:
service@rheinwerk-verlag.de.

Informationen zu unserem Verlag und Kontaktmöglichkeiten finden Sie auf unserer Verlagswebsite **www.rheinwerk-verlag.de**. Dort können Sie sich auch umfassend über unser aktuelles Programm informieren und unsere Bücher und E-Books bestellen.

Autorin Jenny Habermehl
Lektorat Ruth Lahres
Copy-Editing Petra Bromand, Düsseldorf
Typografie und Layout Christine Netzker
Satz Jenny Habermehl, Christine Netzker
Herstellung Maxi Beithe
Covergestaltung Mai Loan Nguyen Duy
Coverbild erstellt mit Midjourney
Druck Firmengruppe Appl, Wemding

FSC www.fsc.org MIX Papier | Fördert gute Waldnutzung FSC® C004592

Dieses Buch wurde auf FSC®-zertifiziertem Papier gedruckt.
Hergestellt in Deutschland.

Bibliografische Information der Deutschen Nationalbibliothek:
Die Deutsche Nationalbibliothek verzeichnet diese Publikation in der Deutschen Nationalbibliografie; detaillierte bibliografische Daten sind im Internet über *http://dnb.dnb.de* abrufbar.

ISBN 978-3-367-10953-1

1. Auflage 2026

Rheinwerk Verlag GmbH • Rheinwerkallee 4 • 53227 Bonn
service@rheinwerk-verlag.de

Liebe Leserin, lieber Leser,

Ideen zu finden, weiterzuentwickeln und überzeugend umzusetzen gehört zu den spannendsten und manchmal auch herausforderndsten Aufgaben bei der kreativen Arbeit. Und genau hier setzt dieses Buch an.

Jenny Habermehl zeigt Ihnen auf sehr zugängliche und praxisnahe Weise, wie Sie KI sinnvoll in Ihren kreativen Prozess integrieren können. Überzeugt hat mich, wie greifbar und direkt anwendbar ihre Ansätze sind: mit konkreten Beispielen, klaren Methoden und vielen Impulsen, die Lust machen, sofort loszulegen. Besonders spannend ist Kapitel 3, in dem die Autorin klassische Kreativitätstechniken mit den Möglichkeiten moderner KI verbindet. Dieser Ansatz ist ungemein inspirierend und es entstehen nicht nur neue Ideen, sondern oft auch ganz neue Blickwinkel.

Ich wünsche Ihnen viel Freude beim Lesen, Ausprobieren und Weiterdenken – und viele gute Ideen. Sollten Sie Hinweise, Lob oder Kritik an uns weitergeben wollen, freue ich mich über Ihre E-Mail.

Ihre Ruth Lahres
Lektorat Rheinwerk Design

ruth.lahres@rheinwerk-verlag.de
www.rheinwerk-verlag.de
Rheinwerk Verlag · Rheinwerkallee 4 · 53227 Bonn

Inhalt

KAPITEL 1
Kreativität im digitalen Zeitalter

KAPITEL 2
Briefing & Recherche

KAPITEL 3

Ideation & Konzeption

KAPITEL 4

Umsetzung in Bild und Text

KAPITEL 5

Ideen optimieren und präsentieren

Die Praxisbeispiele des Buchs

Kreativität im digitalen Zeitalter

KAPITEL 1

Kreativität im digitalen Zeitalter

Kreativität hat einen wichtigen Stellenwert im Leben vieler Menschen – so auch in meinem und, da Sie dieses Buch lesen, wahrscheinlich auch in Ihrem. Kreativität ist etwas, das es uns Menschen ermöglicht, neue Wege zu gehen. Ihr habe ich sogar meine Masterarbeit gewidmet, als ich untersucht habe, ob und wie KI kreativ sein und wie sie sich auf die menschliche Kreativität auswirken könnte. Dafür bin ich tief abgetaucht: in die Kreativitätswissenschaften und in die Funktionsweise von Künstlicher Intelligenz. Ich wollte verstehen, wie Kreativität entsteht, wie sie beeinflusst wird und wie sich Medien und technologische Entwicklungen auf sie auswirken – positiv wie auch negativ. In meinem Buch »KI für Kreative« habe ich mich mit den technischen Entwicklungen und generativen Tools auseinandergesetzt, gebe Workshops und halte Vorträge darüber – immer fokussiert auf das Thema Kreativität. KI wird gerne mit Begriffen wie Automation und Effizienz in Zusammenhang gebracht. Doch wenn wir die Fähigkeiten kreativer Menschen mit dieser Technologie verbinden, eröffnen sich noch ganz andere Möglichkeiten. Genau das möchte ich mit diesem Buch vertiefen. Ich lade Sie ein, Ihre eigene Kreativität neu kennenzulernen und hoffentlich so wie ich immer wieder neue Seiten an ihr zu entdecken. KI kann dabei eine tragende Rolle spielen, wenn man sich darauf einlässt.

Was ist eigentlich Kreativität?

Mit Kreativität wird in der Kreativitätsforschung der schöpferische Akt bezeichnet, bei dem etwas Neues und auch Unerwartetes entsteht. Es gibt zwar keine allgemein gültige Definition, doch etliche Überschneidungen beim Versuch, Kreativität begreifbar zu machen.

Das Wort Kreativität stammt vom lateinischen »creare« ab, was »schaffen«, »gebären« oder »erzeugen« bedeutet. In vielen Definitionsversuchen wird Kreativität als die Fähigkeit beschrieben, etwas Originelles und Ungewöhnliches zu entwickeln und umzusetzen. Einige Forscher*innen grenzen den Bereich der Kreativität stärker ein, indem die Einfälle weder eine Aneinanderreihung von Bekanntem noch rein der Fantasie entsprungen sein sollten. Am besten sollte das Ganze noch zielgerichtet und nützlich sein, ohne dass es an einen praktischen Nutzen gebunden ist.

Kreativität zu verstehen und zu erklären ist noch viel komplexer, und daher kann keiner der »kurzen« Definitionsversuche ihr gerecht werden. Doch wir können uns hier im Buch der Sache annähern und Wege finden, die eigene Kreativität besser zu verstehen. Daher habe ich Ihnen eine Auswahl meiner wichtigsten Erkenntnisse über Kreativität zusammengefasst.

Ein paar Fakten über Kreativität

Folgende Erkenntnisse haben meine Sicht auf Kreativität verändert:

- Kreativität braucht ein ausgewogenes Verhältnis aus Chaos und Struktur.
- Humor ist einer der Indikatoren von Intelligenz.
- Kreativität braucht Intelligenz, Wissen und Assoziationsvermögen.
- Ein Teil des kreativen Denkens läuft im Unterbewussten (der typische Gedankenblitz, während man etwas völlig anderes macht).
- Kreativität ist erlernbar und kann trainiert werden.
- Emotionen können sich positiv wie auch negativ auf die Kreativität auswirken.
- Ob etwas kreativ ist, wird meist von einem Feld (Expert*innen in einer Domäne wie Kunst, Design usw.) bestimmt.
- Je höher und auch festgelegter die Erwartung (von innen und/oder außen), desto gefährdeter ist die Individualität und Kreativität.
- Kreativtechniken können ein Katalysator für kreatives Denken sein.
- Digitale Medien können die eigene Kreativität blockieren.
- Der Zufall ist ein Freund der Kreativität.

Das ist in Kurzform zusammengefasst, was ich aus zahlreicher Literatur der Kreativitätsforschung zusammengetragen habe – darunter Autoren wie Mihály Csíkszentmihályi und Edward de Bono – sowie auch aus Vorträgen von Vera F. Birkenbihl.

Ansätze zur Definition von Kreativität

Spannend ist, dass es unterschiedliche Ansätze gibt, Kreativität zu definieren. Die verschiedenen Ansätze zur Definition von Kreativität haben einen gemeinsamen Kern: die Fähigkeit, vorhandene Elemente auf ungewöhnliche Weise zu verknüpfen und daraus innovative, oft nützliche Lösungen zu entwickeln.

Für mich wurde das Thema Kreativität durch meine Recherchen greifbarer und steuerbarer. Ich habe aufgehört, meine eigene Kreativität zu idealisieren, und gehe nun viel strukturierter an kreative Prozesse heran. Das hat auch dazu geführt, dass ich offener dafür bin, KI mit Kreativität zu verbinden und neue Wege zu suchen, meine eigene Kreativität zu fördern. Seit ich KI in meinem Kreativprozess nutze, habe ich endlich das Gefühl, mein volles Potenzial ausschöpfen zu können. Darum soll es in diesem Buch gehen, damit auch Sie Wege finden können, ihre kreatives Potenzial zu erweitern.

Die eigene Definition von Kreativität

Sie merken vielleicht beim Lesen, dass Ihnen manche Ansätze zur Erklärung von Kreativität bekannt sind, sie den einen zustimmen und anderen eher abgeneigt sind. Sie haben Ihre ganz eigene Idee und Definition von Kreativität – denn jeder Menschen »erfährt« die eigene Kreativität auf eine sehr subjektive Art und Weise. Daher lade ich Sie auf ein kleines KI-Experiment ein.

Übung: Die eigene Definition von Kreativität

Schreiben Sie in Stichworten auf, was Kreativität für Sie bedeutet. Sie können sich aus den Definitionen aus diesem Kapitel bedienen und eigene Ideen hinzufügen.

Nutzen Sie ein Textgenerierungstool Ihrer Wahl, wie ChatGPT, Gemini oder Perplexity. Geben Sie folgenden Prompt ein oder schreiben Sie einen eigenen:

Prompt **Ich möchte eine eigene Definition von Kreativität schreiben. Hier sind ein paar meiner Ideen. Bitte erstelle daraus eine kurze, kreative und intelligente Definition, geschrieben wie ein Lexikon-Eintrag.**

Geben Sie dann noch Ihre Stichwörter hinzu, die Sie sich notiert haben. Ich selbst habe ChatGPT mit dem Modell 5.2 (mit fortgeschrittenem Reasoning) genutzt und habe folgendes Ergebnis erhalten:

ChatGPT **Kreativität (Substantiv, f.): Kreativität ist ein inneres Feuerwerk: Kreativität bezeichnet die individuelle Kraft, Lebendigkeit und Freude in Ausdruck zu verwandeln. Sie wirkt wie ein Feuerwerk der Inspiration: plötzlich, intensiv, nicht vollständig steuerbar. Ihr Kern bleibt ein Mysterium – ungreifbar, aber spürbar – und zeigt sich dort, wo etwas Eigenes entsteht, das mehr ist als die Summe bekannter Ideen.**

Sie können natürlich auch andere Begriffe nehmen, wie die KI Ihre Definition verfassen soll. Statt »kreativ« und »intelligent« können Sie auch »verrückt«, »emotional«, »provokativ« oder »rational« ausprobieren, bis Sie »Ihre« Definition gefunden haben.

Bei dem Experiment können Sie sehen, wie die KI Ihre Ideen und Gedanken in greifbare Sätze verwandelt. Dabei haben Sie nicht nur um eine reine Definition gebeten, sondern eigene Ideen – hier zu Ihrer ganz eigenen Definition von Kreativität – eingegeben und der KI noch die Richtung vorgegeben, wie der Text »klingen« soll. Damit haben Sie der KI nicht nur reines Wissen über Kreativität abverlangt, sondern Sie haben eine Kette an Assoziationen mit Ihren Begriffen ausgelöst.

Die KI ist mit Ihrer Hilfe kreativ geworden, denn sie hat gerade einen Text verfasst, der Bekanntes (Wissen über Kreativität, Definitionen und Lexikon-Einträge) mit Unbekanntem (Ihre Begriffe und Vorgaben) verknüpft, und daraus eine ganz neue Definition von Kreativität geschaffen. Ob das Ergebnis nun besonders kreativ und gelungen ist, das müssen Sie wiederum mit Ihrem Fachwissen beurteilen. Aber als ersten Impuls möchte ich Ihnen Folgendes mitgeben: Wenn Sie mit KI kreativ arbeiten möchten, müssen

Sie zwischen reiner Wissensabfrage mit einem einfachen und allgemeinen Prompt und dem kreativen Kombinieren von Wissen und Ihrem kreativen Input unterscheiden. Das Ergebnis hängt sehr stark von Ihren Impulsen ab, und für den optimalen Impuls benötigen Sie zunächst ein Verständnis für das eigene kreative Schaffen sowie auch die Möglichkeiten und Grenzen der KI-Modelle. Dazu kommen wir gleich.

Kreativität als Problemlösungskompetenz

Immer wieder frage ich mich, welche Kompetenzen wir in einer Zukunft brauchen, in der KI immer mehr Aufgaben übernimmt, die uns Menschen bisher ausgemacht und uns einen Sinn gegeben haben – wie das Kreativsein. Kreativität ist meiner Meinung nach eine der wichtigsten Kernkompetenzen der Zukunft. Sie umgibt uns immer und überall – im Großen und im Kleinen. Von einfachen Alltagssituationen, für die wir neue Lösungen finden, bis hin zu bahnbrechenden und wegweisenden Neuerungen, die unser aller Leben besser machen. Kreativität kann Probleme lösen – unsere eigenen oder die anderer. Das setzt allerdings ein gewisses Maß an Intelligenz voraus – diesem Thema widmen wir uns noch später im Kapitel.

Kreativität ist, was uns als Individuen ausmacht und was uns langfristig weiterbringt.

Natürlich muss nicht jede Art von Kreativität ein Problem lösen – sie kann auch einfach zur eigenen Freude entstehen oder um anderen eine Freude zu machen. Aber im beruflichen Kontext ist Kreativität das, was uns als Individuen ausmacht und was uns langfristig weiterbringt – besonders wenn KI in naher Zukunft viele Standardaufgaben übernehmen wird. Daher ist dieses Kapitel so wichtig, denn wir können Kreativität erlernen und diese auch weiterhin trainieren. All die kreativen Übungen in diesem Buch können Sie jederzeit auch ohne KI ausprobieren. Oder Sie nutzen die KI, um sich selbst kreativ herauszufordern. Wiederstehen Sie der Versuchung, die KI in Zukunft alle kreative Arbeit machen zu lassen, dann haben Sie auch für die Zukunft Ihre Problemlösungskompetenz an Ihrer Seite.

Kreativität als wertvolle Ressource, Neues zu schaffen

Was ist also, wenn wir Kreativität nicht nur als »nice to have«, sondern als eine wichtige Ressource sehen, die uns langfristig eine Zukunft bietet? Ohne das kreative Denken von Menschen gäbe es kaum Fortschritt in der Geschichte der Menschheit. Für mich gehört die Kreativität in alle Bereiche des Lebens: in die Wissenschaft, die Bildung, unsere Arbeit, in unser Privatleben, einfach überallhin. Kreative Menschen sind oft sehr intelligent, experimentierfreudig und gehen voraus, auch wenn sie noch nicht wissen, wohin der Weg sie führt. Kreativ sein bedeutet auch, Risiken einzugehen – denn nicht alle finden es gut, wenn man etwas anders macht. In jeder kreativen Arbeit steckt etwas von einem selbst, und indem man das nach außen hin zeigt, macht man sich auch ein Stück weit angreifbar. Daher sehe ich Kreativität als eine der wichtigsten Ressourcen und den Drang zum Kreativsein sogar als Treibstoff, der uns Menschen auch in der Zukunft weiterbringen wird – egal wie diese aussehen mag.

Kreativität als Prozess

Als ich mich mit Designmethoden, Kreativtechniken und Prozessen auseinandergesetzt habe, wurde mir bewusst, wie viel Struktur hinter kreativem Arbeiten stecken kann. Laut Edward de Bono erreichen wir wahre Kreativität, indem wir aus unseren alltäglichen Routinen ausbrechen. So weit ist das verständlich, denn um etwas neu oder anders zu machen, muss man gezwungenermaßen aus Strukturen ausbrechen und Neuland betreten – wir brauchen das Chaos. Doch de Bono ist auch einer der Entwickler vieler Kreativtechniken, die wir heute kennen. Und diese folgen meist ganz logischen Strukturen, um aus den bisherigen Routinen herauszukommen. Auch Designmethoden wie das Design Thinking folgen einer Logik und haben ganz bestimmte Prozesse, die aufeinander aufbauen. Der Rahmen sorgt dafür, dass wir fokussiert bleiben und Ideen in eine Form bringen können. Ohne diesen würden wir wohl zumindest im beruflichen Alltag irgendwann den Überblick verlieren. In der Praxis kann das heißen:

- Beim Layout mit einem strengen Gestaltungsraster starten und bewusst aus diesem ausbrechen, um Spannung zu erzeugen.
- In der Konzeptphase zuerst eine klare, markenkonforme Leitidee entwickeln – und danach bewusst Varianten dagegenstellen, die nicht »sicher« und markenkonform sind.
- Bei der Ideenfindung erst eine stabile Basis schaffen (Briefing, Recherche, Austausch) und dann gezielt feste »Regelbruch«-Phasen einbauen, bewusst vom Briefing abweichen, Gegensätze und Provokationen testen.

Struktur und Chaos sind also keine Gegensätze, sondern zwei Kräfte, die sich gegenseitig bedingen. Das bewusste Ausbrechen aus Strukturen gibt den Impuls für Neues – oft schon während des Prozesses.

Was brauchen wir, um kreativ zu sein?

An dieser Stelle möchte ich Sie dazu inspirieren, einmal zu beobachten, wann und wo Sie besonders gute (kreative) Einfälle haben. Oder auch, wann es Ihnen besonders schwerfällt, kreativ zu arbeiten. Nun ist das, was wir brauchen, um kreativ zu sein, wieder eine sehr individuelle Geschichte – aber auch hier hat die Wissenschaft einige Erkenntnisse gewonnen, die ich hier gerne mit einbringen möchte.

»Kreativität setzt Sensibilität voraus. Und Sensibilität basiert – einmal abgesehen von der Begabung – überwiegend auf Wissen. Je mehr Wissen, desto mehr Kreativität.«

Bevor Sie überlegen, was Sie brauchen, um kreativ zu sein, schauen wir uns an, was Kreativität braucht: Wolfgang Beinert, renommierter Grafikdesigner und Herausgeber des Typolexikon.de, sagt, dass Kreativität Sensibilität voraussetzt und dass diese nicht nur auf Begabung, sondern Wissen basiert. Schauen wir uns das näher an.

Wissen und Intelligenz

Wissen und Information – da sind sich die Expert*innen einig – sind wichtige Schlüssel zur Kreativität. Niemand würde ein großartiges Stück komponieren können, ohne jemals etwas über Musik gelernt zu haben. Sie kennen das bestimmt aus Ihrem Alltag, wenn Sie sich bei neuen Projekten erst einmal tief mit dem Produkt, dem Unternehmen, der Zielgruppe usw. beschäftigen, bevor Sie überhaupt an die erste Ideenfindung gehen. Das Aneignen von Wissen und Information bedarf eines gewissen Grades an Intelligenz sowie der Fähigkeit, Informationen zu hinterfragen – denn gerade jetzt schwirren mehr Falschinformationen im Web herum als jemals zuvor. Es wird immer schwieriger, das Richtige vom Falschen zu trennen.

Im Juli 2025 hat eine Forschungsgruppe des MIT Media Lab unter *brainonllm.com* eine Vorstudie (noch nicht »peer reviewed«) herausgebracht, die im Internet große Wellen schlug. In der Studie wurden die 54 Teilnehmenden in drei Gruppen aufgeteilt, alles Studierende, die einen Aufsatz schreiben sollten: eine Gruppe, die ohne Hilfsmittel arbeiten sollte, die zweite via Google-Suche und die dritte rein mit einem LLM (Large Language Model) wie ChatGPT. Die Studie ging über vier Termine, und es gab beim letzten Termin nur noch 18 Teilnehmende und zwei Gruppen: die ohne Hilfsmittel und die mit LLMs gearbeitet haben, neun je Gruppe. Diese haben dann die Methoden gewechselt – also von vollem LLM-Zugriff auf ohne Hilfsmittel und von null Hilfsmittel auf LLM-Unterstützung. Während der gesamten Studie wurden die Gehirnströme gemessen, und es wurde festgestellt, dass die Personen, die ausschließlich mit einem LLM gearbeitet haben, eine signifikant geringere Hirnaktivität (während des Versuchs!) aufwiesen als die Personen, die die Aufgabe ohne Hilfsmittel umsetzten. Als diese in der vierten Runde plötzlich ohne Hilfsmittel arbeiten sollten, konnte der Effekt nicht rückgängig gemacht werden – rein auf die Aufgabenstellung bezogen, und natürlich ist das kein nachgewiesener Langzeiteffekt. Aber interessant ist das, was mit der Gruppe passierte, die erst ohne KI gearbeitet hatte und am Ende die KI nutzen durfte. Dort wurde sogar eine Steigerung der Hirnleistung festgestellt, und die Personen haben sich außerdem auch stärker an die Inhalte des Aufsatzes erinnern und sich damit auch mehr mit dem Inhalt (»higher ownership«) identifizieren können.

Personen, die nur mit einem LLM arbeiteten, wiesen eine signifikant geringere Hirnaktivität auf.

Was sagt die Studie nun konkret aus? Sie kann natürlich keine Langzeitfolgen vorhersagen und sagt auch nicht aus, dass die KI uns »dumm macht«. Sie zeigt vielmehr, dass wir zuerst unser eigenes Potenzial ausschöpfen sollten – hier das Thema Wissen und Intelligenz – und die KI mehr eine Ergänzung ist, die uns sogar noch etwas weiter bringen kann. Wer abschreibt und das eigene Denken auslagert, wird langfristig sehr wahrscheinlich Probleme bekommen – ob beim Lernen, bei der Arbeit oder beim kreativen Schaffen.

Reflexion und kritisches Denken

Weitere wichtige Kompetenzen liegen außerdem in der Reflexion und im kritischen Denken. Abgesehen von den Halluzinationen, also den zufälligen Details und Informationen, die die KI »erfindet«, müssen wir sehr kritisch mit dem sein, was die KI uns als Wahrheit ausgibt oder andere mit KI generiert und veröffentlicht haben. Doch ohne das notwendige Wissen können wir gar nicht reflektieren oder hinterfragen. Also halten wir fest: Intelligenz sowie Wissen – kombiniert mit kritischem Denken – sind sehr wichtige Voraussetzungen für Kreativität. Dies führt zu einem höheren Verantwortungsbewusstsein für das Ergebnis unserer Arbeit, mit der wir uns dadurch wiederum stärker verbunden fühlen können.

Aufmerksamkeit

Nun wird es spannend, denn das ist ein Punkt, den ich selbst sehr überraschend fand, als ich das Buch »Flow« von Mihály Csíkszentmihályi gelesen habe. Was ist mit Aufmerksamkeit gemeint? Csíkszentmihályi schreibt, dass es natürlich äußere Faktoren gibt, die entscheidend dafür sind, ob etwas kreativ ist. Platt gesagt: Man muss zur richtigen Zeit am richtigen Ort mit den richtigen Leuten sein. Gerne wird das Beispiel des Künstlers Vincent van Gogh genannt, der zeit seines Lebens keine Anerkennung für seine Kunst erhalten hat, während er nun als einer der Mitbegründer der modernen Malerei gilt. Er war einfach vor seiner Zeit, und man verkannte damals seine Genialität. Heute sind es Expert*innen, Kurator*innen, Fachjurys usw., die neue kreative Talente entdecken und/oder auszeichnen. Zu Beginn des Kapitels habe ich als Erkenntnis »je höher und auch festgelegter die Erwartung (von innen und/oder außen), desto gefährdeter ist die Individualität und Kreativität« genannt. Für mich ist das eine Art von Abhängigkeit, die wahre Kreativität hemmen könnte, da man geneigt ist, das zu produzieren, was gerade »angesagt ist« oder »erwartet wird« – um die Aufmerksamkeit auf sich zu ziehen. Doch auch das Gegenteil kann zu einer höheren Aufmerksamkeit von außen führen – indem man aus der Reihe tanzt. Heutzutage kann jede*r Aufmerksamkeit im Internet finden. Es braucht dann nur das richtige Publikum, das das Potenzial anerkennt. Das ist die Aufmerksamkeit von außen – aber was ist mit der eigenen Aufmerksamkeit?

Solche »glücklichen« Zufälle können nur entstehen, wenn wir unseren Aufmerksamkeitshorizont erweitern.

In der Wissenschaft finden wir etliche Beispiele, in denen durch »Zufall« ganz neue Entdeckungen gemacht wurden – wie die Röntgenstrahlen oder Penicillin. Selbst der Urknall bzw. dessen Hintergrundrauschen im Weltall wurde durch Zufall von einer Forschungsgruppe entdeckt, die erstmal nichts damit anzufangen wusste. Durch ein Gespräch mit Kolleg*innen kam dann heraus, dass es genau das ist, wonach die andere Gruppe gesucht hatte. Solche »glücklichen« Zufälle können aber nur entstehen, wenn wir unseren Aufmerksamkeitshorizont erweitern und offen sind für mehr als das, was wir gerade suchen. Im Jahr 1754 bekam dieses Phänomen einen Begriff – Serendipität.

Das Prinzip der Serendipität

Der englische Schriftsteller Horace Walpole prägte den Begriff »Serendipity« in einem Brief aus dem Jahr 1754. Er suchte nach einem Ausdruck für jene glücklichen Zufälle, bei denen man etwas Wertvolles entdeckt, das man gar nicht gesucht hat. Inspiriert wurde er dabei von dem persischen Märchen »Die drei Prinzen von Serendip« (Serendip ist eine alte Bezeichnung für Sri Lanka).

Die Prinzen ziehen darin durch die Welt – aufmerksam, offen und bereit, selbst kleinste Details wahrzunehmen, die anderen entgehen. Immer wieder stoßen sie auf neue Situationen, in denen sie durch kluge Beobachtung und das Kombinieren scheinbar unzusammenhängender Hinweise überraschende Lösungen finden.

Wirklich salonfähig wurde der Begriff durch Robert K. Merton, einen der ersten Wissenschaftssoziologen, der diesen Begriff – natürlich durch Zufall – in einem Lexikon entdeckte und damit eine Begrifflichkeit für viele wissenschaftliche »zufällige« Errungenschaften gefunden hat, die unser Leben so viel leichter machen.

Solche Zufälle kann man nicht mit einfachem Glück vergleichen, denn wie Louis Pasteur damals sagte: »Der Zufall begünstigt nur den vorbereiteten Geist«. So kommen wir zu unserer Basis – dem Wissen und der Intelligenz – in Verbindung mit der Aufmerksamkeit für Details und für das, was wir finden, aber nicht gesucht haben.

Assoziatives Denken

Assoziatives Denken ist eine Schlüsselkompetenz in kreativen Prozessen, weil es uns ermöglicht, scheinbar Unverbundenes zu verknüpfen und dadurch originelle Ansätze zu finden. Im Design kann das zum Beispiel bedeuten, eine Farbwelt aus der Natur auf ein digitales Interface zu übertragen oder die Struktur eines Musikstücks als Inspiration für ein Layout zu nutzen. Der Psychologe Sarnoff Mednick hat 1960 versucht, das Wesen der Kreativität zu ergründen und entwickelte dafür den Remote Association Test (RAT). Der Test zeigt dabei, wie schnell und flexibel wir solche Verbindungen herstellen können – etwa wenn wir drei scheinbar zufällige Wörter (z. B. Mann, Rutsche, Hahn) erhalten und das eine Wort finden sollen, das alle verbindet (hier »Wasser«). Diese Fähigkeit lässt sich trainieren, etwa durch gezielte Kreativübungen oder indem man sich regelmäßig mit Themen beschäftigt, die außerhalb des eigenen Fachgebiets liegen. Moderne LLMs halten bei diesem Test übrigens mit uns Menschen sehr gut mit, wenn auch nicht bei den schwierigeren Fällen.

Machen Sie den Remote Association Test

Auf der Webseite *remote-associates-test.com* können Sie testen, wie gut Sie im Assoziieren der Wortgruppen sind. Allerdings ist dieser auf Englisch. Oder Sie machen sich mit ChatGPT einfach eine eigene App mit dem RAT. Den Prompt dazu finden Sie in den Ressourcen des Buches über den QR-Code oder unter *www.rheinwerk-verlag.de*.

PRAXIS

Der Zufall als kreative Inspiration

Kennen Sie diese Momente? Da wollte man nur kurz etwas nachschauen und befindet sich dann mitten in einer Recherche zu einem Thema, von dem man vorher noch nie gehört hatte. Jan Böhmermann hat den passenden Satz dazu: »Ich bin mal wieder im Internet falsch abgebogen.« Was erstmal negativ klingt, kann zu manch großen und kleinen Entdeckungen führen. Sollten Sie so einen Moment haben, dann ist die folgende Übung genau die richtige. Natürlich können Sie die jetzt auch gleich mit KI ausprobieren, ohne solch einen Moment abzuwarten.

Sollten Sie mal »falsch« abgebogen sein, dann halten Sie kurz inne:

- Was wollte ich eigentlich machen?
- Wo bin ich jetzt gelandet und über welche Umwege/Abzweigungen?
- Wie kann ich das, was ich eigentlich gesucht habe, mit dem verbinden, bei dem ich gelandet bin? Bringt mich dabei etwas auf neue Gedanken?

Oder Sie konstruieren solch eine Situation mit der KI:

1. Geben Sie einem LLM wie ChatGPT ein Thema aus Ihrem Alltag oder Beruf (z. B. »Morgendlicher Stress«, »Kund*innenbindung«, »Farbwahl im Design«).
2. Bitten Sie die KI um fünf überraschende Assoziationen oder Analogien aus anderen Bereichen zu dem Thema, oder geben Sie eigene Impulse hinein, die scheinbar nichts mit dem Thema zu tun haben.
3. Lesen Sie die Vorschläge durch. Welcher Impuls irritiert, überrascht oder inspiriert Sie?

Nehmen Sie diesen einen Gedanken, und spinnen Sie ihn weiter:

- Gibt es Impulse, die ich auf meine aktuelle Situation adaptieren kann?
- Wie finde ich daraus einen neuen Lösungsansatz?

Beispiel: Preisgestaltung

Wenn es um Honorare geht, tun sich viele Kreative schwer. Nicht, weil sie den Wert ihrer Arbeit nicht kennen – sondern weil es oft schwierig ist, ihn nach außen zu kommunizieren. Gestaltung ist kein Produkt, das man aus dem Regal zieht. Kreative Arbeit ist ein Prozess und eine individuelle Leistung. Doch wie erklärt man das jemandem, der nur »ein Logo« oder »eine Webseite« möchte?

Prompt Nenne mir fünf überraschende Vergleiche, Gegensätze oder Analogien zum Thema Preisgestaltung in der Kreativbranche.

Hier ein paar der Ergebnisse mit dem Modell ChatGPT 5:

1. *Preise sind wie Gewürzmischungen – zu viel vom Falschen und es schmeckt billig, zu wenig und es wirkt fad. Die Kunst liegt im genau richtigen Verhältnis.*
2. *Preise sind wie ein Türsteher – er entscheidet, wer reindarf. Zu streng, und der Club ist leer; zu locker, und das Publikum passt nicht zur Party.*
3. *Preise sind wie Bühnenlichter – zu grell, und man blendet den Kunden; zu dunkel, und man wird gar nicht wahrgenommen.*

Ich nehme die Gewürzmischung und lasse ChatGPT mir daraus Impulse für mein Angebot und die Kommunikation geben.

Prompt Nimm die Metapher „Preisgestaltung ist wie eine Gewürzmischung“ und entwickle sie weiter – nicht als oberflächliche Floskel, sondern als durchdachten Gedanken, der im kreativen Alltag funktioniert. Wie lässt sich dieser Vergleich nutzen, um Kund*innen zu erklären, warum ein Preis nicht beliebig ist? Zeige, wie man das Bild im Gespräch, im Angebot und im eigenen Selbstverständnis einsetzen kann.

Preisgestaltung ist wie eine gut abgestimmte Gewürzmischung. Es geht nicht nur um einzelne Zutaten, sondern um das Zusammenspiel – um Balance, Timing und Erfahrung. Eine Prise zu viel kann überlagern, zu wenig hinterlässt einen flachen Eindruck. In der kreativen Arbeit bedeutet das: Nicht der sichtbare Aufwand allein bestimmt den Preis, sondern das Gespür dafür, was ein Projekt wirklich braucht, um Wirkung zu entfalten.

Im Kundengespräch: »Mein Preis ist bewusst so gesetzt, dass er die Qualität meiner Arbeit trägt – wie eine Mischung, die auf den Punkt abgestimmt ist. Es geht nicht um Masse, sondern um Wirkung.«

Im Angebot: »Gute Gestaltung lebt von Ausgewogenheit – in Inhalt, Form und Prozess. Mein Honorar spiegelt diese Mischung wider: durchdacht, klar und darauf ausgelegt, langfristig zu funktionieren.«

In meinem Selbstverständnis: »Ich verstehe meine Arbeit als feine Abstimmung – kein Baukasten, sondern ein sensibles Zusammenstellen dessen, was ein Projekt braucht. Der Preis ist Teil dieser Komposition.«

Bisher waren Analogien wie der Maßanzug sehr geläufig, doch mir gefällt die Idee der Gewürzmischung. Diese Analogie bietet mir viele bildhafte Argumente, wenn es um die Preisverhandlung geht. Dabei müssen Sie natürlich nicht 1:1 alles übernehmen, was die KI als Ergebnis generiert, sondern können es als willkommene Inspiration im Alltag – beruflich wie auch privat – sehen und nutzen lernen.

Tipp: Verschiedene Modelle ausprobieren

Testen Sie die Prompts in unterschiedlichen Modellen oder bei Ihrem Tool der Wahl. Gerne auch parallel, so erhalten Sie noch mehr Variationen.

Serendipität und KI

Zugegeben, diese Übung ähnelt sehr den Kreativtechniken der Analogiebildung und Assoziation – denn das sind sehr effektive Möglichkeiten, um mit KI auf neue Ideen zu kommen. Und darum geht es ja auch in dem Buch: bewährte Techniken neu miteinander zu verknüpfen, um mit KI Neues und Unterwartetes zu generieren.

Als ich in meinen Recherchen auf das Prinzip der Serendipität gekommen bin, war mir die Verknüpfung zu KI gleich klar:

- KI halluziniert – hier erhalten wir oft ungewollte Zufälle, aus denen wir trotzdem etwas Neues und Sinnvolles machen können.
- KI ist wie ein Zufallsgenerator – jeder Chat kann Türen in noch kaum betretene Räume öffnen.

Ihre Kreativität in Verbindung mit der KI und einer Prise Zufall – das könnte die beste Gewürzmischung der Welt werden!

Kreativität ist nicht selbstverständlich

Kreativität ist nicht einem bestimmten und exklusiven Personenkreis vorbehalten. Kreativität hat auch nicht zwingend etwas mit Kunst, Musik oder mit meinem Berufsfeld, dem Design, zu tun. Sie umgibt uns überall und kann im Kleinen wie im Großen stattfinden. In allen Bereichen unseres Lebens – von der Wissenschaft bis hin zu ganz alltäglichen kreativen Problemlösungen.

Es gibt Menschen, denen kreatives Denken leichter fällt und die im persönlichen und beruflichen Umfeld als besonders kreativ angesehen werden. Auch ich zähle mich dazu, da es mir schon von klein auf wichtig war, meine vielen Ideen umzusetzen und auszudrücken. Kreativität ist Teil meiner privaten wie auch beruflichen Identität. Für mich war bei der Berufswahl also klar, dass ich etwas Kreatives machen möchte. Doch auch ich muss meine Kreativität trainieren und strukturieren, um mein Potenzial voll auszuschöpfen.

Lange bin ich an kreative Aufträge ohne Struktur und System drangegangen – das pure Chaos. Das hat auch funktioniert, war aber sehr davon abhängig, wie ich an dem Tag drauf war und wie sehr mich das Thema interessiert hat. Mal kamen die Ideen schnell, mal haben sie gedauert. Wenn man in der Kreativbranche arbeitet, ist der Tag wie bei anderen Berufen mit Deadlines und To-dos sowie Meetings vollgepackt. In der Festanstellung ist man meist sehr fremdgesteuert, aber auch die Selbstständigkeit bringt viele Verpflichtungen mit sich, die wahre Kreativitätskiller sein können. Umso wichtiger ist es, sich der eigenen Kreativität bewusst zu sein und diese zu pflegen, denn in Zukunft wird es mehr kreative Köpfe wie Sie und mich brauchen, die verhindern, dass wir in einem Loop aus Mittelmäßigkeit, Automation und Effizienz gefangen werden.

Sich mit dem kreativen Vorbild unterhalten

Wer ist Ihr großes Vorbild, wenn es um Kreativität geht? Recherchieren Sie über diese Person – was macht sie aus? Wo liegen ihre Kompetenzen und warum ist diese Person als kreativer Mensch bekannt?

Gehen Sie in Ihr LLM der Wahl, und geben Sie der KI so viele Informationen über diese Person wie möglich. Geben Sie dazu folgenden Prompt ein:

Prompt **Du erhältst jetzt Informationen über eine bestimmte Person. Analysiere diese und übernimm ihre Perspektive, ihren Kommunikationsstil und ihr Fachwissen. Antworte so, als wärst du diese Person, inklusive Tonfall, Wortwahl und typischer Denkweise. Falls du etwas nicht sicher weißt, antworte so, wie es die Person vermutlich tun würde.**

Nun können Sie sich mit der KI unterhalten und so vielleicht eine spannende Diskussion über Kreativität oder ihr aktuelles Projekt führen. Natürlich ist dies rein fiktiv, aber solch ein Perspektivwechsel kann eine schöne Abwechslung im Kreativalltag sein. Vielleicht erhalten Sie so noch die entscheidende Idee?

Chancen und Gefahren digitaler Kreativität

Unser Leben spielt sich längst im realen wie im digitalen Raum ab. Das hat großartige Verbesserungen gebracht – und als Kind des Computers möchte ich diese keinesfalls schmälern. Gleichzeitig lohnt es sich aber auch, die Schattenseiten zu betrachten, denn gerade durch KI wird noch einiges auf uns zukommen – im Guten wie im Herausfordernden.

Das Internet hat den Informationsaustausch demokratisiert: Jede*r kann Inhalte schaffen, teilen und damit ein Publikum erreichen. Die Kreativbranche profitiert davon enorm – wir können unser Grundbedürfnis nach Entfaltung und Verbundenheit ausleben, Reichweite aufbauen und sogar unseren Lebensunterhalt online verdienen. Plattformen wie YouTube, Pinterest oder Instagram sind Inspirationsquellen, Lernplattformen und Marktplätze zugleich – jederzeit und von überall. Communitys entstehen zu jedem noch so nischigen Thema, Wissen wird geteilt, und wir können Neues lernen, ohne das Haus zu verlassen.

Eine Spielwiese für die eigene Kreativität
Das Internet schafft einen Raum für kreative Inspiration und Ausdruck – in jeder erdenklichen Form. Gleichgesinnte zu finden, ist dank sozialer Medien so einfach wie nie. So entstehen ganze Communitys um die verschiedensten Themen – egal wie nischig. Viele teilen ihr Wissen bereitwillig, oft auf hohem Niveau. Online lasse ich mich inspirieren oder inspiriere andere. Ich kann meine Arbeit inszenieren, Reichweite aufbauen und Kooperationen nutzen. Online-Magazine und kuratierte Plattformen geben zusätzlichen Raum, um sichtbar zu werden. Diese Gemeinschaften und unendlichen Möglichkeiten erweitern den Horizont und bieten die Chance, sich weiterzuentwickeln. Der Austausch, die Reichweite und das Belohnungssystem (Likes, Follower, Klicks) sozialer Plattformen können dabei echte Motivatoren sein.

Digitaler Darwinismus – FOMO für Fortgeschrittene
Doch es gibt auch die Schattenseite. »Engage or die!«, so beschreiben Ralf T. Kreutzer und Karl-Heinz Land in ihrem Buch »Digitaler Darwinismus« die Dynamik sehr treffend. Digitale Medien – und in den letzten Jahren verstärkt durch KI – haben das Tempo enorm beschleunigt: Früher gab es alle paar Monate ein neues KI-Tool, heute erscheinen gefühlt jede Woche neue Updates oder Funktionen, die »alles verändern« sollen. Angefeuert von Influencer*innen, die sofort Tests und Meinungen teilen, entsteht dabei leicht FOMO (Fear of Missing Out) – die Angst, etwas zu verpassen. Man bekommt das Gefühl: Wer jetzt nicht dranbleibt, bleibt außen vor. Zudem hat sich unser Kommunikationsverhalten verändert, sodass Ergebnisse und Antworten in immer kürzeren Abständen erwartet werden. Dazu kommt der Algorithmus sozialer Plattformen, der darüber entscheidet, ob und wem meine Inhalte angezeigt werden.

Der Algorithmus will bedient werden: am besten regelmäßig und im immer gleichen Stil. Homogenität scheint erfolgreicher zu sein als das Ausprobieren neuer Stile. Manche setzen auf Masse statt Klasse und posten mehrmals täglich, Trends werden schnell kopiert, aufgeschnapptes Halbwissen wird weitergetragen, ohne es zu hinterfragen, provokante Meinungen bringen zusätzliche Reichweite – Interaktion zählt, egal ob positiv oder negativ. Das kann dazu führen, dass wir uns angleichen oder oberflächlich werden, statt mutig Neues auszuprobieren. Diese Art der Aufmerksamkeit hat einen Preis – unter anderem unsere Kreativität.

Die Filterblase

Ein oft genannter Kritikpunkt digitaler Medien ist die »Filter-Bubble«: Algorithmen schlagen uns Inhalte vor, die zu unserem bisherigen Verhalten passen. Bequem – aber potenziell begrenzend. Für kreative Arbeit brauchen wir jedoch Impulse, die nichts mit unseren bisherigen Vorlieben zu tun haben. Das Phänomen der Filterblase wird als nicht allzu kritisch gesehen, da wir ja nicht rein im digitalen Raum existieren. Aber die Realität zeigt, dass wir sehr viel Zeit im digitalen Raum verbringen und auch unsere Recherche und Inspiration dadurch viel einfacher werden. Bringen Sie den Algorithmus gerne mal etwas durcheinander, und suchen Sie gezielt nach ganz neuen Themen. Oder suchen Sie fernab der digitalen Medien nach neuer und unerwarteter Inspiration.

Mutig in die Öffentlichkeit

Öffentliches Posten ist für viele selbstverständlich, aber es bleibt jedes Mal ein Schritt ins Ungewisse. Wer seine Arbeit zeigt, setzt sich Bewertungen aus – von wohlwollendem Lob bis zu harscher Kritik. Die Anonymität des Internets macht es leichter, ungefiltert zu urteilen, ob gefragt oder nicht. Alle werden plötzlich zur »Fachjury«, und es ist kaum zu unterscheiden, wer nun wirklich qualifiziert ist, die eigene Arbeit zu beurteilen. Aber auch in Fachkreisen werden Diskussionen schnell leidenschaftlich. Diese Mischung aus Sichtbarkeit und Bewertung kann dazu führen, dass wir uns unbewusst anpassen, um Kritik zu vermeiden. Statt Neues zu wagen, bleiben wir im sicheren Stil. Doch kreatives Arbeiten braucht genau diesen Mut zum Experiment. Stefan Sagmeister bringt es treffend auf den Punkt: »I also believe it's generally better to create something and get criticized than to create nothing and criticize.« Machen, statt nur andere zu beurteilen!

»I also believe it's generally better to create something and get criticized than to create nothing and criticize.«

Einfluss auf die Kreativität

In der täglichen Flut an Medieninhalten wird es immer schwieriger, die wirklich relevanten Informationen herauszufiltern – dabei sind genau diese der Nährboden für neue Ideen. Unser Smartphone ist dabei wie ein Tor zu einer Welt voller Inspiration – und gleichzeitig ein ständiger Störsender. Schon seine bloße Präsenz im Blickfeld kann unser Denken beeinflussen, selbst wenn es ausgeschaltet ist.

Neben der Reizüberflutung und Ablenkung lauert noch eine andere Falle: der Vergleich mit anderen. In unseren Feeds sehen wir scheinbar perfekte Leben von Menschen wie Ihnen und mir – sorgfältig inszenierte Ausschnitte, so gestaltet, wie es die Absender*innen möchten. Schnell entsteht der Druck, mindestens genauso erfolgreich oder relevant zu sein. Mit KI wird diese Inszenierung noch leichter: Fake-Influencer, die es gar nicht gibt, Deepfakes, die uns in jede erdenkliche Szene einsetzen können – oft nicht mehr von der Realität zu unterscheiden. Die Grenze zwischen echt und künstlich verschwimmt immer mehr.

Eine Gefahr für die Kreativität

Viele dieser Mechanismen sind keine guten Voraussetzungen für kreatives Arbeiten. Wir haben uns bisher mit dem beschäftigt, was Kreativität stärkt – nun ein Blick auf das, was sie schwächen kann:

- der Drang nach Konformität und Homogenität (verhindert Innovation und Experimentierfreude)
- negative Emotionen (z. B. durch FOMO, negative Kommentare, unfairen Vergleich mit anderen, Druck von innen/außen)
- Ablenkung durch digitale Geräte (z. B. Smartphone)
- Überforderung und Reizüberflutung bzw. die Unfähigkeit, die relevanten Informationen zu filtern
- fehlende Anerkennung (keine Likes, fehlende Interaktion und Reichweite)
- zu starre gesellschaftliche Regeln oder Organisationsstrukturen (»das macht man so nicht« oder »das haben wir schon immer so gemacht«)
- Knappheit an Ressourcen (Zeit, Informationen, personell, fehlende Infrastruktur)

So selbstverständlich wir digitale Medien nutzen, lohnt es sich, innezuhalten und zu prüfen, ob sich alles in die Richtung entwickelt, in die wir wirklich gehen wollen. Ich möchte diese Medien nicht verteufeln – auch ich profitiere von ihrer Reichweite, vom Austausch und der Inspiration. Doch im Namen der Kreativität lade ich Sie ein, sich gelegentlich Zeit zu nehmen, den Fokus neu zu setzen und der eigenen Stimme wieder Raum zu geben.

Egal was wir für Medien nutzen – analoge, digitale oder KI –, es kommt immer darauf an, mit welcher Erwartungshaltung wir darangehen und wie viel Verantwortung wir für unsere Arbeit übernehmen. Nur weil andere es so machen (und als Lösung anpreisen) und z. B. mit Hilfe von KI täglich mehrere Posts veröffentlichen, die aber meist keine wirkliche Substanz haben, muss man das nicht auch tun, um im Gespräch zu bleiben. Es kommt immer darauf an, was Sie für sich und Ihre Kreativität gerade brauchen. Dazu habe ich noch eine kleine Praxisübung für Sie vorbereitet, bevor wir uns im nächsten Abschnitt der Künstlichen Intelligenz und deren Einfluss auf die eigene Kreativität widmen.

PRAXIS

Ihre persönliche kreative Checkliste

Finden Sie heraus, welche Rahmenbedingungen Sie persönlich brauchen, um in den kreativen Flow zu kommen – und halten Sie diese in einer individuellen Checkliste fest.

Schritt 1 – Erinnern
Denken Sie an drei Momente, in denen Ihre Kreativität auf Hochtouren lief. Schreiben Sie kurz auf:

- Wo waren Sie?
- Wie sah es dort aus?
- Was haben Sie genau getan?
- Wer war (falls überhaupt) dabei?
- Welche Stimmung hatten Sie?
- Wie war die Geräuschkulisse?
- Welche Geräte/Tools haben Sie genutzt?

Schritt 2 – Erkennen
Notieren Sie nun drei Situationen, in denen Ihre Kreativität gebremst war. Fragen Sie sich:

- Was hat Sie genau gestört oder blockiert?
- Was hätten Sie gebraucht, um weiterzukommen?

Schritt 3 – Übersetzen
Formulieren Sie aus diesen Beobachtungen Ihre persönlichen Kreativbedingungen, z. B.:

- Kleiner Raum, großer Raum oder draußen?
- Ruhe oder Hintergrundgeräusche?
- Morgens, abends oder mitten in der Nacht?
- Allein arbeiten oder im Austausch?
- Visuelle Impulse oder völlige Leere?
- Welches Licht und welche Farben?

Schritt 4 – Verdichten
Wandeln Sie Ihre Erkenntnisse in eine kurze Checkliste um. Unterteilen Sie:

- Must-haves – ohne diese Bedingungen läuft es nicht.
- Nice-to-haves – gut, wenn sie da sind, aber nicht zwingend.

Schritt 5 – Reflexion mit KI
Gehen Sie nun mit Hilfe der KI in die Reflexion Ihrer Liste. Hier ein paar Beispiele, wie Sie die Übung vertiefen können:

- Zusatzfragen generieren: Die KI kann auf Basis Ihrer Antworten vertiefende Reflexionsfragen stellen, um blinde Flecken aufzudecken (z. B. »Wie verändert sich deine Kreativität, wenn du unter Zeitdruck arbeitest?«).
- Muster erkennen: Sie kann Ihre Notizen analysieren und Gemeinsamkeiten herausfiltern – z. B. wiederkehrende Orte, Tageszeiten oder Auslöser für Inspiration.
- Checkliste verdichten: Aus Ihren Rohnotizen kann die KI eine übersichtliche Checkliste formulieren, die Sie direkt einsetzen können.
- Visuelle Inspiration liefern: KI kann Bildideen oder Moodboards erstellen, die Ihre kreativen Bedingungen visuell darstellen – hilfreich, um das Umfeld gezielt zu gestalten.
- Selbsttests simulieren: Die KI könnte kurze Szenarien entwerfen, um zu prüfen, ob Ihre vermeintlichen »Must-haves« tatsächlich entscheidend sind.

Künstliche Intelligenz

Künstliche Intelligenz ist in der Art und Weise, wie sie funktioniert und arbeitet, eine völlig neue Technologie, die unser aller Leben bereits jetzt stark beeinflusst. In den 50er-Jahren gab es bereits erste Forschungsansätze und auch die Begriffsbildung als interdisziplinäre Forschungsrichtung – wobei viele Informatiker*innen nicht sehr glücklich mit der Bezeichnung »Intelligenz« sind, da dies unseren heutigen KI-Modellen mehr Kompetenz unterstellt, als diese bewerkstelligen können. Doch heute ist der Begriff so alltäglich, dass er nicht mehr aus unserem Vokabular wegzudenken ist.

Ob KI wirklich »intelligent« ist, hängt davon ab, wie wir Intelligenz definieren – und dafür existiert wie bei der Kreativität bisher keine einheitliche Definition. Der Eindruck von Intelligenz entsteht oft schon beim ersten Ausprobieren: Die Antworten der KI wirken schlüssig, nachvollziehbar und fast menschlich – bis sie an überraschend simplen Aufgaben scheitert. Trotzdem präsentiert sie das falsche Ergebnis mit einer erstaunlichen Selbstsicherheit. KI kann Muster erkennen, vorhandenes Wissen übertragen und kreative Vorschläge machen. Für manche ist sie wie ein Spiegel, der Gelerntes zurückwirft, für andere ein Werkzeug, um neue Ideen anzustoßen. Was ihr fehlt, ist ein eigener Wille oder Antrieb. Sie simuliert Intelligenz manchmal so überzeugend, dass wir vergessen, dass hinter den Ergebnissen ein System steckt, das nur tut, wofür es programmiert und trainiert wurde, und uns und unsere Welt gar nicht wirklich versteht.

Einführung in die generative KI

Künstliche Intelligenz steckt bereits in vielen Tools, die wir täglich nutzen, und wird immer häufiger zu einer Partnerin im kreativen Prozess. Für manche ist sie ein faszinierendes neues Werkzeug, für andere eine Herausforderung, weil sie Arbeitsweisen verändert, viele Fragen aufwirft oder sogar Existenzängste schürt.

Generative Künstliche Intelligenz

Künstliche Intelligenz (KI) ist ein Teilbereich der Informatik, der Systeme entwickelt, die Aufgaben übernehmen können, für die normalerweise menschliche Intelligenz nötig ist – zum Beispiel aus verschiedensten Quellen lernen, Sprache verstehen, Muster erkennen oder Entscheidungen treffen. In diesem Buch steht die generative KI im Mittelpunkt: Werkzeuge, die nicht nur analysieren, sondern selbst Neues erschaffen – z. B. Texte, Bilder, Bewegtbild und Ton.

In diesem Kapitel geht es darum, die Grundlagen zu verstehen: Was macht generative KI aus, welche Modelle sind für uns Kreative relevant und wie können wir sie gezielt einsetzen? Wer weiß, wie diese Systeme arbeiten und wo ihre Stärken und Grenzen liegen, kann sie nicht nur effizienter nutzen, sondern auch bewusst eigene Ideen einbringen, statt sich vom Algorithmus treiben zu lassen.

Algorithmus

Ein Algorithmus ist im Kern nichts anderes als eine festgelegte Abfolge von Schritten, die befolgt werden, um ein Problem zu lösen – wie ein Kochrezept, das in einer bestimmten Reihenfolge ausgeführt werden muss, um am Ende ein konkretes Ergebnis zu erhalten. Wir begegnen Algorithmen täglich: in Suchmaschinen, sozialen Medien oder Navigationssystemen. Sie lernen aus unserem Verhalten, schlagen passende Inhalte vor und halten uns so möglichst lange auf einer Plattform.

Algorithmen bilden die Grundlage eines jeden KI-Modells. Sie können simpel oder hochkomplex sein, bestehen aus Code (z. B. in Python) und steuern, wie ein System funktioniert.

Wie KI-Texte entstehen

LLMs (Large Language Models) wie ChatGPT, Perplexity, Gemini und Co. werden mit riesigen Mengen an Text trainiert, um Muster und Zusammenhänge zu erkennen und daraus Vorhersagen zu treffen, welche Wörter oder Sätze im jeweiligen Kontext am wahrscheinlichsten folgen, wenn sie einen Text Wort für Wort generieren. Angetrieben werden sie von einer sogenannten Transformer-Architektur, einem tiefen neuronalen Netzwerk, das komplexe sprachliche Strukturen erfassen kann.

Beim Antworten arbeitet ein LLM immer probabilistisch: Es wählt nicht zwingend das wahrscheinlichste nächste Wort, sondern – je nach Einstellung – auch weniger wahrscheinliche Varianten. So entsteht jedes Mal eine neue und einzigartige Antwort – Plagiate sind somit auszuschließen. Neben der Wahrscheinlichkeit spielt also auch der Zufall eine Rolle, was unter anderem zu den berüchtigten »Halluzinationen« führen kann.

Trainiert werden LLMs nicht nur maschinell, sondern auch mit Hilfe von Menschen, die Antworten der KI bewertet und angepasst haben. Auch wir Nutzer*innen können mittrainieren, indem wir Feedback geben und die Antworten korrigieren. Ob und wie das in das Training neuer Modelle mit hineinspielt, ist allerdings ungewiss und keinesfalls garantiert. Die Kontrolle haben immer noch die anbietenden Unternehmen.

Reasoning-Modelle für bessere Ergebnisse

KI-Modelle wie ChatGPT verarbeiten riesige Datenmengen sehr schnell und generieren intuitive, oft oberflächlich passende Antworten. Es ist wie ein riesiger Assoziationsspeicher, der blitzschnell Muster erkennt und passende Inhalte auf unsere Anfrage anbietet. Wenn eine KI präzise Antworten liefern soll oder auf komplexe Anfragen reagiert (z. B. Problemanalyse, strukturierte Konzepte entwickeln, gezielte Recherche), basiert dies ebenfalls auf bereits gelernten Mustern, die in Sekundenschnelle abgerufen werden.

Mit den neuesten Reasoning-Fähigkeiten (wie z. B. bei ChatGPT seit dem Modell o1 oder die Modelle bei Perplexity) scheint KI erstmals wirkliches Nachdenken zu simulieren. Wenn Sie mit einem KI-Modell arbeiten, das strukturiert auf Ihre Anfrage reagiert, wirkt es, als würde ein bewusster Denkprozess stattfinden.

Tatsächlich kombiniert die KI lediglich riesige Datenmengen, die bereits gelernt wurden und rekombiniert sie nach Wahrscheinlichkeiten. Sie zerlegt Ihre Anfrage in kleinere Teile, bearbeitet diese systematisch und fügt sie zu einer scheinbar durchdachten Antwort zusammen. Der Unterschied liegt darin, dass diese Muster in einer Art und Weise verknüpft werden, die sich für uns wie ein reflektierter Denkprozess anfühlt, was aber nicht der Fall ist. Bei einigen Modellen kann man diesen »Denkprozess« sogar nachvollziehen, indem die einzelnen Schritte aufgelistet oder sogar visualisiert werden.

Reasoning mit allen Modellen

Sollten Sie keinen Zugang zu einem fortgeschrittenen Reasoning-Modell haben, können Sie Ihr Modell der Wahl auch bitten, sich Zeit bei der Durchführung der Aufgabe zu nehmen und Schritt für Schritt eine Lösung zu suchen. Es gibt auch fortgeschrittene Promptmethoden, die es der KI ermöglichen, die Aufgabe ausführlicher zu bearbeiten, wie das RISEN- oder CoT-Promptframework. In den nächsten Kapiteln stelle ich Ihnen einige dieser Methoden näher vor, da sie oft die Basis für die kreative Ideenfindung mit KI bilden.

Trotz der Simulation des Denkens können diese Reasoning-Modelle bei komplexen Fragen oft bessere Antworten liefern als die kleineren Modelle. Die Anzahl der Anfragen ist meist begrenzt (je nach Abonnement, das man hat), und eine Anfrage dauert auch wesentlich länger. Trotzdem kann es sich lohnen, diese Modelle zu nutzen und mit den Antworten anderer Modelle zu vergleichen.

Bild-KI mit Dialogfunktion

Mittlerweile gibt es auch einige Anbieter, die es ermöglichen, Bilder mit Hilfe einer Dialogfunktion mit Kontextverständnis zu generieren. ChatGPT kann dies bereits seit einigen Versionen, und die Funktion hat Ende 2025 noch ein erhebliches Upgrade bekommen. Midjourney bietet den »Conversational Mode« an, in dem man einfach beschreiben kann, was man ungefähr möchte, und die KI erzeugt einen passenden Prompt und generiert gleich die Bilder dazu. Das Ganze können Sie auch per Spracheingabe nutzen. Spannend ist, dass man nun Änderungswünsche äußern und der Prompt damit angepasst werden kann. Auch bei Freepik gibt es eine tolle Funktion: den »AI Assistant«, der auf die Modelle von ChatGPT, Gemini und FLUX Kontext zugreift. Diese verstehen den Kontext, können mit Referenzbildern arbeiten und im Laufe des Gesprächs Korrekturen am Ergebnis vornehmen.

Die wichtigsten Modellarten – und wofür wir sie nutzen können

Generative KI gibt es nicht als ein einziges »Wunderwerkzeug«. Hinter den bekannten Tools stecken unterschiedliche Modellarten, die jeweils ihre Stärken haben. Wer weiß, welches Modell wofür geeignet ist, kann gezielter arbeiten und schneller zu den gewünschten Ergebnissen kommen.

Diffusion Models zur Bildgenerierung

Diese Modelle erzeugen Bilder, indem sie aus zufälligem »Rauschen« Schritt für Schritt ein Motiv formen. Sie werden mit großen Mengen an Text- und Bildmaterial trainiert und können daraus hochdetaillierte, komplexe Ergebnisse generieren. Diffusionsmodelle sind heute der Standard in der KI-Bildgenerierung und stecken in Tools wie Midjourney, Stable Diffusion oder DALL·E. Sie sind ideal z. B. für:

- **Visuelle Ideenfindung:** Moodboards, Stilvarianten, schnelle Entwürfe
- **Konzeptvisualisierung:** Charakterdesign, Produktideen, Szenenaufbau
- **Illustration und Artwork:** Editorial-Illustrationen, Buchcover, Poster
- **Bildmanipulation:** Variationen bestehender Bilder, Stiltransfer
- **Kampagnen-Assets:** Social-Media-Visuals, Key Visuals für Marketing
- **Experimentelles Design:** surreale Kompositionen, abstrakte Kunst
- **Bewegtbild:** kurze animierte Sequenzen, visuelle Prototypen, Storyboards

Large Language Models (LLM) zur Textgenerierung

Diese Modelle verstehen und erzeugen Sprache. Sie werden mit enormen Mengen an Text trainiert und können daraus neue Inhalte formulieren – von einfachen Stichpunkten bis zu komplexen Texten. LLMs sind flexibel einsetzbar und stecken in Tools wie ChatGPT, Google Gemini oder Claude. Mögliche kreative Einsatzmöglichkeiten:

- **Ideenfindung:** Brainstorming, ungewöhnliche Perspektiven, Konzeptvarianten
- **Textentwicklung:** Claims, Slogans, Werbetexte, Social-Media-Posts
- **Storytelling:** Drehbücher, Szenenbeschreibungen, Dialoge
- **Rechercheunterstützung:** Themenrecherche, Quellenhinweise, Trendanalysen
- **Strukturierung:** Inhaltsverzeichnisse, Kampagnenpläne, Redaktionskalender

Multimodale generative KI

Diese Systeme können mit mehreren Medienarten gleichzeitig umgehen, z. B. Text und Bild oder sogar Video und Audio. Sie verstehen Eingaben in verschiedenen Formaten und können kombinierte Ergebnisse liefern. Beispiele sind Adobe Sensei GenAI, Runway oder Freepik.

- **Crossmediale Projekte:** Textkonzepte mit passenden Bildern oder Videos
- **Prototyping:** schnelle Kombination aus Skript, Visuals und Audio
- **Bildbearbeitung via Prompting:** Objekte hinzufügen, Hintergründe ändern
- **Präsentationen:** Text, Bilder und Grafiken in einem Schritt erstellen
- **Content-Variationen:** ein Konzept in mehreren Medienformaten ausspielen

Spezialisierte Modelle
Diese KI-Modelle sind auf einen bestimmten Anwendungsbereich zugeschnitten. Sie liefern in diesem Bereich oft bessere Ergebnisse als Allround-Modelle für beispielsweise:

- **Bildbearbeitung:** schärfen, Rauschen reduzieren, Farben anpassen
- **Musik- und Sounddesign:** Jingles, Soundscapes, Hintergrundmusik
- **3D- und Produktdesign:** Modelle für Animation, Prototyping, Games
- **Animation:** Bewegungsabläufe für Charaktere oder Objekte generieren
- **Printproduktion:** hochskalieren und optimieren für große Formate

Und das sind nur einige der Einsatzmöglichkeiten der heutigen KI-Modelle, die Liste der Möglichkeiten wächst immer schneller, da immer wieder neue und verbesserte Modelle auf den Markt kommen.

Agenten und Assistenten – wo liegt der Unterschied?

In der KI-Welt tauchen zwei Begriffe immer häufiger auf: Agent und Assistent. Beide beschreiben Systeme, die uns bei Aufgaben unterstützen. Der Unterschied liegt vor allem darin, wie selbstständig sie arbeiten.

Ein KI-Assistent reagiert auf unsere Eingaben. Wir geben einen Prompt ein, er liefert ein Ergebnis. Er wartet also auf unseren nächsten Auftrag, bevor er weitermacht. Das kann ein Textgenerator wie ChatGPT sein, ein Bild-Tool wie Midjourney oder die KI-gestützte Objektfreistellung in Photoshop. Der Assistent ist wie ein sehr fähiger Mitarbeiter, der auf klare Anweisungen wartet.

Ein KI-Agent arbeitet selbstständig in mehreren Schritten, ohne dass wir jeden einzelnen Befehl geben müssen. Wir geben ein Ziel vor, der Agent plant den Weg dorthin, führt Teilaufgaben aus, holt sich Informationen und trifft Entscheidungen, um das Ziel zu erreichen. Manche Agenten können sogar andere Tools oder Dienste ansteuern. Das ist, als würde man einem Projektteam die Richtung vorgeben und es dann eigenständig arbeiten lassen.

Für kreative Workflows heißt das:

- Assistenten sind perfekt, wenn wir konkrete Aufgaben haben, bei denen wir Kontrolle über jeden Schritt behalten wollen.
- Agenten eignen sich, wenn wir einen Prozess anstoßen und ihn automatisch im Hintergrund ablaufen lassen möchten – zum Beispiel für komplexe Recherchen oder die Erstellung ganzer Content-Pakete.

KI-Agenten gibt es inzwischen in vielen Tools – von ChatGPT (über »Custom GPTs« und den Agentenmodus) bis zu spezialisierten Plattformen verschiedenster Anbieter. Oft lassen sie sich ohne Programmierkenntnisse einrichten, indem man Ziele, Arbeitsweise und benötigte Werkzeuge definiert. Für komplexere, automatisierte Workflows ist allerdings etwas technisches Know-how oder die Unterstützung durch Entwickler*innen sinnvoll. Für kreative Workflows sind Agenten meiner Meinung nach nur unterstützend einsetzbar – daher fokussieren wir uns in dem Buch eher auf KI als Assistenz.

ChatGPT kann auch als Agent arbeiten

Nach einer Versuchsphase mit der Funktion »Aufgaben« hat OpenAI seit Juli 2025 einen Agentenmodus in die neuesten Modelle integriert. Mit dem neuen agentischen Modus kann es komplexe Aufgaben von Anfang bis Ende selbstständig erledigen. Sie können es zum Beispiel bitten: »Analysiere drei Unternehmen aus der Branche XY und mach daraus eine Präsentation zur gezielten Kundenakquise« oder »Schau in meinen Kalender und bereite mich mit aktuellen Infos auf den nächsten Kundentermin vor«. Wie gut die Ergebnisse sind, müssen Sie selbst beurteilen.

Dazu kombiniert ChatGPT drei Bereiche: Es kann mit Websites interagieren, Informationen aus verschiedenen Quellen zusammenführen und das alles sprachlich aufbereiten. Sie können es mit GitHub, Ihren Mails, Google Drive und Kalendern verknüpfen. Weitere Schnittstellen werden garantiert folgen. Zudem können Sie die Aufgaben des Agenten zeitlich timen und ihn diese Aufgabe regelmäßig durchführen lassen.

KI-Tools: Die Qual der Wahl

Mittlerweile gibt es Tausende KI-Tools – von Bildgeneratoren über Sprachmodelle bis hin zu spezialisierten Nischenlösungen. Die Auswahl ist riesig und verändert sich ständig. Im Verlauf des Buchs werden Sie eine Auswahl an von mir erprobten KI-Tools und deren Einsatzmöglichkeiten erhalten. Doch die Wahl der Tools ist sehr individuell, und Sie oder Ihr Unternehmen haben ganz andere Anforderungen als ich. Die folgende Checkliste hilft dabei, schnell einzuschätzen, ob ein Tool wirklich zum eigenen kreativen Workflow passt und den gewünschten Mehrwert bringt.

Einsatzgebiet	Passt das Tool zu meinem Ziel (Bild, Text, Video, Audio, Analyse)?
Qualität	Sind die Ergebnisse stilistisch und technisch überzeugend?
Bedienung	Ist das Tool intuitiv nutzbar? Wie kann ich es bedienen (Sprache, Text, Bild, Gestik) und welche Datenformate kann ich eingeben?
Anpassung	Kann ich eigenes Wissen, Daten oder Styleguides einbinden?
Integration	Lässt es sich in meinen bestehenden Workflow oder andere Programme (z. B. als Plugin) integrieren?
Kosten	Ist das Preismodell für meine Nutzung sinnvoll?
Datenschutz	Werden meine Daten sicher und DSGVO-konform verarbeitet?
Support	Gibt es gute Hilfe, eine Community oder regelmäßige Updates?

Diese Fragen können dabei helfen, die richtigen KI-Tools zu finden. Sie entscheiden, welchem Kriterium Sie mehr Gewicht geben als den anderen.

Recherche zu KI-Tools

Hier zeige ich Ihnen ein paar meiner Ressourcen zur KI-Tool-Recherche und wie Sie für den Anfang dort fündig werden. Bitte beachten Sie, dass viele solcher KI-Tools auf den bekannten Modellen wie ChatGPT, Gemini, Stable Diffusion und Co. basieren, aber zum Teil auf einen speziellen Anwendungszweck hin trainiert wurden.

Quelle	Beschreibung
theresanaiforthat.com	Riesige Datenbank mit Suchfunktion und Kategorisierung von KI-Tools. Man erhält eine kurze Beschreibung, Infos über das Pricing und kann die Bewertungen von anderen Nutzern lesen.
opentools.ai	Sehr gut sortierte Datenbank mit einer praktischen Chatfunktion zur Suche sowie Kategorisierungen nach Art und Pricing der Modelle.
futuretools.io	Suchmaschine für KI-Tools mit praktischen Filterformen nach Preismodell und Plattformen.

Es ist völlig in Ordnung, hauptsächlich mit den bekanntesten Anbietern zu arbeiten. Wenn Sie an deren Grenzen stoßen, können Sie bei solch spezialisierten Suchmaschinen ganz gezielt nach KI-Tools und ihren Anwendungsfeldern recherchieren.

KI und Kreativität

Eine Frage, die mich schon seit 2018 begleitet, ist: »Kann KI kreativ sein?« Und dazu mag jede Person eine andere Meinung haben. Ganz nüchtern betrachtet können wir KI einige der kreativen Eigenschaften zuweisen, die wir zu Beginn des Buchs kennengelernt haben: Da wäre zuerst der Punkt Wissen. Das Wissen der KI hat das eines Menschen bereits weit überschritten. Auch die Aufmerksamkeit ist eine der Kernkompetenzen der KI, wenn es um das Analysieren und Kategorisieren von Daten geht, um Muster zu erkennen. KI kann assoziieren, und das so gut wie die Besten unter uns Menschen. Entgegen der Meinung vieler kann KI Neues und Unerwartetes hervorbringen – das hat sie bereits vielfach bewiesen. Und ja, KI-generierte Texte und Bilder wurden auch schon von einem Fachkreis ausgezeichnet und als kreativ befunden. Auch wenn KI keine Urheberin sein kann, so ist sie doch nach diesen Kriterien durchaus in der Lage, kreativ zu sein. Wäre da nicht ihre Abhängigkeit von denen, die ihr die Impulse geben.

Und damit möchte ich eine Lanze für alle Kreativen brechen, die sich Sorgen um die Zukunft machen: Solange Sie Ihre Kreativität trainieren und pflegen, sich nicht abhängig von KI oder anderen Medien machen und immer wieder nach neuen Ideen und Möglichkeiten suchen, werden Sie auch Wege finden, zukünftig das zu machen, was Ihnen Freude (und hoffentlich ein Einkommen) bringt. Nutzen Sie diese neue Technologie sinnvoll und ganz gezielt, haben Sie gegenüber denjenigen, die auf Knopfdruck etwas Kreatives erwarten, einen großen Vorteil. Daher wenden wir uns nun den Schwachstellen der KI zu. Sie erfahren, worauf Sie besonders achten müssen, damit Sie nicht in die Falle tappen und der KI, so menschlich sie auch zu sein scheint, nicht mehr an Kompetenz zusprechen, als diese erfüllen kann.

KI entmystifizieren

An dieser Stelle möchte ich Mustafa Suleyman zitieren. Er ist CEO von Microsoft AI, Autor des Buchs »The Coming Wave« und Mitbegründer von DeepMind. Suleyman beschreibt KI als eine Art neue digitale Begleiterin, die uns durchs Leben begleitet. Sie vereint alles, was wir geschaffen haben, in einer Form, mit der wir interagieren und von der wir profitieren können. KI ist für den Verstand, was Kernfusion für Energie ist: grenzenlos, reichlich vorhanden und potenziell weltverändernd. In einem TED-Talk sagte er: »We cannot control what we don't understand.« Je mehr Wissen ich über KI, unser Denken und die Kreativität erlange, umso einfacher wird es für mich, die Chancen und Möglichkeiten zu sehen, aber auch, wo Probleme oder sogar Schadenspotenzial liegen. Unsicherheit ist oft ein Faktor, der zu einer zögerlichen Einführung von KI bei Privatpersonen, Selbstständigen und Unternehmen führt.

»We cannot control what we don't understand.«

KI wird gleichzeitig über- und unterschätzt – genauso oft, wie sie uns positiv überrascht und dann wieder enttäuscht. Lassen Sie uns ein paar wichtige Themen anschauen, die dabei helfen können, KI sicher und selbstbewusst einzusetzen – mit dem Blick auf die Dinge, die uns bei unserer Arbeit hinderlich sein können und oft nur sichtbar sind, wenn wir ganz genau hinschauen.

Halluzinationen

Abgesehen davon, dass KI oft Generalistin statt Expertin ist, kann sie uns gezielt – oder unabsichtlich – in die Irre führen. KI »halluziniert«, das heißt, sie erfindet Tatsachen und verkauft sie als Wahrheit. Das ist kein Fehler, sondern systembedingt: Texte entstehen Token für Token (grob gesagt Wort für Wort) aus Trainingsdaten, menschlichem Feedback, programmierten Filtern, Wahrscheinlichkeiten und einer Portion Zufall. KI sind Statistikmodelle, und beim Training findet eine Art Belohnungssystem statt, wenn sie eine richtige Antwort geben. Kennt die KI nicht die Antwort auf eine Frage, dann ist es statistisch wahrscheinlicher, einen Treffer zu landen, wenn sie irgendeine Antwort gibt, statt zuzugeben, dass sie es nicht weiß. So entstehen falsche Inhalte in Text und Bild. Dieses Phänomen lässt sich nicht vollständig vermeiden, auch wenn neuere Modelle seltener dazu neigen. In der kreativen Ideenfindung ist das meist unproblematisch, doch bei Recherche oder Informationsverarbeitung kann es gravierende Folgen haben – bis hin zum Vertrauensverlust gegenüber Kolleg*innen, Vorgesetzten oder Kund*innen, wenn Inhalte nicht sorgfältig geprüft werden.

Das Problem mit den Trainingsdaten

KI-Modelle lernen aus Beispielen. Dafür werden riesige Mengen an Texten, Bildern oder Videos gesammelt und analysiert, um Muster, Strukturen und Zusammenhänge zu erkennen. Je qualitativer und vielfältiger diese Daten sind, desto besser kann das Modell arbeiten. Das klingt logisch – hat aber einen Haken: Viele Datensätze sind unausgewogen, enthalten Fehler oder spiegeln gesellschaftliche Vorurteile und Stereotype wider. Solche Verzerrungen (Bias) tauchen dann auch in den Ergebnissen auf. Für uns Kreative heißt das: Wir können von der Vielfalt dieser Daten profitieren, sollten uns aber bewusst machen, dass immer auch unsichtbare Annahmen und Filter die Ergebnisse beeinflussen, die KI uns generiert. Im Laufe des Buchs gehe ich noch näher darauf ein, wie man dieser Problematik aktiv begegnen kann – daher ist es immer wichtig, sie im Hinterkopf zu behalten, wenn man etwas mit KI generiert.

Warum wir KI nicht blind vertrauen sollten

Es gibt gute Gründe, nicht alles zu glauben, was eine KI ausgibt. Einer davon ist Manipulation. Die meisten KI-Unternehmen sitzen außerhalb der EU, mit anderen Werten, Gesetzen und oft großer Macht – ähnlich wie die Betreiber mancher sozialen Medien. Themen können gezielt ausgeblendet oder gepusht werden. KI ist also nicht unabhängig, und auch politische Entwicklungen in den Herkunftsländern können Einfluss nehmen. Das macht sie anfällig für Wahrheitsverzerrung und Diskriminierung.

LLMs können das Internet durchsuchen – doch auch hier ist Vorsicht geboten. Bereits 2023 zeigte eine Studie, dass KI-generierte Inhalte in Sachen Glaubwürdigkeit ähnlich bewertet wurden wie menschliche. Anfang 2025 berichtete die Organisation NewsGuard, dass westliche Chatbots gezielt mit prorussischen Falschinformationen infiltriert wurden. Das Prinzip ist einfach: Das Netz wird mit Falschmeldungen geflutet, bis sie »wahr« wirken. KI greift diese Inhalte auf und wird dadurch beeinflusst – denn was besonders oft berichtet wird, muss ja wahr sein, oder? Unternehmen entwickeln bereits Methoden, um bei der Internetsuche via Chatbot bevorzugt zu erscheinen – SEO für KI. Die gute Nachricht: Qualität und Einzigartigkeit von Inhalten gewinnen an Bedeutung. Google betont ebenfalls, dass Inhalte für Menschen relevant sein müssen, nicht für Algorithmen. Doch Neutralität bei Suchergebnissen sollten Sie nicht erwarten – weder bei KI noch bei klassischen Suchmaschinen (die ebenfalls KI-gestützt arbeiten).

Die Illusion der Wahrheit

Warum ist es so schwer, Falschinformationen – ob von KI oder Menschen – zu durchschauen? Unser Gehirn ist ein Energiespar-Profi und wählt gerne den Weg des geringsten Widerstands. Das sehen wir in sozialen Medien besonders bei Fake News, die sich rasant verbreiten. Selbst offensichtlich unechte Bilder oder fehlerhafte KI-Grafiken werden oft ungeprüft geteilt. Bei Texten ist es noch schwieriger, da Falschinformationen nicht sofort erkennbar sind – und auch die Bildmodelle werden stetig besser. Daniel Kahneman nennt dieses Phänomen in seinem Bestseller »Schnelles Denken, langsames Denken« die »Illusion der Wahrheit«: Informationen, die wir schon einmal gehört oder gesehen haben, wirken glaubwürdiger, selbst wenn sie falsch sind. Vertrautes fühlt sich richtig an, und unser Gehirn prüft seltener nach. Das ist bequem, aber riskant. Ähnlich beschreibt es der »Confirmation Bias« (Bestätigungsfehler): Wir neigen dazu, Informationen zu bevorzugen, die unsere bestehenden Ansichten bestätigen.

Beispiel für die Illusion der Wahrheit

Stellen Sie sich vor, Sie möchten Ideen für eine Kampagne für einen nachhaltigen Kaffee-Schokoladen-Drink entwickeln. Ohne groß selbst zu recherchieren, lassen Sie die KI nach Trends suchen. Dabei kommen Begriffe wie »fair«, »natürlich« oder »vegan« heraus. Wir kennen die Begriffe, auch im Zusammenhang mit Schokolade und Kaffee. Sie sind teilweise schon ein Qualitätsmerkmal geworden. Also liegt es nahe, diese Begriffe ebenfalls für die Kampagne zu nutzen. Doch beschäftigt man sich mehr mit der Zielgruppe und dem Produkt, kommen vielleicht ganz andere Assoziationen dabei heraus, wie »Energie«, »Luxus« oder »Lifestyle«. Natürlich sind die anderen Begriffe, falls auf das Produkt tatsächlich zutreffend, nicht falsch – aber auch nichts Neues und gehen vielleicht völlig an der Zielgruppe vorbei.

Der Priming-Effekt

Dazu kommt noch ein von Kahneman beschriebenes Phänomen: Priming ist der psychologische Effekt, bei dem unsere Wahrnehmung und unser Denken unbewusst durch vorherige Informationen beeinflusst werden, was unsere Entscheidungen und kreativen Prozesse subtil lenken kann. KI ist ein Meister darin, Priming-Effekte auszulösen – oft, ohne dass wir es merken. Wenn Sie mit KI brainstormen, kann dieser Effekt Sie immer wieder in bekannte Denkmuster lenken, ohne dass Sie es merken. Die KI reagiert auf die Begriffe und Vorgaben, die Sie in Ihren Prompts verwenden, und bietet Ihnen Vorschläge an, die bereits stark durch diese Vorgaben geprägt sind.

Auch bei unserem Beispiel mit dem nachhaltigen Kaffee-Schokoladen-Drink findet ein Priming statt. Bei dem Begriff »nachhaltig« kommen uns direkt gewisse Assoziationen wie »grün«, »natürlich«, »minimalistisch«, »recycelte Verpackung« usw. Unser kreatives Denken wird sofort in diese Richtung gelenkt. Überzeugt von der guten Idee, geben wir z. B. bei Midjourney folgenden (sehr einfachen) Prompt ein:

Prompt packaging design for a **sustainable, vegan and fair** coffee and chocolate drink

Bilder generiert mit Midjourney

Egal wie oft ich diesen Prompt abschicke, die Entwürfe ähneln sich alle sehr. Einzig die Farbpalette variiert ab und zu.

Wir werden durch die Bilder in unserer Entscheidung bestärkt: Sie schauen schon ganz gut aus, und man könnte darauf aufbauen. Doch ist das wirklich die beste Lösung, die unsere Zielgruppe anspricht?

Die Google-Gegenprobe

Sie wollen prüfen, ob die KI Ihnen gerade das anzeigt, was es schon mehrfach woanders gibt, oder Stereotype darstellt? Dann machen Sie einfach eine Gegenprobe in der Google-Bildersuche. Die Ähnlichkeit ist oft verblüffend. An diesem Punkt ist es dann an der Zeit, die Techniken der nächsten Kapitel umzusetzen.

Beeinflussung von KI in der Ideenfindung

Nicht nur unser Denken wird durch Priming gelenkt: Auch die KI wurde Opfer des Priming und generiert brav das, was in den Trainingsdaten unter nachhaltig und fair im Zusammenhang mit Kaffee und Schokolade vorhanden war. Vielleicht wollen wir aktive Menschen ansprechen, die gerne auf luxuriöse Konsumgüter zurückgreifen, die zwar auch nachhaltig, fair und vegan sein sollten, aber auch ihren Lifestyle unterstützen. Geben wir also statt der vorherigen Begriffe nun Folgendes ein:

Prompt packaging design for an energy-drink made out of coffee and chocolate for **busy modern people** who like to combine their **active lifestyle and luxurious pleasure**

Bilder generiert mit Midjourney

Nicht nur die Farben und Designs haben sich geändert, sondern auch, wie das Getränk dargestellt wird. Und aus der Kartonverpackung oder Glasflasche wurde nun eine Dose.

Das Ergebnis unterscheidet sich sehr stark, dabei haben wir hier nur mit ganz einfachen Prompts gearbeitet. Vergessen Sie also nicht das Potenzial, das in Ihren Prompts steckt, und seien Sie sich der Durchschnittlichkeit bewusst, die allgemeine und einfache Prompts – besonders in Verbindung mit dem Priming-Effekt – hervorbringen.

Die Echokammer des Schreckens

Neben dem Priming und dem Confirmation Bias haben wir es noch mit einem weiteren, bereits vor KI bekannten Phänomen zu tun: der Echokammer (aus dem engl. »Echo Chamber«). Der Begriff Echokammer wird in den Kommunikationswissenschaften genutzt, um einen Zustand der gegenseitigen Verstärkung einer Meinung im sozialen Raum zu beschreiben. Zunächst erinnert dieses Phänomen an die Filterblase, die entstehen kann, wenn Algorithmen in sozialen Medien vermehrt Inhalte vorschlagen, die auf den Interessen und Meinungsbildern der Konsument*innen basieren. Doch die Filterblase spielt sich nur während der Nutzung dieser Medien ab – die Echokammer geht über diese hinaus.

Am besten lässt sich das Prinzip durch die kognitive Dissonanz erklären – ein Zustand, der entsteht, wenn wir mit Werten oder Meinungen konfrontiert werden, die mit unseren eigenen kollidieren. Wir Menschen empfinden es als angenehmer, wenn Informationen unsere bisherigen Überzeugungen und Ansichten bestätigen. Wir sind dazu geneigt, eher die Medien zu konsumieren und mit den Menschen zu sprechen, die uns in diesen Ansichten ähneln, und begeben uns daher auch eher in solche »Kammern«, ob nun real oder digital. Wir werden in unserer Meinung bestätigt, und die Informationen hallen wie ein Echo durch den Raum. Gleichzeitig vermeiden wir Räume, die mit unseren Ansichten im Widerspruch stehen. Sie können mit folgendem Prompt ausprobieren, wie Ihr Lieblings-LLM reagiert, wenn es besonders unrealistische Geschäftsideen bewerten soll. Ich habe ihn mit Perplexity erstellt.

Prompt Stell dir vor, ich will ein innovatives Produkt auf den Markt bringen: „Essbarer Nagellack“. Die Idee: Ein Nagellack, den man wirklich bedenkenlos snacken kann – in verschiedenen Geschmacksrichtungen (z. B. Schoko, Erdbeer, Salzkaramell). Zielgruppe sind Snack-Fans, aber auch Menschen, die am Fingernägelkauen Spaß haben oder einfach etwas Neues ausprobieren wollen. Was hältst du von dieser Geschäftsidee?

Ich habe es mit mehreren Modellen und Anbietern getestet, und der erste Satz ist meist »Das ist eine wirklich faszinierende und kreative/innovative Geschäftsidee!« oder ähnlich. Es folgen ein paar bestärkende Sätze, ein paar Pros und Contras, aber die KI wäre sofort mit im Boot, die Sache anzugehen. Nun probieren Sie folgenden Zusatz:

Prompt Du bist nun mein größter Kritiker. Sei ehrlich und direkt. Stell dir vor ...

Die Reaktion ist nun völlig anders. Ich erhalte eine realistische Rückmeldung, hauptsächlich Probleme, die bei der Umsetzung auftauchen können. Die KI sieht die Geschäftsidee kritisch und rät davon ab oder möchte dabei helfen, diese marktfähiger zu machen.

KI ist darauf programmiert, uns zu gefallen. Sie behandelt uns freundlich, bestätigt und lobt unsere Ideen, um die Interaktion aufrechtzuerhalten. Viele Modelle lernen mit und lassen sich personalisieren – praktisch, weil wir nicht jedes Mal von vorn beginnen müssen.

Doch genau darin liegt die Gefahr: Wir könnten in einer Echokammer landen. Wer KI für Feedback oder eine »objektive« Meinung nutzt, sollte deshalb sehr präzise angeben, wie dieses Feedback aussehen soll. In Kapitel 5 zeige ich weitere Techniken, mit denen Sie gezielt aus dieser Bestätigungsschleife ausbrechen können.

KI-Modelle individualisieren

ChatGPT, Gemini und Perplexity bieten die Möglichkeit, automatisch mitzulernen, wenn Sie Anweisungen geben. ChatGPT bietet hier sehr umfangreiche Optionen und erinnert sich sogar automatisch an generelle Aussagen, die Sie innerhalb eines Chats treffen. In den Einstellungen unter »Personalisierung« können Sie diese Erinnerungen finden und verwalten sowie weitere Einstellungen machen. Unter »Individuelle Hinweise« können Sie außerdem beschreiben, welche Eigenschaften die KI haben soll. Hier können Sie Handlungsanweisungen eingeben, die die Antworten der KI etwas objektiver und kritischer machen könnten:

- Direkt formulieren, dass keine Zustimmung oder Lob erwünscht sind. Beispielsweise: »Bitte bestätige meine Aussagen nicht automatisch. Gehe stattdessen auf mögliche Schwachstellen oder Gegenargumente ein.«
- Explizit um kritische Prüfung bitten. Formulierungen wie »Hinterfrage meine Aussage und prüfe, ob sie auch aus einer anderen Perspektive Sinn ergibt« führen eher zu ausgewogenen Antworten.
- Bewertungskriterien vorgeben, indem Sie sagen: »Nutze wissenschaftliche Quellen, Beispiele oder Logik, um meine Aussage zu prüfen, bevor du antwortest.«
- Perspektivenvielfalt einfordern. Etwa: »Gib mir sowohl unterstützende als auch kritische Standpunkte.« Das zwingt die KI, nicht nur in eine Richtung zu argumentieren.
- Bestätigungsbias gezielt adressieren. Anweisungen wie »Vermeide es, meine Formulierungen zu übernehmen, ohne sie zu prüfen« reduzieren die Tendenz zur reinen Zustimmung.
- Feedback-Schleifen nutzen. Wenn die KI doch zustimmend antwortet, direkt darauf hinweisen und präzisieren: »Das ist zu einseitig, bitte gib mir auch eine kritische Perspektive.«
- Halluzinationen vermeiden, indem Sie die KI um Folgendes bitten: »Wenn eine Aussage nicht abschließend beurteilbar oder eine Anfrage nicht erfüllbar ist, schildere Unsicherheiten oder Wissenslücken.«

Sie können diese Hinweise aber auch innerhalb eines Chats oder eines Projekts eingeben. Sie sind keine Garantie für unabhängigere Antworten, aber zumindest können sie dabei helfen, nicht ganz in der Echokammer des Schreckens hängenzubleiben.

Kreativität mit KI braucht Vorbereitung

Kreative Arbeit braucht »langsames Denken«, also eine bewusste Analyse, tiefere Auseinandersetzung mit Themen und gezieltes Steuern der KI. Wir sind nicht bloß Nutzer*innen, sondern Dirigent*innen, die entscheiden, welche Ideen umgesetzt werden. KI ist kein Kreativ-Team, sondern eine gut gefüllte Werkzeugkiste. Geben Sie ihr die richtigen Informationen, testen Sie verschiedene Richtungen, und hinterfragen Sie jede Antwort, so verlockend schnelle und scheinbar durchdachte Ergebnisse auch wirken.

Hier ein paar Ideen, wie Sie einigen der zuvor aufgezählten Probleme, die aufgrund der Eigenheiten von KI in der Ideenfindung entstehen können, begegnen:

- eigene Recherchen über verschiedene Medien hinweg durchführen
- sich die Quellen angeben lassen, die die KI zur Lösungsfindung genutzt hat, und diese überprüfen
- KI ergänzend als Inspiration oder Impulsgeberin nutzen, nicht als Ersatz für den kreativen Prozess
- zuerst eigene Gedanken machen, bevor mit KI gearbeitet wird (Priming-Effekt verhindern, höheres Kreativpotenzial)
- allgemeine Anfragen für kreative und komplexe Aufgaben vermeiden und Promptskills verbessern (das werden wir im Buch noch vertiefen)
- KI in den Bereichen nutzen, in denen Sie Expert*innen-Wissen besitzen (oder andere Expert*innen den Output überprüfen)
- bewusst aus Mustern ausbrechen (siehe Kapitel 3)
- die Ergebnisse einer KI von einem anderen Modell (eines anderen Anbieters) gegenprüfen lassen

Brauchen wir KI überhaupt, um kreativ zu sein?

Ja und Nein. Kreativität ist und bleibt menschlich. Aber KI kann Ideen strukturieren und damit schneller sichtbar, greifbar und hörbar machen – und das in einer Qualität, die früher viel Zeit und Übung erfordert hätte. In unserer beschleunigten Welt kann das ein klarer Vorteil sein. Ich spreche hier nicht von der nächsten Geburtstagskarte, sondern von Konzepten und Lösungen, die wirklich etwas verbessern. Voraussetzung sind dabei Experimentierfreude und kluge Strategien.

Die eigentliche Gefahr liegt nicht in der Technik selbst, sondern in der Versuchung, sich mit dem Mittelmaß zufriedenzugeben, um Zeit und Budget zu sparen. Das Potenzial von KI liegt im Unterstützen, weniger im Ersetzen: Sie kann Routinearbeiten abnehmen, neue Perspektiven eröffnen und kreative Prozesse beschleunigen. Was wir damit schaffen, hängt allein von uns ab. Durch eine reine Nutzung werden wir nicht plötzlich besser in allem.

Prompting

Prompten bedeutet, einer KI mitzuteilen, was sie für uns tun oder erzeugen soll – in Form einer (mal mehr, mal weniger) klaren Anweisung, einer Frage oder auch nur einer Beschreibung. Der Prompt ist im Grunde unser Briefing an die Maschine. Je präziser und gleichzeitig inspirierender wir formulieren, desto besser kann die KI verstehen, welchen Weg sie einschlagen soll. Dabei gibt es nicht nur »den einen« richtigen Prompt: Manche Aufgaben profitieren von sehr detaillierten Eingaben, andere entfalten ihre Kreativität erst durch offene, stimmungsorientierte oder experimentelle Formulierungen. Prompten ist damit nicht einfach nur eine sture Arbeitsanweisung – es ist ein Dialog, bei dem wir lernen, die richtigen Impulse zu setzen, um überraschende und überzeugende Ergebnisse zu bekommen.

Der Prompt ist im Grunde unser Briefing an die Maschine.

Prompting als Kernkompetenz

Prompting ist für mich ein höchst kreativer Prozess. Wie Sie vielleicht bereits selbst bemerkt haben, bekommen Sie von der KI nur dann gute und brauchbare Ergebnisse, wenn der Prompt entsprechend gut formuliert wurde. Es ist wie das Bedienen einer Profi-Kamera: Ich sollte zunächst Ahnung davon haben, wie gute Bilder aufgebaut sind, was Perspektive, Licht und Bewegung für Auswirkungen auf mein Foto haben. Ohne dieses Wissen kann ich mit der besten Kamera der Welt schlechte Fotos machen. Dazu kommt das Know-how über die technische Funktionalität einer Kamera: fotografische Parameter wie Brennweite, Belichtungszeit, ISO, Blende usw., aber auch, wie ich mein Kameramodell bestmöglich einstelle und nutze, um das Optimum aus meiner Fotografie herauszuholen.

Prompt Engineering – das Handwerk hinter guten KI-Ergebnissen

Prompt Engineering ist mehr als nur das Eingeben von Befehlen. Es ist ein kognitiver Prozess, bei dem wir lernen, die Sprache der KI zu sprechen. Ein guter Prompt liefert neben klaren Anweisungen auch den nötigen strukturierten Kontext, legt Stil und Ton fest und definiert – wenn nötig – das gewünschte Ausgabeformat.

Wer versteht, wie KI-Modelle Informationen verarbeiten, kann durch gezieltes Prompten aus einem generischen Ergebnis etwas Einzigartiges machen. Im kreativen Bereich ist Prompt Engineering deshalb eine Schlüsselkompetenz: Es verwandelt lose Ideen in präzise Anweisungen und sorgt dafür, dass die KI nicht nur »etwas« liefert, sondern genau das, was zu Konzept, Zielgruppe und Projekt passt.

Ein gewisses Talent gehört am Ende auch noch dazu – nicht zu vergessen die Kreativität, um das Beste aus dem Motiv zu machen, das man gerade vor sich hat, oder überhaupt eine Idee, was man wie darstellen möchte. Erfahrung ist ebenfalls eine wichtige

Kernkompetenz. Prompting für KI vereint all das, egal in welchem Bereich wir uns befinden. Es wirkt oft so einfach, reicht doch ein Emoji, um eine Reaktion zu provozieren. Doch kennen Sie die Möglichkeiten und Techniken und verbinden Sie diese mit Ihrem Fachwissen, öffnen sich Ihnen völlig neue Möglichkeiten in der Zusammenarbeit mit KI.

Promptarten

Prompt ist nicht gleich Prompt. Wir können die Eingabe in das Chatfenster der KI in verschiedene Arten unterteilen. Die Wahl der Art hängt meist von dem ab, was wir von der KI erwarten und auch, mit welcher Technik die KI bei dieser Aufgabe am besten arbeiten kann. Das kann schon von Modell zu Modell unterschiedlich ausfallen. Diese Arten sind keinesfalls für sich allein zu betrachten, sondern können miteinander kombiniert werden. In der folgenden Tabelle sehen Sie eine erste Übersicht über diese Promptarten und wofür wir sie einsetzen können.

Promptart	Beschreibung	Typische Anwendungsfälle
Open-Ended-Prompting/ Intuitives Prompting	Offene Fragestellungen ohne vorgegebene Antwortmöglichkeiten. Fördert Kreativität, Überraschungen und neue Perspektiven.	Experimentelle Ideenfindung, kreative Marketingideen, Brainstorming, Innovationsideen, kreative Problemlösungen
Beschreibende Prompts (Descriptive)	Sehr konkrete, detaillierte Beschreibung von gewünschten Szenen, Eigenschaften, Stilen, Farben etc. Je mehr Details, desto gezielter das Ergebnis.	Produktvisualisierung, Filmszenen, Architekturvisualisierungen, Bildgenerierung, Persona & Zielgruppen, konkrete Text- und Bildgenerierung
Vibe-Prompting	Fokus auf Atmosphäre, Stimmung oder »Vibe« statt konkreter Details. Kreativer Zugang, um emotionale Ergebnisse zu erzeugen.	Stimmungsvolle Moodboards, emotionale Brand Stories, emotionale Werbetexte, Event-Atmosphäre, Editorial-Stile
Role-Prompting	Die KI übernimmt explizit eine Rolle, Persona oder einen Charakter und antwortet aus deren Perspektive mit deren Stil und Wissen.	Kundenfeedback, Jury-Feedback, narrativer Erzähler, Expertenmeinung, Interview-Simulation, rollenbasiertes Coaching
Zero-Shot-Prompting	Aufgabe ohne Beispiele, nur mit Anweisung. Schnell, aber weniger kontrolliert.	Erste Skizzen, grobe Konzeptideen, schnelle Claim-Vorschläge, spontane Headlines
One-Shot-Prompting	Ein einziges Beispiel wird gegeben, um der KI Muster zu zeigen und ihre Antwort daran zu orientieren.	Stilvorlage aus einem einzelnen Text oder Bild, präziser als Zero-Shot, Fokus auf das eine Beispiel

Promptart	Beschreibung	Typische Anwendungsfälle
Few-Shot-Prompting	Beispielausgaben und Stilvorlagen zeigen, wie ein Ergebnis aussehen soll. Verbessert Konsistenz, Struktur und Verständnis. KI erkennt Muster aus den Vorgaben.	Social-Media-Serien, Corporate-Design-Reihen, Blogartikel im Markenton, Serienillustrationen, wiederkehrende Content-Formate
Chain-of-Thought-Prompting	Die KI erhält eine strukturierte Anweisung mit den nötigen Schritten zur Umsetzung.	Konzeptentwicklung, Designentscheidungen, Argumentationsketten, komplexe Problemlösungen, Pitch-Strukturierung
Prompt-Chaining	Komplexe Aufgaben werden in mehrere, aufeinanderfolgende Schritte (Prompts) gegliedert, jeder baut auf dem vorherigen Output auf.	Briefing → Zielgruppe → Persona → Ideenfindung → Umsetzung → Validierung → Präsentation
Multi-Prompting	Aufgabe wird in voneinander unabhängige Teilprompts zerlegt, Ergebnisse werden kombiniert.	Charakter- und Hintergrunddesign, modulare Textbausteine, mehrteilige Illustrationsprojekte, Content-Serienplanung
Negativ-Prompting	Explizite Vorgabe, was ausgeschlossen oder vermieden werden soll (Farben, Stil, Begriffe, Themen etc.)	Vermeidung von Stereotypen, unerwünschten Farben, keine Fachbegriffe, Tabuthemen vermeiden, Stilbrüche verhindern
Meta-Prompting	Die KI soll den »besten« Prompt selbst formulieren, um ein Ziel möglichst optimal zu erreichen.	Selbstgenerierte Briefings, optimale Eingabeformate, automatisierte Content-Konzeption, adaptives Designbriefing
Self-Reflection-Prompting	KI prüft und verbessert ihren eigenen Output (z. B. Korrekturen, Alternativen, Feedback).	Verbesserung von Bildkompositionen, Textüberarbeitungen, Qualitätschecks, kreative Alternativvorschläge, Fehlerkorrektur
Iteratives Prompting	Mehrfaches, schrittweises Verfeinern eines Outputs durch Feedback in mehreren Durchgängen	Detaillierte Überarbeitungen, Versionierung, Konzeptanpassungen, iterative Illustration, Redaktionsprozesse
Socratic Prompting	KI stellt Rückfragen, bevor sie antwortet – um Kontext und Ziel besser zu verstehen.	Präzisere Szenenbeschreibungen, vertiefte Briefings, Kontextabfragen, Nutzerbedürfnis-Erfassung, kreatives Coaching

Promptart	Beschreibung	Typische Anwendungsfälle
Contrast-Prompting	KI wird gebeten, verschiedene gegensätzliche Varianten zu produzieren, um Bandbreite und Optionen zu zeigen.	Minimalistisch vs. maximalistisch, warm vs. kühl, formell vs. lässig, retro vs. futuristisch, ruhig vs. lebendig
Story-Prompting	Aufgabe wird als kurze Geschichte formuliert, um narrative und kreative Ergebnisse zu erhalten.	Storytelling für Kampagnen, Drehbuchideen, Szenenillustrationen, Markenstorys, Nutzerreisen
Analogy-Prompting	Aufgabe/Idee durch Metaphern oder Analogien verständlicher und kreativer machen	Bildhafte Konzeptvisualisierung, inspirierende Claims, Kommunikationsstil, kreative Vergleiche, visuelle Metaphern
Style-Transfer-Prompting	Vorhandenen Stil einer Vorlage/Referenz auf ein neues Thema anwenden lassen	Malstil auf Foto anwenden, Textgenre adaptieren, Corporate Design anpassen, Cross-Media-Stilentwicklung
Data-to-Text-Prompting	Zahlen/Daten als Ausgangspunkt nutzen, um automatisch strukturierte und lesbare Texte zu generieren	Infografiken, Datenvisualisierung, Berichte, Analysen, Dashboard-Texte, Research-Summarys
Instruction-Prompting	Klare Schritt-Anweisung, die die KI abarbeiten soll, indem die Anweisung mit Kontext und falls nötig mit einem gewünschten Ausgabeformat ergänzt wird	Produktionsanleitungen, Checklisten, How-to-Guides, DIY-Anleitungen, Workshop-Skripte, Prozessdokumentationen
Feedback-Prompting	Die KI erhält Rückmeldungen zu ihrem Output und soll diesen daraufhin anpassen oder verbessern	Überarbeitung von Texten, Bildanpassungen, Optimierung nach Vorgaben
Explorative Prompting	Die KI wird explizit aufgefordert, verschiedene Möglichkeiten oder Varianten zu erkunden und zu erstellen.	Variantenentwicklung, Konzeptideen, experimentelle Visuals
Summarization-Prompting	Aufforderung, umfangreiche Inhalte prägnant zusammenzufassen oder Kernpunkte herauszuarbeiten.	Berichtszusammenfassung, Inhaltsübersicht, Bildkomposition kurz erfassen

Promptingarten und ihre typischen Anwendungsfälle

Dies sind nur einige der Möglichkeiten, der KI Anweisungen zu geben – ob für Text- oder die Bildgenerierung. Innerhalb dieser Arten gibt es verschiedene Techniken und Methoden sowie ganze Prompt-Frameworks, die sich mehrerer dieser Arten bedienen, um ein spezielles Ergebnis von der KI zu fordern.

Wann nutzen wir welche Art?
Wer seine Prompts analysiert, erkennt meist schnell bestimmte Arten wieder – oft intuitiv angewendet. Es geht nicht darum, alle auswendig zu kennen, sondern die Methoden zu finden, die am besten zum Ziel führen. Manchmal ist es sogar hilfreich, der KI bewusst Freiraum zu lassen und intuitiver zu prompten, um neue Impulse zu bekommen.

In den nächsten Kapiteln werden Sie einige dieser Promptarten wiederfinden, in Beispielen sehen und selbst ausprobieren können. Die Wahl der Promptart ist wie die Wahl des Lichts in der Fotografie – ein entscheidendes Gestaltungsmittel. Selbst mit perfekter Technik und allen Einstellungen entsteht erst durch das richtige Licht die gewünschte Wirkung. Fachliche Details sind wichtig, aber auch die Form, in der wir die Aufgabe stellen. Prompttechniken erfordern Wissen, Übung und Erfahrung – und jedes neue Modell eröffnet neue Möglichkeiten. Für mich ist das eine fortwährende Entdeckungsreise, die jeden Arbeitstag abwechslungsreich gestaltet.

Role-Prompting mit Expertenrollen

Die Zuweisung einer Expertenrolle gibt der KI einen semantischen Rahmen: Statt allgemeiner Antworten erhält man Fachwissen – aber Achtung bei Recherchen, denn hier kann die Rollenzuweisung laut einem Prompting Science Report namens »Playing Pretend: Expert Personas Don't Improve Factual Accuracy« die faktenbasierte Genauigkeit mindern. In den folgenden Tabellen finden Sie ein paar Rollen zur Inspiration, die Sie immer wieder für verschiedene Prompts verwenden können. Für eine bessere Sichtbarkeit von weiblichen Expertinnen und da es »die« KI heißt, verwende ich hier das Femininum.

Prompting ist der Schlüssel, um KI gezielt und effizient für kreative Arbeit zu nutzen. Rollen helfen, Sprache und Denken der KI zu lenken – weg von generischen Antworten, hin zu authentischer Sprache und zielgerichteten Inhalten. Folgende Rollen helfen dabei, bessere Prompts zu schreiben.

Expertenrolle	Nutzungsideen
Kreative Prompt-Architektin	Entwickelt originelle, wirkungsvolle und zielgerichtete KI-Prompts für kreative Problemlösung und Content-Erstellung.

Expertenrolle	Nutzungsideen
KI-Psycholinguistin	Optimiert Sprache, Tonalität und Wirkung von KI-Interaktionen, basierend auf menschlicher Kommunikation und Psychologie.
Digital Content Curator	Kuratiert und gestaltet KI-Inhalte unter strategischen Gesichtspunkten, optimiert für die jeweilige Zielgruppe.
Kontextbewusste Sprachdesignerin	Passt Prompts und KI-Ausgaben an Kultur, Branche und Stil an für authentische, kontextrelevante Ergebnisse.
Wissens- und Datenmoderatorin	Steuert die Informationsbasis für die KI, um Qualität, Relevanz und Genauigkeit der Antworten sicherzustellen.
Ideengenerierungs-Coach	Nutzt kreative Techniken und Promptings, um gezielt neue und unkonventionelle Ideen aus der KI herauszuholen.
Fehleranalystin & Verbesserungscoach	Erkennt Schwächen in KI-Outputs und optimiert die Promptstrategie für bessere Resultate.

Ideenfindung mit Role-Prompting

Die Phase der Ideenfindung ist der Moment, in dem alles möglich scheint – bevor Struktur, Logik oder Budget ins Spiel kommen. Hier geht es darum, Horizonte zu öffnen und Grenzen zu verschieben. Die folgenden Rollen helfen, Themen aus unterschiedlichen Perspektiven zu betrachten, Muster zu brechen und kreative Spannungen zu erzeugen. Ob analytisch, intuitiv oder visionär – jede Rolle bringt eine eigene Denkweise ein und erweitert den Raum für neue, unerwartete Ideen.

Expertenrolle	Nutzungsideen
Kreativstrategin/ Kreativdirektorin	Kreativmethoden, Workshop-Moderation
Provokations-Expertin (Kopfstandmethode)	Perspektivwechsel, unkonventionelle Lösungsansätze
Kritische Denkerin (Advocatus Diaboli)	Konstruktive Kritik, Risiko- und Schwachstellenanalyse
Analogietechnik-Spezialistin	Übertragung analoger Prinzipien aus Natur, Technik
Innovationsberaterin	Systematische Ideengenerierung, Lösungsentwicklung
Design-Thinking-Coach	Nutzerzentrierte Innovation, iterative Prozesse
Zukunftsforscherin	Trendscouting und Innovationsbewertung

Strategie

Strategie bedeutet, den kreativen Prozess mit Weitblick zu denken und Entscheidungen im größeren Kontext von Markt, Zielgruppe und Markenidentität zu betrachten. Die folgenden Rollen helfen, strategische Fragestellungen aus unterschiedlichen Blickwinkeln zu beleuchten: analytisch, zukunftsorientiert, kritisch und vernetzt. So entsteht ein klarer Rahmen, in dem kreative Ideen eine Richtung bekommen.

Expertenrolle	Nutzungsideen
Markenstrategin/Brand-Strategin	Markenentwicklung, Positionierung, Corporate Design
Business-Development-Coach	Geschäftsmodellgestaltung, Marktanalyse
Innovationsmanagerin	Innovationsprozesse steuern, Technologiebewertung
Risikoanalystin	Entscheidungsvorbereitung, Risikoidentifikation
Kommunikationsstrategin	Zielgruppenansprache, Corporate Communications
Nachhaltigkeitsberaterin	Integration von nachhaltigen Strategien
Wettbewerbsanalystin	Beobachtet und bewertet Wettbewerber und Marktpositionen
Marktforscherin	Analysiert Zielgruppen, Trends und Marktbedingungen

Konzeption

Konzeption ist die Brücke zwischen Idee und Umsetzung. In dieser Phase entstehen Strukturen, Narrative und Leitideen, die Design, Inhalt und Funktion zusammenbringen. Die aufgeführten Rollen unterstützen dabei, Konzepte nutzerzentriert, durchdacht und erlebbar zu gestalten – von der ersten Idee bis zum fertigen Entwurf.

Expertenrolle	Nutzungsideen
UX-Designerin & Nutzerforscherin	Nutzerzentrierte Konzeption, Usability-Testing
Informationsarchitektin	Strukturierung von Inhalten und Navigation
Content-Strategin	Content-Planung, Storytelling-Strategien
Workshop-Moderatorin	Moderation von Kreativ- und Strategieprozessen
Service-Designerin	Gestaltung nutzerorientierter Services
Barrierefreiheitsberaterin	Inklusion und Accessibility

Design

Design übersetzt Strategie und Konzept in Form, Farbe und Ausdruck. Es verbindet Emotion mit Funktion und prägt, wie Marken wahrgenommen werden. Die hier aufgeführten Rollen stehen für unterschiedliche Designhaltungen – von der analytischen Systemdenkerin bis zur intuitiven Gestalterin – und helfen, KI gezielt in gestalterische Prozesse einzubinden.

Expertenrolle	Nutzungsideen
Grafikdesignerin	Visuelle Gestaltung, Logoentwicklung
Interaction-Designerin	Gestaltung interaktiver Oberflächen
Bionik- & Analogietechnik-Expertin	Übertragung natürlicher Prinzipien auf Produktdesign
Produktdesignerin	Funktionales und ästhetisches Produktdesign
Visual-Storytellerin	Emotionale Visualisierung von Markengeschichten
Typografieexpertin	Schrift- und Lesbarkeitsoptimierung
Farbpsychologin	Farbwahl und Wirkung im Design

Marketing

Marketing macht Ideen sichtbar. Es übersetzt Ideen und Design in Kommunikation und sorgt dafür, dass die Botschaften ihre Zielgruppen erreichen. Die folgenden Expertenrollen helfen, die KI gezielt in verschiedenen Marketingaufgaben einzusetzen – von Kampagnenplanung über Storytelling bis zur Markenkommunikation.

Expertenrolle	Nutzungsideen
Werbetexterin	Werbeslogans, Kampagnentexte
Social-Media-Managerin	Content-Planung, Community Management
SEO-Expertin	Suchmaschinenoptimierung, Trafficgenerierung
Influencer-Managerin	Kampagnenplanung und -steuerung mit Influencer*innen
Kommunikations- und PR-Expertin	Medienarbeit, Krisenkommunikation
Marktforscherin	Zielgruppenanalyse, Trendforschung
Storytelling-Expertin	Emotionale Texte, die eine Geschichte erzählen

Qualitätsattribute

Role-Prompting ist sehr effektiv, besonders wenn Sie mit Expertenrollen arbeiten. Doch auch hier können Sie noch etwas draufsetzen, um die KI zu Höchstleistungen anzutreiben. Was sich in unserer Sprache manchmal übertrieben anhört, kann bei der KI zu sehr guten Ergebnissen führen. Folgende Begriffe können Sie zum Beispiel in Verbindung mit dem Role-Prompting nutzen:

Eigenschaft	Passende Expertenrollen
preisgekrönt	Kreativstrategin, Grafikdesignerin, Produktdesignerin
innovativ	Kreative Prompt-Architektin, Innovationsberaterin, Design-Thinking-Coach
exzellent	UX-Designerin, Markenstrategin, Kommunikationsstrategin
authentisch	Kontextbewusste Sprachdesignerin, Storytelling-Expertin
erfahren	UX-Designerin, Interaction-Designerin, Service-Designerin
kreativ	Kreative Prompt-Architektin, Grafikdesignerin, Ideen-Coach
professionell	Workshop-Moderatorin, Business-Development-Coach, Risikoanalystin
analytisch	Wissens- und Datenmoderatorin, Risikoanalystin, SEO-Expertin

Promptformeln und Promptstrukturen

Auch moderne KI-Modelle reagieren deutlich darauf, wie ein Prompt aufgebaut ist – besonders Anfang und Ende haben oft mehr Gewicht als die Mitte. Um das Prompten zu vereinfachen, helfen Formeln mit klarer Struktur. Denken Sie dabei vor allem auch daran, folgende Aspekte zu integrieren:

- Kontext (oder Beispiele wenn nötig)
- zusätzliche Hintergrundinfos und Details
- Rolle oder Perspektive für die KI
- konkrete Aufgabenanweisung
- Vorgaben für Format oder Struktur der Antwort

Der Anfang des Prompts legt den Rahmen fest, das Ende wirkt relevant durch den sogenannten Recency-Effekt: Anweisungen, die hier stehen, bleiben »frischer« im Modellgedächtnis und werden oft präziser befolgt. Deshalb lohnt es sich, die wichtigste Anweisung an beiden Stellen zu platzieren und zu wiederholen. Das klingt simpel, verhindert aber, dass die KI den eigentlichen Auftrag im Detail verliert. Neuere Modelle sind zwar toleranter, doch eine klare Struktur liefert meist die besten und konsistentesten Ergebnisse – gerade im kreativen Prozess.

Promptformel für Texte

Damit meine KI-Texte nicht generisch wirken, arbeite ich mit einer eigenen Promptformel. Sie hilft, alle wichtigen Elemente schon in der Eingabe zu berücksichtigen und so Output zu bekommen, der im gewünschten Stil ist. Die Formel lautet:

[Thema/Kontext] + [Stil/Form] + [Zielgruppe] + [Ton] + [Struktur] + [Spezifische Details] + [Länge] + [Perspektive] + [Absicht/Ziel]

Jeder dieser Bausteine erfüllt einen wichtigen Teil des Briefings an die KI:

- **Thema/Kontext:** Worum geht es?
- **Stil/Form**: Textart oder Format (z. B. Artikel, Social-Media-Post, Rede)
- **Zielgruppe:** Wer soll den Text lesen?
- **Ton:** Stimmung und Sprachcharakter (z. B. inspirierend, sachlich)
- **Struktur:** Aufbau oder Gliederung
- **Spezifische Details:** Beispiele, Fakten, Kernbotschaften
- **Länge:** Genaue oder grobe Wortzahl, Absätze (ergibt sich auch oft aus der Form)
- **Perspektive:** Aus wessen Sicht wird erzählt?
- **Absicht/Ziel:** Was soll der Text bewirken? Welche Aktion soll danach erfolgen?

Mit dieser Formel kann ich Prompts so gestalten, dass die KI nicht nur »irgendetwas« schreibt, und gezielt auf die gewünschte Wirkung hinarbeiten. Testen Sie es selbst!

Als Beispiel sehen wir uns diesen Open-Ended-Prompt an, den Sie z. B. einsetzen könnten, wenn Sie für Ihren Blog einen Artikel über Promptformeln schreiben wollen:

Prompt Schreibe eine kurze Geschichte über die Nutzung von Promptformeln in der Zusammenarbeit mit KI.

Ergebnis Open-Ended-Prompt mit ChatGPT

Als ich zum ersten Mal mit einer KI Texte schreiben wollte, dachte ich: »Das wird easy.« War es nicht. Die KI spuckte mir einen wirren Mix aus Schlagworten, Plattitüden und irgendeinem Zitat von Einstein aus, das er vermutlich nie gesagt hatte. Ich wollte einen prägnanten, kreativen Einstieg für eine Präsentation – bekommen habe ich ein Motivationsposter.

Dann stieß ich auf Promptformeln. Plötzlich war das nicht mehr nur »Schreib mir einen Text«, sondern ein klarer Bauplan: Thema, Stil, Zielgruppe, Ton, Struktur, Details. Jeder Baustein gab der KI einen präzisen Auftrag – und ich bekam nicht nur brauchbare, sondern inspirierende Ergebnisse.

Heute ist das für mich wie eine gemeinsame Sprache mit der KI. Ich sage, was ich will – und sie liefert, ohne Umwege über Zitate, die nie jemand gesagt hat.

Ihr Ergebnis wird sich ebenfalls gut lesen lassen, aber sehr wahrscheinlich allgemein und oberflächlich wirken. Für einen ersten Entwurf kann es sinnvoll sein, die KI erst einmal liefern zu lassen. Doch meistens brauchen wir ganz konkrete Texte, die auch eine vorgegebene Richtung einschlagen. Hierfür eignet sich die Formel besonders gut. Gehen wir also Baustein für Baustein durch und füllen ihn mit Leben (am besten in einem neuen Chat testen):

Prompt **[Thema/Kontext]** Erzähle eine kurze Geschichte über die Nutzung von Promptformeln und wie sie den kreativen Prozess mit KI verändern. **[Stil/Form]** Schreibe im Storytelling-Stil mit leicht humorvoller Note. **[Zielgruppe]** Die Geschichte richtet sich an Kreativschaffende, die erste Erfahrungen mit KI machen. **[Ton]** Der Text soll locker, motivierend und inspirierend wirken. **[Struktur]** Baue die Geschichte in drei Teilen auf: Einstieg mit einem typischen Problem, Wendepunkt durch die Entdeckung der Promptformel und Auflösung mit dem verbesserten Ergebnis. **[Spezifische Details]** Beschreibe mindestens ein Beispiel einer misslungenen KI-Ausgabe und den Moment, in dem durch die Anwendung der Formel alles besser wird. **[Länge]** Umfang ca. 120–150 Wörter. **[Perspektive]** Schreibe aus der Ich-Perspektive einer Designerin, die KI-Tools testet. **[Absicht/Ziel]** Zeige, dass klare Prompts zu besseren, relevanteren und kreativeren Ergebnissen führen, und fordere zum Ausprobieren dieser Formel auf.

Der neue Text hat nun eine ganz bestimmte Perspektive und spricht genau meine Zielgruppe an. Die Länge ist begrenzt, und am Ende gibt es eine Schlussfolgerung.

Ergebnis Promptformel mit Gemini

Früher dachte ich, KI-Texte klängen immer nach einem Kühlschrank-Benutzerhandbuch auf Valium. Mein erster Versuch für meine »Über mich«-Seite? Ich tippte: »Schreib einen Text über eine Designerin.« Das Ergebnis war ein generischer Albtraum: »Ich bin eine engagierte Fachkraft, die Synergien nutzt.« Gähn! Mein Portfolio wirkte so lebendig wie eine graue Betonwand. Dann der Wendepunkt: Ich begriff, dass die KI keine Hellseherin ist, sondern eine Assistentin, die präzise Ansagen braucht. Ich nutzte die Formel: [Thema/Kontext] + [Stil/Form] + [Zielgruppe] + [Ton] + [Struktur] + [Spezifische Details] + [Länge] + [Perspektive] + [Absicht/Ziel]

Neuversuch: »Du bist eine freche Copywriterin. Schreib ein Intro für mein Portfolio. Zielgruppe: Werbeagenturen. Ton: locker, kreativ, selbstbewusst. Botschaft: Ich liebe Pixel-Perfektion und starken Kaffee.« Bäm! Plötzlich sprühten die Funken. Der Text war spritzig, passte zu meinem Stil und brachte mich zum Schmunzeln. Klare Prompts sind der Dietrich zum kreativen Schloss.

Natürlich ist es von Vorteil, wenn Sie sich mit Texten auskennen – hier sind wir wieder bei der Fotografie: Ich weiß zwar technisch gesehen, wie die Kamera funktioniert, aber nun kommt es auf meine Erfahrung und mein Wissen an, wie gute Fotos entstehen. Fachwissen kann einen großen Unterschied im Ergebnis machen.

Sie können es sich aber auch einfacher machen und die KI den Prompt zunächst nach der Promptformel aufbauen lassen (Meta-Prompting). Dann können Sie diesen überarbeiten und ergänzen, bevor Sie ihn abschicken. Wenn Sie eine Konstellation für sich gefunden haben, die sehr gut funktioniert, können Sie auch diese als Vorlage für die nächsten Projekte nutzen (One-Shot-Prompt oder Style-Transfer-Prompt).

Promptformel für Bilder
Auch für die Bildgenerierung gibt es eine Promptformel, die ich nutze. Hier finden sich Bausteine, die ein Bild in seine Bestandteile zerlegen und neben visuellen Merkmalen auch die Stimmung des Bildes ansteuern. Hier meine Formel besonders für fotorealistische Bilder:

[Medium] + [Motiv] + [Komposition] + [Details] + [Hintergrund] + [Farben] + [Licht] + [Stimmung] + [Stil]

- **Medium:** In welchem künstlerischen oder technischen Medium soll das Bild entstehen (z. B. Fotografie, Illustration, 3D-Rendering, Aquarell)?
- **Motiv:** Was ist das Hauptthema oder der zentrale Gegenstand des Bildes (z. B. alte Buchhandlung, futuristische Stadt, Porträt einer Musikerin)?
- **Komposition:** Wie sollen die Bildelemente angeordnet sein? Aus welcher Perspektive oder in welchem Bildausschnitt (z. B. Vogelperspektive, Nahaufnahme, goldener Schnitt)?
- **Details:** Welche besonderen Elemente sollen das Motiv ergänzen (z. B. offene Bücher, Regen auf der Fensterscheibe, schwebende Laternen)?
- **Hintergrund:** Welche Kulisse oder Umgebung umgibt das Motiv (z. B. Waldlichtung, urbane Skyline, Berglandschaft bei Sonnenaufgang)?
- **Farben:** Welche dominierenden Farbtöne oder Farbpaletten sollen genutzt werden (z. B. warme Farben, Pastell, Kontraste, Monochrom)?
- **Licht:** Welche Lichtquelle, -richtung und -stimmung (z. B. goldenes Abendlicht, dramatisches Gegenlicht, weiches Studio-Licht)?
- **Stimmung:** Welches Gefühl oder welche Atmosphäre soll das Bild transportieren (z. B. nostalgisch, geheimnisvoll, energiegeladen)?
- **Stil:** In welchem künstlerischen Stil oder mit welcher Referenz soll gearbeitet werden (z. B. Bauhaus-inspiriert, hyperrealistisch, nach Bildreferenz)?

Auch hier dient die Formal als Hilfe und Orientierung, einen strukturierten Prompt auszubauen. Dabei können Sie einzelne Bausteine mal mehr oder weniger konkret benennen und schauen, wie die KI reagiert. Je nach Modell kann es sein, dass der Prompt mal länger und ausführlicher oder kürzer und prägnanter sein muss.

Nehmen wir unser Beispiel mit dem nachhaltigen Kaffee-Schokoladen-Drink und erstellen einen Prompt mit Hilfe der Formel. Ich nutze Midjourney zur Umsetzung des Bildes:

> **Prompt** **[Medium]** High-end vaporwave-inspired commercial photograph **[Motiv]** of a chocolate and coffee energy drink, elegantly served in a sleek glass, surrounded by fine chocolate chunks and freshly roasted coffee beans **[Komposition]** center composition on a glossy pastel-colored table with shallow depth of field, the focus on the glass **[Details]** subtle latte art on the drink, a golden spoon, sustainable product packaging with glitchy, neon-pink typography visible in the background **[Hintergrund]** surreal retro-futuristic cityscape with palm trees, digital sunsets, and pixelated clouds **[Farben]** soft purple, turquoise, neon pink, accented by creamy coffee tones **[Licht]** dreamy sunset glow combined with glowing neon edge lighting **[Stimmung]** nostalgic, playful, slightly surreal **[Stil]** realistic style blended with vaporwave aesthetics

Wir bedienen uns eines bestimmten Stils, der Vaporwave, und beschreiben im Prompt selbst detailliert, wie dieser genau dargestellt werden soll.

Bilder generiert mit Midjourney

Die Bilder haben nun einen sehr eindeutigen Look. Egal wie oft ich den Prompt abschicke, die Bilder ähneln sich nun sehr. Das liegt an der sehr genauen Beschreibung des Bildes und dem Bildaufbau bis hin zu den Details.

Gehen Sie dabei gerne Schritt für Schritt vor, arbeiten erst das passende Medium und das Motiv heraus und fügen anschließend Baustein für Baustein hinzu. Das Schöne an diesem iterativen Promptaufbau ist, dass wir die einzelnen Bausteine variieren und uns so unserem gewünschten Endergebnis annähern können, wie hier der Farbvariation:

Bilder generiert mit Midjourney

Bei dieser Variante habe ich lediglich die Farben angepasst und einen völlig neuen Bildlook kreiert. Die Bilder bleiben dank der Formel ziemlich konsistent.

Warum Promptformeln so gut funktionieren

Wie wir bereits wissen, ist KI sehr gut darin, Informationen zu verarbeiten – und das tut sie, indem sie diese kategorisiert (Data Labeling). Das ist Teil des Machine Learnings, also der Methode, mit der KI aus vorhandenen Daten lernt. Bekommt die KI einen Text oder ein Bild, zerlegt sie diese in einzelne Informationsbausteine, um zu analysieren, wie diese aufgebaut sind. Die Promptformel macht sich diese »Label« zunutze und spricht genau diese Bausteine gezielt an. Meiner Erfahrung nach funktioniert die KI besonders gut mit einem nach Labels aufgebauten Prompt, weil dieser den Inhalt in klar abgegrenzte Bereiche unterteilt und strukturiert – und so gezielt die Eigenschaften eines Texts oder des Bildes anspricht, die für das Ergebnis entscheidend sind.

Für uns Menschen ist es nach etwas Übung oft einfacher, mit der Formel zu arbeiten: Wir fokussieren uns auf die Struktur, vergessen keine wichtigen Infos und setzen uns bewusster mit dem auseinander, was wir der KI prompten möchten. Mit der Zeit werden Sie die Bausteine verinnerlichen, wenden sie automatisch an und können leicht Variationen erzeugen, indem Sie einzelne Elemente austauschen.

BRIEFING
&
RECHERCHE

KAPITEL 2

Briefing & Recherche

*Briefings sind in fast allen Berufen wichtig, denn hier wird eine klare, strukturierte Aufgabenstellung mit so vielen Details wie möglich und nötig verfasst, um eine gemeinsame Basis für die Zusammenarbeit zu schaffen – mit Kolleg*innen wie auch mit Geschäftspartner*innen. Idealerweise wird jede Art von Aufgabenverteilung mit Hilfe eines Briefings übergeben – doch das kostet Zeit und ist recht aufwendig. Im letzten Kapitel habe ich das Prompting mit einem Briefing verglichen, und meine Erfahrung mit LLMs hat gezeigt, dass KI uns nicht nur viel Arbeit bei der Erstellung eines Briefings abnehmen kann, sondern dass wir dieses Briefing auch gleich für die Zusammenarbeit mit der KI nutzen können. Daher widme ich dem Briefing und der Zielsetzung von Projekten dieses Kapitel, damit auch Sie die Vorteile dieser Methoden für Ihren Workflow kennenlernen und als weiteren Bestandteil Ihres Kreativworkflows mit KI schätzen lernen. Außerdem beschäftigen wir uns mit der Kunst, die Ziele, Anforderungen und Herausforderungen eines Projekts greifbar zu machen und gleichzeitig zu strukturieren. Auch die Recherche und das Verarbeiten von Informationen mit Hilfe von KI dürfen hier nicht fehlen, denn daraus können wir wiederum viel für unser Briefing und die Zielsetzung ableiten. Ich führe Sie Schritt für Schritt durch meine praxiserprobten Methoden und Techniken.*

Kreativbriefing mit KI

Ein Kreativbriefing ist so etwas wie die Landkarte für ein Projekt: Es hält fest, worum es geht, welche Ziele erreicht werden sollen und welche Rahmenbedingungen gelten. Damit schafft es eine gemeinsame Basis, auf der kreative Ideen gezielt entwickelt werden können. Je nach Projekt kann es mehr oder weniger detailliert ausfallen, aber meine Empfehlung ist es, die Aufgabenstellung immer zu verschriftlichen, auch wenn Ihnen ein Arbeitsauftrag mündlich oder per Telefon/Videocall übermittelt wurde. Damit sichern Sie sich nicht nur rechtlich ab, sondern verhindern gleichzeitig Missverständnisse und Überraschungen in der Zusammenarbeit.

Ein Kreativbriefing beinhaltet in der Regel folgende Bestandteile:

- **Projektziel:** Was soll erreicht werden?
- **Thema/Kontext:** Hintergrund, Ausgangslage, Anlass
- **Zielgruppe:** Wer soll angesprochen werden (inkl. Eigenschaften, Bedürfnissen, Painpoints)?
- **Kernbotschaft:** Was ist die wichtigste Aussage?
- **Ton & Stil:** Welche Stimmung, Sprache, visuelle Richtung soll es haben?
- **Kanäle & Formate:** Wo und wie wird das Ergebnis genutzt (z. B. Print, Social Media, Website, Event)?
- **Rahmenbedingungen:** Zeitplan, Budget, Ressourcen
- **Pflichtinhalte:** Logos, Claims, Farben, rechtliche Vorgaben
- **Inspirationsquellen/Benchmarks:** Beispiele, Vorbilder, Wettbewerber
- **Erfolgskriterien:** Woran wird gemessen, ob das Projekt erfolgreich ist?

Vorteile von Briefings mit KI
Ich nutze KI, um Briefings für Kundenprojekte zu erstellen und sie auch, wenn nötig, zu ergänzen. Der Vorteil liegt auf der Hand: Sie erhalten nicht nur eine ausgearbeitete Grundlage für Ihre Arbeit, sondern können zusätzlich prüfen, ob die KI verstanden hat, was die Aufgabe ist und was dazu benötigt wird, diese fachgerecht auszuführen. Wir bereiten uns und die KI also darauf vor, Teile des Briefings im selben Chatverlauf umzusetzen.

Dies können Sie ganz normal in einem Chat mit einem LLM machen, oder Sie trainieren sich ein eigenes GPT (möglich unter anderem ab einer Plus-Mitgliedschaft bei OpenAI). Der Vorteil des eigenen GPTs ist, dass ich nicht mehr erklären muss, welche Struktur gewünscht ist und wie ich das Briefing gerne aufbereitet hätte. Daher lernen Sie im Folgenden mehrere Vorgehensweisen kennen und können diese nach Belieben kombinieren, um für sich die besten Ergebnisse zu erhalten.

Briefing ohne eigene Briefingstruktur (Open-Ended-Prompting)

Wenn Sie noch keine eigene Briefingstruktur haben oder erst Notizen vorliegen, die Sie nun zu einem Briefing formulieren möchten, dann könnte folgender Prompt interessant sein.

> **Prompt** [Geben Sie Ihre Notizen und Informationen zu dem Projekt ein]. Welche Fragen würdest du stellen, um die Aufgabe bestmöglich zu erfüllen?

Diese Methode des Fragenstellens bringt die KI dazu, die Informationen zu verarbeiten und zu reflektieren, was sie für Informationen zur Erfüllung der Anfrage bräuchte. Diese Fragen können die Grundlage eines Briefinggesprächs (oder Rebriefings) mit Ihren Auftraggeber*innen bilden oder aber auch hilfreich sein, um Lücken in den bisherigen Informationen zu finden und zu schließen. Nicht alles ist relevant, was die KI hier erfragt, Sie selbst können dies am besten beurteilen. Nicht selten kommen bereits hier erste Ideen zustande, nur weil die KI nach einer bestimmten Sache fragt.

Diese Methode können Sie bei allen möglichen Projekten und Anfragen an die KI nutzen – besonders wenn Sie nicht sicher sind, was die KI braucht, um eine Aufgabe zu erfüllen. Sie können die Anzahl der Fragen vorgeben oder offenlassen, wie in dem Beispiel. Probieren Sie es immer mal wieder aus. Auch wenn Sie gerade in einer Sackgasse stecken, kann das eine einfache, aber effektive Methode sein, sich einen Weg herauszubahnen.

Datenschutz und KI

Ein Briefing kann sensible Daten enthalten, wie konkrete Namen, firmeninterne Details oder sogar Projekte und Produktideen, die nicht an die Öffentlichkeit geraten dürfen. Beachten Sie also immer bei der Arbeit mit LLMs, die nicht auf Ihren eigenen Servern gehostet werden oder deren Server nicht in der EU ansässig sind, dass Sie wichtige und sensible Informationen zensieren oder anonymisieren. Im Zweifel lieber einmal mehr als notwendig darauf achten. Dies gilt besonders für kostenlose Abonnements oder alle Tools, die keine spezifischen Datenschutzbedingungen für Unternehmen anbieten.

Auch wenn Sie Einstellungen zum Datenschutz vorfinden, müssen alle Anfragen, die Sie in ein LLM (oder auch in bildgenerierende Modelle) eingeben, über die Server des Anbieters verarbeitet werden. Lesen Sie also die AGB aufmerksam, und legen Sie firmenintern oder für sich selbst ganz genau fest, was Sie eingeben dürfen und was nicht.

Eigene Briefingvorlagen nutzen (One-Shot-Prompting und Few-Shot-Prompting)

Sie haben bereits eine bewährte Briefingstruktur und wissen ganz genau, was Sie brauchen? Perfekt, dann zeigen Sie der KI, was Sie als Ergebnis erwarten. Laden Sie eine leere Briefingvorlage hoch (One-Shot-Prompt), und die KI wird sich ganz strikt an Ihre Vorlage halten. Doch inhaltlich kann das Ergebnis natürlich von dem abweichen, was Sie von der KI erwarten. Dann sollten Sie bereits bestehende Briefings hochladen, um der KI zu zeigen, wie das gewünschte Briefing ausgefüllt auszusehen und zu klingen hat. Sie können eine einzige Briefingvorlage hochladen (One-Shot-Prompting: die KI hält sich stark an diese eine Vorlage) oder mehrere Briefings (Few-Shot-Prompting:

PRAXIS

Kreativbriefing mit RISEN

RISEN ist ein Prompt-Framework, das dabei hilft, Prompts klar zu strukturieren. Der Name setzt sich aus fünf Elementen zusammen:

- **R – Role:** Welche Rolle soll der KI zugewiesen werden?
- **I – Instruction:** Welche Aufgabe bekommt sie?
- **S – Steps:** In welchen Schritten soll die KI vorgehen, um das Ziel zu erreichen?
- **E – Expectation**: Welches konkrete Ergebnis wird erwartet?
- **N – Narrowing:** Welche Einschränkungen oder Fokusse gibt es?

Das Prinzip ist einfach, aber sehr effektiv: Statt der KI nur eine vage Aufgabe zu geben, führen wir sie mit RISEN Schritt für Schritt durch den Prozess. Das spart Nachfragen, erhöht die Qualität und sorgt dafür, dass die Ergebnisse wirklich passen. Daher eignet es sich besonders für Aufgaben, die Struktur brauchen, wie Briefings, aber auch Zielgruppen- und Personabeschreibungen, Designkonzepte, Präsentationen oder Projektpläne.

Beispielprojekt

Lernen Sie die Methode anhand des folgenden Produkts kennen: einer nachhaltigen Lifestyle-Wasserflasche aus recyceltem Edelstahl, mit austauschbarem Deckel (Sport/Alltag), minimalistischem Design und personalisierbarer Gravur. Geben Sie der KI so viele Informationen wie möglich, und formulieren Sie den Prompt so, dass Sie am Ende das Briefing erhalten, das Sie für Ihre Arbeit benötigen. Hier ist ein beispielhafter Aufbau eines einfachen RISEN-Prompts:

Prompt

R – Role: Handle als erfahrene Brand-Strategin, die kreative Briefings für Design- und Marketingteams entwickelt.

I – Instructions: Erstelle ein Kreativbriefing für eine neue nachhaltige Lifestyle-Wasserflasche. Das Briefing soll die wichtigsten Verkaufsargumente, die Zielgruppe und eine kreative Leitidee enthalten.

S – Steps:

- Beschreibe die Zielgruppe und deren Lebensstil.
- Formuliere die Markenwerte und die gewünschte Positionierung.
- Hebe funktionale (z. B. robust, auslaufsicher) und emotionale Vorteile (z. B. Statement für Nachhaltigkeit, Designobjekt) hervor.
- Schlage kreative Richtungen vor: Tonalität, Stil, mögliche visuelle Ansätze.

E – Expectation: Liefere das Ergebnis als strukturiertes Kreativbriefing mit klaren Abschnitten: Zielgruppe, Markenpositionierung, Nutzen, Kreative Leitidee.

N – Narrowing: Schreibe inspirierend und kompakt. Fokus auf junge, gesundheitsbewusste Städter*innen mit Sinn für Design und Nachhaltigkeit.

Kombinieren Sie RISEN mit den verschiedenen Prompts und Methoden, die Sie in diesem Buch kennenlernen – kombiniert mit Ihrem Fachwissen. Sie werden eine ganz neue Seite Ihres KI-Modells kennenlernen. Vielleicht fallen Ihnen dadurch noch weitere Anwendungsmöglichkeiten in Ihrem Kreativalltag ein?

die KI versucht, Muster aus den Vorlagen zu erkennen). Geben Sie der KI mit Ihrem Prompt vor, was sie mit Ihren Vorlagen genau tun soll, z. B. »halte dich an die Struktur und die Länge des Inhalts« oder »übernimm Inhalt, Ton und Struktur der Vorlage«. Sie können die KI außerdem bitten, das Briefing inhaltlich zu ergänzen, indem sie aus Briefings von ähnlichen Projekten sinnvolle Inhalte entnimmt und in das neue Projekt integriert.

KI als Briefing-Coach (Meta-Prompting)

Neben dem offenen Prompting am Anfang des Kapitels, das der KI viele Freiheiten zu antworten gibt, können Sie die KI auch dafür nutzen, Sie durch die Erstellung eines Briefings zu begleiten. Ähnlich wie ein Coach, aber Sie bestimmen, wie die KI vorgehen soll. Gerade für Briefings kann solch ein Meta-Prompt eine Hilfe sein, um das Projekt in seiner Komplexität zu erfassen und die wichtigsten Fragen zu klären. Hier ein Beispiel, wie solch ein Prompt aussehen könnte.

Prompt Erstelle ein vollständiges Kreativbriefing. Stelle mir dazu nacheinander die relevanten Fragen, die ein gutes Briefing braucht. Gehe dabei auf folgende Punkte ein: [Projektziel], [Thema/Kontext], [Zielgruppe], [Kernbotschaft], [Ton & Stil], [Kanäle & Formate], [Rahmenbedingungen], [Pflichtinhalte], [Inspirationsquellen/Benchmarks], [Erfolgskriterien]. Frage jeweils gezielt nach und fasse meine Antworten am Ende in einer klaren Briefingstruktur zusammen. Das Ergebnis soll übersichtlich und präzise sein, so dass Designer*innen oder Kreativteams direkt damit arbeiten können.

Diese Methode können Sie natürlich auch mit eigenen Briefingvorlagen ergänzen und der KI somit Anhaltspunkte geben, was Ihnen besonders wichtig ist. Statt zu schreiben, dass das Ergebnis übersichtlich und präzise sein soll, können Sie es sich auch tabellarisch ausgeben lassen oder eine andere Struktur vorgeben, die zu Ihrer Arbeitsweise passt.

Gemeinsam mit ChatGPT am Briefing arbeiten (Canvas)

ChatGPT bietet den Modus »Canvas« an, um gemeinsam an Texten oder Programmiercodes zu arbeiten. Diesen finden Sie unter dem Plussymbol links in Ihrem Chateingabefeld in der Browseranwendung von ChatGPT. Aktivieren Sie den Modus, oder geben Sie Ihren Prompt mit dem Zusatz »Erstelle mir in Canvas« ein. Wenn Sie Ihre Anfrage abschicken, öffnet sich ein Fenster innerhalb Ihres Chats, und sobald ChatGPT fertig mit dem Generieren ist, können Sie wie in einem Textverarbeitungsprogramm an dem Ergebnis Änderungen vornehmen, indem Sie Teile löschen, umformulieren oder mit eigenen Eingaben ergänzen. Markieren Sie einzelne Sätze oder Abschnitte, und bitten Sie die KI via Prompt, diese abzuändern. Oder Sie geben im Chat Ideen und Änderungsvorschläge ein und lassen die KI den gesamten Text überarbeiten.

Der Canvas-Modus kann sehr hilfreich sein, wenn Sie längere Texte generieren und sich bei der Überarbeitung das Kopieren und Einfügen in ein externes Programm ersparen möchten. Wollen Sie den Modus verlassen, können Sie nach der Anfrage einige Sekunden lang »Stattdessen im Chat antworten« auswählen oder der KI am Anfang eines neuen Prompts sagen, dass sie ab jetzt wieder im Chat antworten soll. Ansonsten kann es passieren, dass eine Prompteingabe Änderungen im Canvas hervorruft. Passiert dies unabsichtlich oder gefällt Ihnen eine Änderung nicht, können Sie oben rechts alle Änderungen anzeigen lassen oder zu den vorigen Versionen zurückgehen. Meiner Erfahrung nach entstehen in diesem Modus häufig Fehlermeldungen. Probieren Sie es einfach erneut, meistens klappt es im zweiten Anlauf. Oder Sie wechseln wieder in den normalen Chatmodus.

Gemeinsam mit KI arbeiten

ChatGPT bietet für normale Chats, aber auch für Canvas an, mit anderen zusammenzuarbeiten. Oben rechts finden Sie die Funktion »Gemeinsam nutzen«. Darüber können Sie einen Link kopieren und zur Zusammenarbeit weiterleiten. Achten Sie darauf, dass jetzt jede Person mit Hilfe des Links auf den Chat zugreifen kann. Es gab einige Hinweise darauf, dass solche öffentlichen Links auch von Suchmaschinen gelistet und damit von Dritten gefunden werden können.

Bei sensiblen Inhalten sollten Sie also lieber nicht zu dieser Funktion greifen oder den Chat über denselben Button nach der Zusammenarbeit gleich wieder auf »Privat« einstellen. Eine Übersicht aller geteilten Links (auch die von Bildern) finden Sie in den Einstellungen unter »Datenkontrollen« und können diese löschen, damit niemand mehr darauf zugreifen kann. Aber natürlich könnten diese noch eine Weile über Suchmaschinen gefunden werden.

KI erstellt eigenständig ein Briefing (Chain-of-Thought-Prompt)

Sie haben alle wichtigen Informationen gesammelt und wissen ganz genau, was Sie in welcher Form brauchen? Dann können Sie sich an eine fortgeschrittenere Prompttechnik wagen: den Chain-of-Thought-Prompt (kurz: CoT-Prompt). Diese Prompttechnik bringt die KI dazu, die Abfrage Schritt für Schritt zu bearbeiten und die eigene Gedankenstruktur darzulegen.

Prompt Erstelle ein Kreativbriefing auf Basis der folgenden Angaben. Denke dabei Schritt für Schritt laut: Analysiere die Inputs und überlege, was sie über [Projektziel], [Thema/Kontext], [Zielgruppe], [Kernbotschaft], [Ton & Stil], [Kanäle & Formate], [Rahmenbedingungen], [Pflichtinhalte], [Inspirationsquellen/Benchmarks] und [Erfolgskriterien] aussagen. Erkläre deine Gedankengänge kurz, damit ich nachvollziehen kann, wie du zu den einzelnen Punkten kommst. Formuliere daraus am Ende ein strukturiertes Kreativbriefing, das klar, kompakt und für ein Kreativteam sofort nutzbar ist.

Diese Technik simuliert die Arbeitsweise eines Modells mit fortgeschrittenem Reasoning, kann aber auch mit Hilfe eines solchen Modells noch bessere Ergebnisse erzielen.

Weitere Methoden für KI-Briefings

Das waren die wichtigsten Vorgehensweisen, um zu einem detaillierten Briefing zu gelangen – aber die Möglichkeiten, mit KI zu arbeiten, sind hier noch lange nicht ausgeschöpft. In Kapitel 1 haben Sie eine Übersicht über verschiedene Prompttechniken erhalten – hier können Sie gerne noch weitere Möglichkeiten ausprobieren. Meist ist es die Kombination dieser Techniken, die einen guten Prompt ausmacht. Hier noch ein paar Methoden, die das Potenzial eines Briefings mit KI steigern könnten:

- **Negativ-Prompting:** Was soll vermieden werden (z. B. gewisse Wordings oder Formulierungen der Konkurrenz)?
- **Prompt-Chaining:** Sie gehen die einzelnen Bausteine des Briefings Schritt für Schritt durch, damit die KI sich jeweils nur auf diesen einen Baustein konzentriert.
- **Self-Reflection-Prompting:** Die KI prüft ihr erstelltes Briefing und macht selbst Verbesserungsvorschläge.
- **Iteratives Prompting:** Verfeinern Sie das Briefing im Laufe des Chatverlaufs (oder mit Canvas), bis Sie zufrieden mit dem Ergebnis sind.
- **Role-Prompting:** Geben Sie der KI zusätzlich eine Rolle, wie die eines Experten/einer Expertin oder einer bestimmten bekannten Persönlichkeit.

Wenn Sie die beste Vorgehensweise für sich gefunden haben, lassen Sie sich von der KI eine Promptformel erstellen, die Sie als Vorlage für die nächsten Projekte nutzen können. Denken Sie über ein GPT-Training nach, um zukünftig viel Zeit zu sparen. In mein Briefing-GPT muss ich nur noch meine Notizen oder eine Kundenanfrage (meist per Mail) anonymisiert eingeben und erhalte die ideale Basis, um weiterzuarbeiten.

Zielgruppenanalyse und Personas

Digitale Medien ermöglichen uns die nötige Flexibilität in der Erstellung und Gestaltung von Inhalten, die es uns erlaubt, unsere Zielgruppen ganz genau und in Echtzeit anzusprechen. Man nennt dies auch »zielgruppenzentriertes Arbeiten«, indem man alle Aspekte eines Produkts oder einer Werbekampagne nah an den Bedürfnissen und Interessen der Personen ausrichtet, die wir erreichen möchten. Nicht umsonst tracken soziale Medien und Co. unsere Schritte im Netz und versuchen, Profile zu erstellen, die sie wiederum für personalisierte Werbung nutzen können. Selbst bei den Printmedien gibt es mittlerweile Möglichkeiten wie das Programmatic Printing, um in einzelnen

Stückzahlen sogar vollpersonalisiert zu drucken und zu versenden. Doch dafür braucht es Daten, die uns einiges über unsere Zielgruppen verraten. Diese sind nicht so einfach zu bekommen, aber KI kann hier eine echte Helferin sein, denn sie wurde ja bereits mit einem unvorstellbaren Datenschatz trainiert. Ergänzt mit unseren eigenen erhobenen Daten können wir ganz nah an unseren Zielgruppen arbeiten und mit KI noch viel gezieltere Ideen oder Produkte entwickeln.

Zielgruppenanalyse mit KI

Zielgruppenanalysen gehören immer dazu, werden aber gerne auch links liegen gelassen. Doch mit KI kann das Erstellen solcher Analysen zu einer wahren Freude werden. Wir werden zwar mit der klassischen Methode beginnen, aber ganz schnell auch kreativ werden. Wie beim Briefing dient diese Analyse nicht nur uns Kreativen, um uns mehr auf unsere Zielgruppe einzustellen, sondern auch, um noch bessere Ideen mit der KI zu entwickeln. Schauen wir uns an, wie wir an diese Aufgabenstellung herangehen.

Klassische faktenbasierte Zielgruppenanalyse (Structured Prompting)

Aus dem Lehrbuch wissen wir, dass eine Zielgruppenanalyse bestimmte Informationen beinhalten muss, darunter soziodemografische Merkmale, Lebensstil und Werte sowie Bedürfnisse und Erwartungen. Diese Informationen bilden eine wichtige Basis für unsere Arbeit, und daher darf solch eine Analyse nicht fehlen.

Prompt Erstelle mir eine strukturierte Zielgruppenbeschreibung. Gehe dabei auf folgende Punkte ein: [Soziodemografie]: Alter, Geschlecht, Bildung, Einkommen, Wohnort. [Lebensstil & Werte]: Interessen, Haltungen, Überzeugungen. [Mediennutzung]: Kanäle, Plattformen, Formate. [Kaufverhalten]: Motivation, Entscheidungsprozesse, Markenbindung. [Bedürfnisse & Painpoints]: Welche Probleme wollen sie gelöst haben? Welche Wünsche treiben sie an? [Beispiele]: Ein typischer Tagesablauf oder konkrete Szenen, die die Zielgruppe lebendig machen.

Entweder Sie verlassen sich auf den Wissensschatz der KI, oder Sie ergänzen eigene Daten, die Sie recherchiert oder selbst erhoben haben. Prüfen Sie das Ergebnis, und ergänzen Sie, wenn nötig.

Zielgruppenanalyse im Dialog (Socratic Prompting)

Möchten Sie tiefer in die Analyse einsteigen, können Sie die KI dazu nutzen, Sie durch die Analyse zu führen und Sie dabei zu unterstützen. Diese Fragen können Sie natürlich auch mit in das Briefinggespräch oder einen Kundenworkshop nehmen, um ein möglichst genaues Bild der Zielgruppe zu erhalten. Hierfür eignet sich das Socratic Prompting besonders gut, wie bei folgendem Beispiel.

Prompt Hilf mir, meine Zielgruppe zu definieren, indem du mir gezielt Fragen stellst – eine nach der anderen. Starte mit den Grundlagen (Alter, Lebensstil, Werte) und gehe dann tiefer (Painpoints, Mediennutzung, Markenpräferenzen). Fasse am Ende meine Antworten in einer strukturierten Übersicht zusammen.

Der Vorteil dieser Methode ist hier, dass Sie selbst gefordert sind und die KI nicht nur »machen lassen«. Das hilft Ihnen wiederum in Ihrem Kreativprozess, und gleichzeitig finden Sie vielleicht ganz neue Aspekte der Zielgruppe, an die Sie noch nicht gedacht haben. Nur durch eine Frage, die Ihre Neugierde weckt.

Datenbasierte Analyse mit Begründung (Chain-of-Thought-Prompting)
Möchten Sie nicht einfach eine Antwort, sondern verstehen, wie die KI zu ihrem Ergebnis kommt, können Sie die KI mit einer Chain of Thought triggern, wie hier:

Prompt Analysiere Schritt für Schritt meine Zielgruppe: Welche soziodemografischen Merkmale sind relevant? Welche Werte, Einstellungen und Lebensstile prägen sie? Wie nutzen sie Medien, wie treffen sie Kaufentscheidungen? Welche Bedürfnisse und Probleme bewegen sie? Denke bei jedem Punkt kurz laut, indem du deine Überlegungen mitteilst und begründest. Fasse am Ende alles zu einem klaren Profil zusammen.

Wenn Sie es noch tiefgehender wünschen, können Sie die einzelnen Fragen im Prompt auch mittels Prompt-Chaining nacheinander abarbeiten lassen und den Beginn und das Ende des Prompts jeweils wiederholen. Oder Sie teilen den Prompt auf, arbeiten eine Frage nach der anderen ab und lassen sich die Ergebnisse am Ende zusammenfassen.

In die Lebenswelt der Zielgruppe eintauchen (Vibe-Prompting)
Den Ansatz des Vibe-Promptings empfehle ich nach dem »Pflichtprogramm«, also der klassischen und datenbasierten Ausarbeitung Ihres Zielgruppenprofils. Wir bewegen uns weg von den harten Fakten hin zu einer Beschreibung, mit der wir uns in die Lage der Zielgruppe versetzen können. Hier ein beispielhafter Prompt:

Prompt Beschreibe die Lebenswelt, in der sich meine Zielgruppe bewegt. Stelle dir vor, du begleitest sie einen ganzen Tag lang: Welche Orte besuchen sie, wie sieht ihr Umfeld aus, welche Produkte und Marken umgeben sie, welche Routinen prägen ihren Alltag? Beschreibe auch, wie sie miteinander sprechen, welche Werte für sie wichtig sind und welche Trends oder Themen sie bewegen. Erzeuge daraus eine szenische, bildhafte Beschreibung mit vielen Details – von typischen Farben, Materialien und Objekten bis hin zu Stimmung, Geräuschen oder Gerüchen. Das Ziel ist, die Zielgruppe so lebendig darzustellen, dass man daraus sofort Inspiration für Design, Kampagnen oder Storytelling entwickeln kann.

Geben Sie der KI vor, was Sie an der Zielgruppe besonders interessiert und wie Sie es beschrieben haben möchten, oder lassen Sie es offen und sich überraschen, wie beim Open-Ended-Prompting.

Mit einem Perspektivwechsel zur Zielgruppenbeschreibung (Role-Prompting)
Als Mittelweg zwischen der faktenbasierten Analyse und dem Vibe-Prompting kann der Perspektivwechsel eine sinnvolle Ergänzung für Ihren Kreativworkflow sein. Weisen Sie der KI einfach eine passende Rolle zu, wie bei diesem Beispiel.

Prompt Versetze dich in die Rolle einer erfahrenen Markenstrategin, die ein Kreativteam berät. Analysiere meine Zielgruppe so, dass Designer*innen und Marketer*innen sofort ein klares Bild vor Augen haben. Beschreibe dazu die wichtigsten Fakten (Demografie, Lebensstil, Werte, Kaufverhalten), aber erzähle auch eine kleine Szene aus ihrem Alltag, die diese Zielgruppe greifbar macht. Verwende eine Sprache, die inspirierend ist und Lust macht, mit dieser Persona zu arbeiten.

Probieren Sie verschiedene Rollen aus, auch unkonventionelle, um sich inspirieren zu lassen. Von der humorvollen Beschreibung aus der Sicht eines Aliens bis hin zu einer Gute-Nacht-Geschichte für Kinder ist hier alles möglich.

Zielgruppenerweiterung mit KI
Eine weitere Möglichkeit ist das Aufdecken unbekannter Potenziale, wie Zielgruppen, an die Sie bisher nicht gedacht haben. Hier sind ein paar Ideen, die Sie an Ihre Zielgruppenanalyse anschließen können:

- **Divergentes Denken:** »Nenne mir ungewöhnliche, aber realistische Zielgruppen, die von [Produkt/Projekt] profitieren könnten – auch über die Kernzielgruppe hinaus.«
- **Markttransfer:** »In welcher anderen Branche oder in welchem Kontext könnte [Produkt/Projekt] eine neue Anwendung finden?«
- **Szenario-Prompting:** »Stelle dir vor, [Produkt/Projekt] wird in einem Land mit ganz anderer Kultur eingeführt. Welche Zielgruppen könnten wir dort finden und warum?«
- **Painstorming:** »Welche Zielgruppen haben ähnliche Probleme wie die aktuelle Zielgruppe – könnten aber bisher übersehen worden sein?«

Zielgruppenbeschreibung als Basis für Personas

Bevor wir mit den Personas weitermachen, sollten Sie unbedingt eine Zielgruppenbeschreibung vorliegen haben, ob nun KI-generiert oder nicht. Sie dient als Basis der Personaerstellung und sollte auch im selben Chat eingegeben werden. Haben Sie die Beschreibung mit KI erstellt, dann arbeiten Sie einfach im selben Chat weiter.

Personas mit KI

Um sich noch ein genaueres Bild der Zielgruppe zu machen, hilft es, einzelne Personen aus diesem Personenkreis ganz konkret zu beschreiben. Dabei können Sie sich vorstellen, Sie würden jemandem Ihre beste Freundin oder Ihren besten Freund ganz detailliert beschreiben, sodass sich diese Person ein genaues Bild machen kann. Hier gibt es wieder mehrere Ansätze in der Personaentwicklung mit KI – von strukturiert bis hin zu unkonventionelleren Methoden, um das Ganze greifbarer und auch menschlicher zu machen. Da diese Methoden denen der Zielgruppenanalyse ähneln, verzichte ich auf ausführlichere Beschreibungen.

Der Steckbrief (Structured Prompting)

Der klassische Steckbrief sollte natürlich bei keiner Persona fehlen. Lassen Sie sich von der KI auf Basis der Zielgruppenbeschreibung eine solide Persona entwickeln. Das Ergebnis kann als Basis für die weiteren Methoden dienen. Wie bei der Zielgruppenbeschreibung können Sie auch hier eine eigene Persona herausarbeiten und sich mittels Socratic Prompting dabei unterstützen lassen.

Prompt Erstelle mir eine Persona für [Produkt/Service]. Beschreibe Alter, Beruf, Bildung, Wohnort, Einkommen, Interessen, Werte, Kaufverhalten und bevorzugte Medien. Fasse alles in einem strukturierten Steckbrief zusammen.

Weitere Prompttechniken für Personas

Haben Sie Ihre Personas erstellt, können Sie weitere Techniken anwenden, um sich von den Ergebnissen inspirieren zu lassen. Sie können auch hier die bereits erlernten Methoden ausprobieren und kombinieren. Die beste Mischung besteht meist aus strukturierten Prompts, die wichtige Daten und Informationen liefern. Diese werden dann mit weiteren Techniken in inspirierende und praxisnahe Ergebnisse verwandelt.

- **Vibe-Prompting:** »Beschreibe die Lebenswelt der Persona: Welche Orte besucht sie, wie sieht ihr Umfeld aus, welche Marken und Produkte sind präsent, welche Werte und Stimmungen prägen ihr Leben? Stelle es als lebendige Szene dar.«
- **Chain-of-Thought-Prompting:** »Leite Schritt für Schritt her, welche Bedürfnisse, Ziele und Herausforderungen diese Persona im Alltag hat. Zeige auch, welche Erwartungen sie an Produkte oder Designs hat – und wie sie Entscheidungen trifft.«
- **Szenario-Prompting:** »Simuliere, wie diese Persona unser Produkt zum ersten Mal entdeckt und ausprobiert. Beschreibe ihre Gedanken, Reaktionen und möglichen Einwände.«
- **Painstorming:** »Liste die größten Painpoints von [Zielgruppe] im Zusammenhang mit [Thema] auf und ordne sie nach Relevanz.«

PRAXIS

Painstorming mit KI – die Schmerzpunkte sichtbar machen

Wie erreichen wir unsere Zielgruppe am besten? Indem wir ihre Probleme lösen. Daher ist ein Painstorming die ideale Technik, um herauszufinden, mit welchen Herausforderungen die Zielgruppe tagtäglich konfrontiert wird und wie unser Produkt oder Projekt die Lösung dafür sein kann. Ich zeige es Ihnen an einem Beispiel.

1. Wählen Sie eine Persona aus.
2. Bitten Sie die KI, typische Painpoints in deren Alltag oder Nutzungssituation zu sammeln.
3. Sortieren und priorisieren Sie die Ergebnisse: Was belastet am meisten? Wo liegt das größte Verbesserungspotenzial?

Beim Painstorming geht es darum, bewusst die Schmerzpunkte einer Zielgruppe zu sammeln – bevor man überhaupt über Lösungen nachdenkt. Oft fällt es uns leichter, Probleme zu benennen, als neue Ideen zu entwickeln. Diese Schmerzpunkte geben dann wichtige Hinweise darauf, wo kreative Ansätze zu finden sein können.

Beispiel als simuliertes Bodystorming

Die Stadt möchte ein Lichterfest in einem Stadtteil organisieren, das davon lebt, dass die Menschen des Stadtviertels mitgestalten. Nach der Zielgruppenanalyse und Personaerstellung soll in Erfahrung gebracht werden, mit welchen Problemen die Zielgruppe konfrontiert ist, die sie an der Teilnahme hindern könnten, und zwar sowohl als Akteur*innen als auch als Besucher*innen.

> **Prompt** Stelle dir vor, du bist Anja, 34, Mutter von zwei Kindern und Bewohnerin einer Nachbarschaft, in der bald ein Lichterfest stattfinden soll. Sammle alle Painpoints, die dir in diesem Zusammenhang einfallen – von der Planung über die Kommunikation bis zur Teilnahme. Denke an Aspekte wie Organisation, Sicherheit, Barrierefreiheit, Kosten oder Stimmung. Priorisiere die Punkte nach Relevanz und markiere, welche dich am stärksten belasten.

Die KI schlüpft nun in die Rolle der Persona und listet Ihnen die verschiedenen Hindernisse nach Priorität auf. Sie erhalten detaillierte Angaben, auf denen Sie aufbauen können.

Gehen Sie noch einen Schritt weiter, und lassen Sie sich das Problem, die Ursache und mögliche Lösungen tabellarisch von der KI aufbereiten:

> **Prompt** Nutze die zuvor gesammelten Painpoints und überführe sie in eine tabellarische Painstorming-Struktur.
>
> Gliedere jeden Punkt in folgende Teile:
> - Relevanz – sortiere von hoch bis gering.
> - Problem – formuliere den Painpoint aus der Perspektive der Persona.
> - Ursache – beschreibe, warum das Problem entsteht oder was es verstärkt.
> - Mögliche Lösung – schlage eine realistische Maßnahme für die Organisator*innen vor.
>
> Priorisiere die Punkte nach Relevanz (hoch, mittel, gering) und achte darauf, dass die Beschreibung empathisch und nachvollziehbar bleibt.

So kommen Sie vom Problem zur möglichen Lösung – und das ganz zielgruppennah. Die Antworten der KI ersetzen keine reellen Personen, können aber sehr hilfreich sein.

Personas visualisieren

Ein weiterer Vorteil in der Zusammenarbeit mit KI: Sie können sich Ihre Ideen und Konzepte direkt visualisieren lassen. Viele LLMs haben bereits gute Bildgeneratoren integriert, sodass Sie nicht einmal das Tool verlassen müssen. Wenn diese Bilder von der Qualität her nicht ausreichen, können Sie sich auch einen Prompt erzeugen lassen, optimiert für Ihr präferiertes Bildgenerierungstool. Innerhalb des Chats, in dem Sie auch Ihre Persona entwickelt haben, können Sie dazu den folgenden Prompt eingeben.

Prompt Erstelle mir ein fotorealistisches Bild von {Name der Persona} und zeige mir, wie sie in ihrer typischen Umgebung aussehen könnte.

Ich nutze dafür am liebsten ChatGPT, und ich gebe im Prompt zusätzlich »quadratisch« für das Seitenverhältnis an, Sie können aber auch »1:1« als Eingabe nutzen.

Dauert Ihnen die Bildgenerierung in ChatGPT zu lang oder sind Sie nicht mit der Qualität der Bilder zufrieden, dann können Sie stattdessen oder zuvor folgenden Prompt eingeben:

Prompt Erstelle mir einen Prompt für ein fotorealistisches Bild auf Englisch für Midjourney, wie Persona {Name} in ihrem typischen Umfeld aussehen könnte. Nutze dazu folgende Promptformel: [Medium] + [Motiv] + [Komposition] + [Details] + [Hintergrund] + [Farben] + [Licht] + [Stimmung] + [Stil].

Ich empfehle, dass Sie den Prompt auf Ihr präferiertes Bildgenerierungstool anpassen, sodass Sie am Ende die besten Ergebnisse erhalten. Jedes Tool reagiert anders auf Prompts. Testen Sie die Prompts in verschiedenen Bild-KIs, um daraus das beste Ergebnis zu erhalten. Sie müssen anschließend nicht in diesem Tool bleiben, sondern können ein Ergebnis nutzen, um es als Referenz in einem anderen Tool zu verwenden. Im folgenden Praxisteil zeige ich Ihnen, wie Sie Persona und Produkt miteinander vereinen können.

Generieren Sie Vorher-nachher-Szenen

Sie können Ihre Personas auch in verschiedenen Szenarien darstellen. Nutzen Sie die Painpoints aus dem Painstorming (siehe Praxis »Painstorming mit KI«), und zeigen Sie das Vorher-Szenario und dann die mögliche Lösung – das Produkt oder die Dienstleistung, die Sie anbieten möchten – in Verbindung mit Ihrer Persona. Denken Sie daran, Emotionen einzubringen, um den Wechsel zwischen Problem und Lösung noch anschaulicher zu machen. Von solchen Szenarien können Sie sich zu neuen Ideen inspirieren lassen, wie für Werbespots, Kampagnenmotive u.v.m. Nutzen Sie es für Ihre Präsentation oder um sich noch tiefer in Ihre Zielgruppe hineinzuversetzen.

PRAXIS

Persona mit ChatGPT entwickeln und mit Bild-KI visualisieren

Im Praxisteil zur RISEN-Methode für ein Kreativbriefing hatten wir das Beispiel einer nachhaltigen Lifestyle-Wasserflasche aus recyceltem Edelstahl. Dazu habe ich mit den Methoden hier im Buch eine Zielgruppenbeschreibung erstellen lassen. Daraus möchte ich nun mehrere Personas entwickeln und visualisieren. Hier meine empfohlene Vorgehensweise:

1. Zielgruppenbeschreibung
2. Steckbrief der Persona
3. Emotionale Beschreibung (optional)
4. Bildgenerierung
5. Bildprompt

Persona – »Lina Urban«

Als Persona erhalte ich eine junge Frau. Ich erfahre wichtige Informationen, die eine klassische Personabeschreibung beinhaltet. Nun bitte ich ChatGPT um Folgendes:

Prompt Erstelle mir eine kurze, aber emotionale Beschreibung über die Persona und ihren Bedarf an dem Produkt. Integriere darin ihr Alter, ihren Job und ihre Bedürfnisse. 1–3 Sätze.

Damit frage ich nach einer kurzen, aber emotionalen Beschreibung, die ich z. B. für eine Präsentation nutzen kann.

Die 29-jährige UX-Designerin Lina lebt im urbanen Takt – morgens aufs Rad, tagsüber Co-Working und Meetings, abends ins Fitnessstudio. Sie braucht eine leichte, robuste, auslaufsichere Flasche, die sich schnell reinigen lässt, kalt wie heiß hält und als nachhaltiges Designobjekt zu ihrem minimalistischen Stil passt.

Nun bitte ich ChatGPT, mir ein realistisches Bild dieser Persona in ihrer typischen Umgebung zu generieren.

Das Bild aus ChatGPT nach mehreren Anläufen mit einem Bild des Originalprodukts.

Um noch mehr Auswahl an Personabildern zu haben, lasse ich mir einen Prompt für Midjourney generieren.

Prompt Photorealistic photograph + Lina, a 29-year-old UX designer with medium-brown skin and wavy dark hair tied back, wearing a minimalist cream t-shirt and black high-waisted trousers + candid portrait at a wooden desk in a modern co-working space, sitting by a large window with focus on a reusable stainless-steel water bottle in front of her + realistic skin texture, fine film grain, shallow depth of field, laptop, bicycle helmet and tote bag nearby + airy co-working background with subtle city blur outside the window + neutral tones with natural wood, soft beige, and muted green accents + natural daylight with gentle shadows, soft highlights on the bottle and hair + calm, focused, mindful atmosphere, urban and sustainable vibe + contemporary documentary photography style, 85mm lens look --ar 1:1 --style raw

ChatGPT integriert in den Prompt einige Parameter für Midjourney wie das Seitenverhältnis und den Style RAW-Modus. Unter *https://docs.midjourney.com* finden Sie eine Liste aller möglichen Funktionen und Parameter mit Beispielen. Sie müssen nicht alle übernehmen, die ChatGPT in den Prompt schreibt. Wollen Sie den Prompt in anderen Bildgeneratoren nutzen, lassen Sie die Parameter einfach weg.

Midjourney erstellt ein realistisches Bild der Persona, leider mit irgendeiner Flasche.

Solch ein realistisches Bild einer Persona kann nicht nur für interne Zwecke verwendet werden, sondern auch für Ansätze einer Werbekampagne oder für Social Media. An diesem Punkt können Sie überlegen, das tatsächliche Flaschendesign in das Bild zu integrieren. Aktuell ist das Kombinieren von realistischen Produktabbildungen mit anderen Bildern noch eine Herausforderung für KI, aber nicht unmöglich. Hier zeige ich Ihnen verschiedene Möglichkeiten, die Sie ausprobieren können:

- **Midjourney Omni Reference:** Laden Sie die Flasche ganz normal im Bereich der Bildgenerierung unter »Omni Reference« hoch, und geben Sie Ihren Prompt ein. Experimentieren Sie mit der Gewichtung des Referenzbildes über einen Slider. Je höher der Wert, desto näher am Original. Allerdings funktioniert dies nicht so gut mit dem Bild unserer Flasche, und auch unsere Persona können wir hier nicht nutzen.
- **Midjourney Edit:** Links im Menü finden Sie den Editor. Wechseln Sie auf den Reiter »Retexture«. Fügen Sie hier ein freigestelltes Bild Ihres Produkts ein, und platzieren Sie es auf der Fläche, wo es stehen soll. Sie können mehrere Ebenen hinzufügen und mit einem Prompt zu einem neuen Bild generieren lassen. Midjourney verändert allerdings gerne das Produkt und/oder die Person.
- **ChatGPT:** Aktivieren Sie die Bildgenerierung, laden Sie beide Bilder hoch, und beschreiben Sie die Szene. Hier kann es passieren, dass die Person und/oder das Produkt verändert werden und das Bild einen Orangeton erhält.
- **Freepik:** Nutzen Sie den AI-Assistant mit vorgefertigten Workflows oder die Bildgenerierung mit verschiedenen Modellen wie Nano Banana. Mit einem Premium-Plan können Sie sogar eigene Produkte und Personen anlegen, indem Sie mehrere Fotos davon hochladen.
- **Photoshop:** Über »Generatives Füllen« können Sie Objekte mittels Referenzbild austauschen oder einfügen. Oder Sie erstellen ein eigenes Composing, indem Sie über »Harmonisieren« die Flasche in die Szene einfügen lassen.

Das ist die Flasche, die ich gerne in mein Personabild einfügen möchte. Generiert mit ChatGPT.

Ergebnis aus ChatGPT mit beiden Referenzbildern, mit etwas verändertem Licht und Pose

Ergebnis aus Nano Banana Pro und beiden Bildern (generiert über Freepik AI-Assistant)

Ergebnis aus Photoshop mit Referenzbild und der Funktion »Harmonisieren«

Die aktuellen Modelle ermöglichen mittlerweile ganz passable Ergebnisse in der Platzierung von realen Objekten in Bildern. Am realistischsten finde ich das Ergebnis aus Photoshop, da hier die matte Oberfläche der Flasche beibehalten wurde. Durch »Harmonisieren« wurde der Schatten am Arm noch ergänzt, der im Midjourney-Bild fehlte. Nano Banana Pro hat bis auf die leicht veränderten Farben im Bild einen sehr guten Job gemacht.

Customer Journey

Eine beliebte Methode im Marketing ist das Entwickeln einer Customer Journey (Kundenreise). Diese Methode dient dazu, sich in die Personas oder Zielgruppen hineinzuversetzen und ihren typischen Tagesablauf zu simulieren. Dabei wird beachtet, welche »Touchpoints« (Berührungspunkte wie Anzeigen, persönliche Empfehlungen, Veranstaltungen usw.) die Personen mit verschiedenen Medien, unserem Produkt oder einer Werbemaßnahme haben könnten. Die Customer Journey ist selten ein gerader Weg, sondern eher ein Netz aus Berührungspunkten, das je nach Person unterschiedlich verlaufen kann. Für uns Kreative ist sie spannend, weil sie zeigt, wo und wie wir unsere Zielgruppe am besten erreichen. KI kann dabei helfen, diese Reise sichtbar zu machen, typische Touchpoints zu simulieren und mögliche Schwachstellen aufzudecken.

Die Customer Journey braucht Vorbereitung und Informationen über die Zielgruppe. Idealerweise haben wir bereits eine detaillierte Zielgruppenanalyse gemacht und eine oder mehrere Personas entwickelt, auf denen wir aufbauen können. Bei der Personabeschreibung sind besonders das Alltagsverhalten und der Medienkonsum interessant. Sollten Sie diese Informationen noch nicht haben, dann lassen Sie sich mittels eines Vibe-Prompts oder Chain-of-Thought-Prompts Informationen und realistische Szenarien dazu generieren. Auch ein Painstorming ist hier sehr hilfreich. Nun gibt es verschiedene Möglichkeiten, zu einer Customer Journey zu kommen.

Schritt für Schritt zur Kundenreise (CoT-Prompt)

Ein strukturierter Prompt hilft dabei, die Customer Journey logisch und schrittweise zu entwickeln – von der Aufmerksamkeit bis zur Kundenbindung. Den folgenden Beispielprompt können Sie nach Belieben anpassen. Arbeiten Sie im selben Chat, in dem Sie Briefing, Zielgruppe und Persona entwickelt haben, müssen Sie keine weiteren Informationen bereitstellen. Starten Sie ab hier, braucht die KI natürlich ausführlichere Informationen und Details.

> **Prompt** Beschreibe die Customer Journey von [Persona] als lebendiges Szenario. Stelle dir vor, [Persona] entdeckt das Produkt zufällig in der Werbung, recherchiert online, spricht mit Freund*innen, besucht einen Laden und entscheidet sich schließlich für oder gegen den Kauf. Beschreibe jeden dieser Schritte mit den dazugehörigen Berührungspunkten, Handlungen, Emotionen und möglichen Hindernissen.

Mehr Identifikation mit der Persona (Simulated Theory of Mind)

Die Prompttechnik Simulated Theory of Mind (kurz: SimToM) lässt die KI tief in die Gedankenwelt einer Persona eintauchen, um ihre Entscheidungen, Gefühle und inneren Dialoge entlang der Journey realistisch nachzuvollziehen. Diese Methode kann zu ganz neuen Perspektiven und Ideen führen, wenn man sich darauf einlässt.

Prompt Stell dir vor, du bist [Name Persona]. Du befindest dich in [relevante Alltagssituation oder ein Problem], was dazu führt, dass du [konkreter Wunsch, Ziel oder Bedürfnis] hast. Nun stößt du auf ein neues Produkt, das [kurze Beschreibung mit 2–3 der wichtigsten Merkmale].

Beschreibe aus deiner Perspektive die gesamte Reise:

- Wie wirst du auf das Produkt aufmerksam (Werbung, Empfehlung, Social Media)?
- Was sind deine ersten Gedanken und Gefühle beim ersten Kontakt?
- Welche Fragen, Zweifel oder Barrieren tauchen auf, bevor du dich entscheidest?
- Wie erlebst du den Kauf oder die Nutzung konkret (z. B. Einfachheit, Design, Service)?
- Welche Emotionen begleiten dich währenddessen und danach?

Entwickle am Ende eine Botschaft oder Idee, wie die Marke dich entlang dieser Journey am besten abholen könnte.

Mit diesem Prompt sprechen wir gleichzeitig die Painpoints und die Touchpoints mit der Lösung der Probleme an. Anders als im Praxisteil zum Painstorming, bei dem wir eine Art Bodystorming genutzt haben, geht es hier stärker um die Gedanken und Gefühle einer Person, positiv wie auch negativ.

Gehen Sie in den Dialog mit Ihrer Persona

Nutzen Sie die SimToM, um Ihrer Persona tiefergehende Fragen zu stellen. Weisen Sie die KI an, aus der Sicht dieser Persona zu agieren und sich in ihre oder seine Lage zu versetzen. Diese Technik soll kein Ersatz für eine Marktanalyse oder Zielgruppenbefragung sein, kann aber bei der Entwicklung von Ideen und Konzepten sehr hilfreich sein.

Weitere Techniken für Customer Journeys

Nutzen Sie verschiedene Techniken, um sich Ihre Kundenreise auf die verschiedensten Arten und Weisen generieren zu lassen, und erarbeiten Sie daraus dann Ihre ganz eigene Version:

- **Szenario-Prompting:** »Mache die Journey als lebendige Geschichte greifbar und zeige, wie Kund*innen mit dem Produkt in Berührung kommen.«
- **Vibe-Prompting:** »Beschreibe die Stimmung, Atmosphäre und Sinneseindrücke an den verschiedenen Touchpoints der Journey.«
- **Socratic Prompting:** »Hinterfrage kritisch jeden Schritt der Journey, um Lücken, Schwachstellen und Chancen sichtbar zu machen.«
- **Painstorming:** »Analysiere die Customer Journey von [Produkt] aus Sicht der Zielgruppe. Sammle die größten Painpoints in jeder Phase: Was frustriert die Kund*innen, wo verlieren sie Zeit, wo werden sie verunsichert oder wo brechen sie ab? Priorisiere die Probleme nach Relevanz und schlage mögliche Verbesserungen vor.«

Recherche mit KI

Spätestens seit LLMs Zugang zum Internet haben, sind sie ein spannendes Werkzeug zur Recherche geworden – wenn auch mit Risiken. In Kapitel 1 habe ich über die Gefahren digitaler Medien, Filterblasen und Bias gesprochen. Auch hier gilt: KI kann Fehler machen und halluzinieren. Doch nun wollen wir uns auf die Vorteile konzentrieren. Für Kreativprojekte sind vor allem diese Möglichkeiten interessant:

- komplexe Themen für kreative Konzepte herunterbrechen
- Informationen über ein Projekt oder Produkt sammeln
- Zielgruppen-Insights und Personas recherchieren
- visuelle Inspiration sammeln (Moodboards, Bildstile, Symbolik)
- Trendanalysen für Design, Kultur und Lifestyle
- Zukunftsszenarien für Produkte und Kampagnen entwickeln
- Clustering von Ideen, Motiven oder Narrativen
- Quellenvergleich und Bias-Check in der Recherchephase
- kulturelle Unterschiede für internationale Projekte sichtbar machen u.v.m.

Wenn wir die KI nach Informationen fragen, entsteht ihre Antwort immer auf Basis ihrer vorhandenen Trainingsdaten, aus denen sie mit Hilfe ihrer Mustererkennung versucht, eine Vorhersage der wahrscheinlichsten Antwort auf diese Anfrage zu treffen. Zusätzlich sucht sie nach Informationen im Internet oder nutzt unsere bereitgestellten Daten, um eine Antwort zu finden. Dabei können wir Modelle nutzen, die direkt im Internet oder nur in begrenzten und bestimmten Ressourcen recherchieren oder eine Research-Funktion haben und die eine tiefere Recherche und im Idealfall bessere Antworten liefern als Standardmodelle.

Abgesehen von den bisher erwähnten Risiken gibt es noch weitere Herausforderungen, wenn wir mit KI verlässlich recherchieren wollen. Auch wenn uns Quellenangaben geliefert werden, beziehen sie sich fast immer auf Internetquellen – deren Qualität sehr unterschiedlich ist. ChatGPT und andere Modelle greifen häufig auf amerikanische Blogs oder Webseiten zurück. Wir müssen also nicht nur prüfen, ob die KI die Quelle korrekt wiedergibt, sondern auch, ob diese Quelle überhaupt glaubwürdig ist. Hinzu kommt: Schon unser Prompt oder das, was die KI über uns weiß, kann die Auswahl der Quellen beeinflussen (Stichwort Confirmation Bias). Und nicht zuletzt hängt das Ergebnis auch stark vom Modell ab, das wir nutzen.

Die Wahl des Modells

Es gibt nicht das eine Modell für alle Recherchen – das sollte uns allen bewusst sein. Und auch in Fachkreisen gehen die Meinungen stark auseinander, welches Modell nun das bessere sei, bis hin zu detaillierten Benchmarks. Zudem werden ständig neue Modelle herausgebracht, die wiederum versprechen, die besten ihrer Art zu sein. Daher möchte ich hier nur eine kleine Übersicht geben und habe außerdem ein fortgeschrittenes Reasoning-Modell über das Tool Perplexity (Pro Search) nach seiner fachlichen Meinung gefragt – mit Quellenangabe und Begründung! Dabei habe ich mich auf Modelle begrenzt, die für die breitere Masse zugänglich sind. Es wird immer auf das Projekt und auch das Prompting selbst ankommen, ob die Modelle ihre Stärken ausspielen können oder nicht.

Anbieter/ Modell	**Wissenschaftlichkeit & Recherchequalität**	**Kreative Fähigkeiten & Besonderheiten**
OpenAI ChatGPT-5.2	Deutlich verbesserte Quellenkritik und Kontextverständnis gegenüber 5.1, weniger Halluzinationen, exzellentes Kontextverständnis, bessere Einordnung von Unsicherheiten – ideal für interdisziplinäre Analysen und Quellenkritik	Deutlich kreativer als 5.1, ohne beliebig zu werden. Gut für konzeptionelle Kreativität, multimodale Aufgaben und strategische Ideenentwicklung und das Verbinden scheinbar widersprüchlicher Perspektiven
Google Gemini (2.5 Pro/ Flash)	Kombiniert Googles Suchstärke mit multimodaler Analyse (Text, Bild, Daten). Gut für aktuelle Trends und große Datenmengen.	Sehr kreativ und assoziativ, besonders für multimediale Projekte und Trendinspiration
Anthropic Claude Sonnet 4.0	Transparent, strukturiert und verantwortungsvoll. Stärken bei heiklen oder mehrdeutigen Themen.	Klar und nachvollziehbar, gut für kreative Prozesse mit Struktur oder pädagogischem Fokus
Anthropic Claude Opus 4.1 Denken (max)	Spezialisiert auf tiefes logisches Denken und kritische Analysen, ideal für komplexe Entscheidungsprozesse	Kreativität eher sachlich und kontrolliert – gut, wenn Präzision wichtiger ist als künstlerische Freiheit
Perplexity AI Sonar	Schneller Zugriff auf aktuelle Fakten, ideal für News, PR und Journalismus	Unterstützend bei faktenbasierter Arbeit, weniger für kreative Experimente
OpenAI ChatGPT o3	Breites Alltagswissen, eher oberflächlich, aber schnell. Gut für Brainstormings oder Alltagsrecherche.	Spontan, experimentell und abwechslungsreich – nützlich für kreative Sprints oder schnelle Kampagnenideen
DeepSeek DeepSeek-R1/ V3	Sehr effizient bei Text- und Datenanalysen, beliebt für akademische Auswertungen	Kreativ vor allem in Strukturierung, Umformulierung und Analyse, weniger in narrativen Projekten

Anbieter/ Modell	Wissenschaftlichkeit & Recherchequalität	Kreative Fähigkeiten & Besonderheiten
Mistral AI Mistral (3.1/ Medium 3)	Flexibler Open-Source-Allrounder, gut bei Mehrsprachigkeit und Text-Bild-Kombinationen	Eignet sich für kollaborative, multilinguale Projekte; Kreativität hängt stark vom Prompting ab
xAI (Elon Musk) Grok 4	Hebt sich weniger durch Tiefe als durch Meinungsschärfe hervor. Besonders interessant, wenn es um Social-Web-Stimmungen, Trends oder kontroverse Perspektiven geht	Unkonventionell, pointiert und manchmal provokativ. Gut für kreative Experimente, Social-Media-Content oder satirische Formate. Mit Vorsicht zu genießen!
Microsoft Copilot (basiert auf ChatGPT)	Integriert sich nahtlos in Microsoft 365, liefert kontextbezogene Fakten und Analysen für Office-Dokumente, E-Mails und Datenbanken. Optimiert für produktive, datenbasierte Recherche im Arbeitsalltag	Sehr solide bei strukturierten, geschäftlichen Texten und Präsentationen. Für wirklich originelle, experimentelle Kreativtechniken oder freie Assoziation weniger geeignet – klare Limitierung im Vergleich zu spezialisierten LLMs wie ChatGPT oder Gemini

Perplexity ist die richtige KI für diesen Job. Ich erhalte nicht nur objektivere Antworten, sondern auch immer die Quellen dazu, um die Angaben zu überprüfen. Allerdings habe ich die nüchternen Fakten mit Hilfe von ChatGPT etwas aufpolieren lassen.

Folgende KI-Modelle sollten Sie meiden, wenn Sie verlässliche Daten und Informationen brauchen:

- reine Content-Generatoren, also Modelle, die rein auf Generieren von Text und Bild spezialisiert sind, sowie die Standardmodelle von LLMs (meist auch die kostenlosen Varianten, die weniger Trainingsdaten zur Verfügung haben)
- Modelle, die Quellen angeben, die erfunden oder nicht mehr verfügbar sind (Links, die ins Leere laufen oder nicht das wiedergeben, was die KI behauptet)
- Modelle, die speziell auf kreative Fähigkeiten trainiert wurden (auch eigene GPTs)
- alle Modelle ohne Internetzugang (außer es besteht eine eigens erstellte oder kuratierte Datenbank dahinter, auf die sich die KI beziehen kann)

Nicht immer ist das neueste Modell auch das beste – probieren Sie verschiedene Modelle aus, und entscheiden Sie mit Ihrem Fachwissen, welches Ihnen bei dieser Aufgabe die besten Ergebnisse liefert.

Internetrecherche

Die meisten KI-Modelle bieten eine Internetrecherche – die einen machen es automatisch mit Quellenangabe, wie Perplexity, die anderen machen es, aber geben das nicht unbedingt an, wie ChatGPT. Dort müssen Sie aktiv die Internetsuche aktivieren (über das Plussymbol in der Chateingabe) oder der KI im Prompt sagen, dass sie im Internet recherchieren soll.

Sie können hier aber noch tiefer in die Quellen eingreifen, die die KI zur Verfügung hat. Zum einen können Sie einen oder mehrere Weblinks zur Verfügung stellen, die die KI nutzen soll. Zum anderen können Sie eigene Spaces (Perplexity) oder Projekte (ChatGPT) erstellen und dort in den Anweisungen Weblinks angeben und zusätzlich beschreiben, wie die KI bei der Recherche verfahren soll. Auch ein eigenes GPT-Training ist möglich, das auf die Recherche für bestimmte Zwecke und Quellen ausgerichtet ist. Letzteres lohnt sich, wenn Sie immer wieder Recherchen in diesem Bereich durchführen möchten.

Erstellen Sie Ihre persönliche Quellenliste

Sie haben Ihre Quellen, denen Sie vertrauen? Umso besser! Dann stellen Sie eine eigene Linkliste zusammen. Egal ob in Word, als Excel-Liste oder einfach so eine Liste, die Sie in das Promptfeld eingeben – damit grenzen Sie zwar die Auswahl an Informationen ein, es macht es Ihnen aber leichter, sollten Sie die KI automatisiert nach Informationen suchen lassen, um daraus zum Beispiel Blogartikel oder Social-Media-Posts zu erstellen.

Daten auswerten oder zusammenfassen lassen

Bei den meisten KI-Modellen können Sie eigene Daten hochladen – oft begrenzt auf zahlende Kundschaft. Hier eine Übersicht an möglichen Dateiarten und -typen:

Dokumente	PDF, DOC, DOCX, TXT, PPTX, ODT
Tabellen	XLS, XLSX, CSV
Bilder	PNG, JPEG, JPG, GIF
Code-Dateien	JSON, HTML, CSS, Python (.py), JavaScript (.js), XML
Audio	MP3, WAV, AAC
Video	MP4, MOV, AVI, MKV
Textdateien	TXT, MD (Markdown), RTF

Das sind die häufig unterstützten Dateitypen bei Uploads in den meisten modernen KI-Modellen und -Plattformen, die mit multimodalen Inputs arbeiten (Text, Bild, Audio, Video etc.).

Meistens gilt die Regel: Was man in die KI eingeben kann, kann sie auch ausgeben. Achten Sie beim Hochladen darauf, dass Sie keine Rechte Dritter (Urheberrecht) verletzen, keine persönlichen Daten (DSGVO) verwenden und die Daten keine Firmengeheimnisse enthalten. Im Internet sieht man zahlreiche Beispiele und Tutorials, wie man ganz einfach aus fremdem Inhalt eigenen Content erstellen kann – davon würde ich Ihnen wirklich abraten. Besonders spannend wird die Möglichkeit aber, wenn ich meine eigenen Daten nutzen und mit KI etwas Neues daraus entwickeln kann.

KI kann keine Kausalitäten erkennen

Ein häufiger Irrtum bei der Nutzung von KI für die Recherche und Datenanalyse: Sie kann keine Kausalitäten erkennen. Sprach- und Bildmodelle arbeiten mit Wahrscheinlichkeiten und Mustern, nicht mit Ursache-Wirkung-Zusammenhängen. Sie liefert uns Korrelationen – also Auffälligkeiten und Zusammenhänge in den Daten –, aber sie »versteht« nicht, warum diese entstehen.

Für die Praxis heißt das: Wenn die KI uns etwa Trends im Konsumverhalten zeigt oder Muster in einer Umfrageerhebung erkennt, bleibt die Frage nach dem Warum offen. Liegt es an saisonalen Einflüssen, an gesellschaftlichen Veränderungen oder an einer cleveren Werbekampagne? Diese Schlussfolgerungen müssen wir selbst ziehen.

Meiner Erfahrung nach sind die Ergebnisse von LLMs viel weniger für Halluzinationen anfällig, wenn wir Daten bereitstellen und die KI anweisen, sich auf diese Daten zu beziehen. Lassen Sie Umfragebögen auswerten (auch PDFs mit Formularen und Checkboxen erkennt die KI), werten Sie Kund*innenfeedback aus, nutzen Sie Analysedaten, um Vorhersagen für neue Produktentwicklungen zu machen u.v.m. Der Markt ist außerdem voll mit speziellen Analysetools mit eigens dafür kreierten Datenbanken. So sparen Sie sich die eigene Datenerhebung. Achten Sie immer darauf, wie die Datenschutzbedingungen der jeweiligen Tools sind und auch, woher die Daten stammen.

Automatisierte Recherche im Agentenmodus

Sie wollen der KI die Arbeit überlassen? Dann kommen die bereits erwähnten KI-Agenten ins Spiel. Hierfür gibt es einige Anbieter, aber auch OpenAI macht mit dem neuen »Agentenmodus« (über das Plussymbol) KI-Agenten einfach und für alle (bezahlenden Kund*innen) zugänglich. Die Anzahl der Anfragen ist meist begrenzt, und eine Antwort kann lange dauern – die Agentenfunktion ist also nichts für schnelle Antworten, zumindest nicht, wenn man eine größere Recherche anstößt.

Zusätzlich können Sie solche Aufgaben planen und regelmäßig automatisiert laufen lassen. Sie erhalten je nach Einstellung eine E-Mail und/oder eine Push-Nachricht, wenn die KI den Auftrag durchgeführt hat.

Stellen Sie eine ganz einfache Anfrage, wie »Recherchiere mir fünf Hotels in Wien für unter 150 € pro Nacht«, oder lassen Sie komplexe Recherchen wie bei diesem Beispiel durchführen.

Ergebnis Recherchiere aktuelle wissenschaftliche und journalistische Beiträge zum Thema »Künstliche Intelligenz und Kreativität«.

Ziele der Recherche:
- Identifiziere die wichtigsten theoretischen Positionen: Kann KI wirklich kreativ sein oder nur kreativ wirken?
- Sammle aktuelle Studien (ab 2023), die KI-Leistungen mit menschlicher Kreativität vergleichen.
- Finde Beispiele aus Design, Kunst und Werbung, in denen KI als kreativer Partner eingesetzt wurde.
- Notiere Chancen, Grenzen und ethische Spannungsfelder.

Vorgehen:
- Führe eine strukturierte Webrecherche durch.
- Liste mindestens fünf relevante Quellen mit Titel, Autor*in, Jahr und kurzer Zusammenfassung.
- Gib eine eigene Synthese: Welche Trends und Forschungsrichtungen zeichnen sich ab?
- Formuliere eine prägnante Zusammenfassung (ca. 200 Wörter), die sich als Einstieg für ein Buchkapitel oder eine Vorlesung eignet.

Achte auf interdisziplinäre Perspektiven (Design, Psychologie, Philosophie, Technologie). Wenn möglich, beziehe deutschsprachige und internationale Quellen ein.

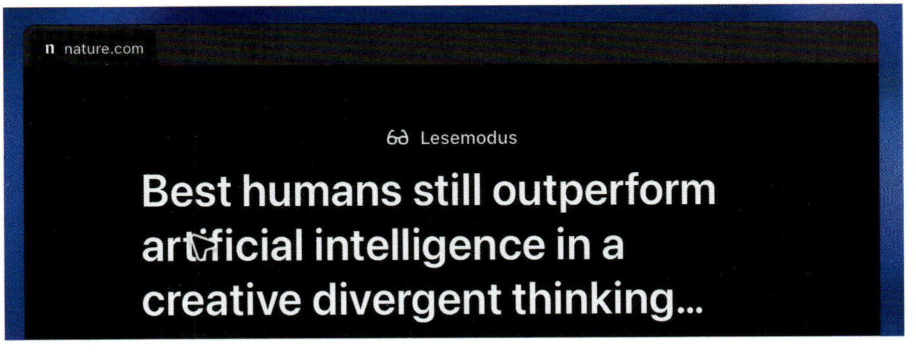

Beobachten Sie ChatGPT live dabei, wie es verschiedene Internetquellen durchsucht.

Probieren Sie es aus, diese Funktion ist wirklich hilfreich und durch die Quellenangaben direkt überprüfbar. Lassen Sie sich die Schritte aufzeigen, die die KI zur Lösung der Anfrage gegangen ist. Geben Sie gleich im Prompt vor, wie das Ergebnis konkret aussehen soll, wie im Beispielprompt.

Erweitern Sie Ihre Recherche gezielt um andere Disziplinen – etwa Psychologie, Musik oder Soziologie. Gerade im Design entstehen neue Ideen oft dort, wo unterschiedliche Denkweisen aufeinandertreffen. Offene Fragen oder assoziative Suchbegriffe führen oft zu den spannendsten Ergebnissen. Lassen Sie auch Zufall und Umwege zu – sie sind der Katalysator für kreative Sprünge.

Wissenschaftliche Recherche

Nicht selten kommt es vor, dass wir wissenschaftliche Analysen machen oder zumindest Quellen durchsuchen möchten. Dazu können Sie Ihr KI-Modell der Wahl mit der Internetrecherche in speziellen Datenbanken betrauen, wie *arxiv.org* oder *openreview.net*. Aber es gibt auch spezielle Tools für solche Recherchen. Ein paar von Hochschulen und Universitäten empfohlene Tools finden Sie hier.

Website	Tool
semanticscholar.org	KI-gestützte Suchmaschine für wissenschaftliche Publikationen, die Papers, Zitationen und inhaltliche Zusammenhänge findet
consensus.app	KI-Tool, das Antworten direkt aus wissenschaftlichen Studien extrahiert und Forschungsfragen prägnant beantwortet
elicit.com	Unterstützt die Literaturrecherche, extrahiert relevante Infos aus Papers und erstellt strukturierte Zusammenfassungen
researchrabbit.ai	Visualisiert Forschungsnetzwerke und empfiehlt relevante Publikationen für die kollaborative Forschung
keenious.com	Eigene Texte oder Papers können eingegeben werden, und die KI schlägt darauf basierend weitere passende Quellen vor; auch in Word oder Google Docs integrierbar
scispace.com	KI-Paper-Assistent für Fragen, Zusammenfassungen und detaillierte Analysen wissenschaftlicher Artikel

Egal mit welchem Tool Sie suchen, Studien sind nicht immer auf die Allgemeinheit übertragbar, besonders, wenn diese (noch) nicht »Peer-reviewed«, also fachlich begutachtet wurden oder der Zeitrahmen zu klein war sowie die Anzahl an Versuchen oder Versuchspersonen nicht für Aussagen über die Allgemeinheit ausreichend gewählt wurden.

Deep Research mit ChatGPT

Der Deep-Research-Modus eignet sich laut OpenAI überall dort, wo gründliche Wissensarbeit gefragt ist – in Forschung, Wirtschaft, Politik oder Technologie. ChatGPT kann komplexe Themen strukturiert aufbereiten, Zusammenhänge herstellen und mit relevanten Quellen direkt belegen.

Auch für anspruchsvolle Entscheidungen oder Käufe – etwa bei Autos, Möbeln oder technischen Geräten – bietet laut OpenAI dieser Modus echten Mehrwert: Er liefert fundierte, nachvollziehbare Empfehlungen statt oberflächlicher Vergleiche.

Alle Ergebnisse sind dokumentiert, mit klaren Quellen und nachvollziehbaren Gedankenschritten. So lassen sich Informationen leicht prüfen, zitieren und weiterverwenden. Besonders, wenn es um Nischenthemen geht, für die man sonst viele Seiten durchsuchen müsste, spart Deep Research Zeit – und bringt Struktur in die Informationsflut. Aber: ohne jegliche Garantie für die Korrektheit der Quellen und deren Interpretation.

Studieren und Lernen mit ChatGPT
Zusätzlich bietet OpenAI den Modus »Studieren und Lernen«, der ChatGPT zur Lernpartnerin macht. Anders als die übliche Interaktion – Prompteingabe und Antwort der KI – wechselt sie zum »Socratic Prompting«, stellt also Rückfragen, liefert auf mich abgestimmte Erklärungen und führt mich mit Übungen durch das Thema, über das ich gerne mehr lernen möchte. Hier ein Beispielprompt, den Sie ausprobieren können.

Prompt Ich würde gerne mehr über Kreativtechniken lernen. Bitte gib mir einen Überblick und bringe mir die wichtigsten Techniken bei, die ich als Grafikdesignerin für meine Projekte brauchen könnte.

Mein Tipp: Nutzen Sie diese Funktion in Verbindung mit den Kreativtechniken, die Sie in diesem Buch kennenlernen werden. Die KI führt Sie durch die verschiedenen Methoden und fordert von Ihnen Input, statt einfach Ergebnisse zu liefern.

Daten und KI – wie viel ist zu viel?

KI kann zwar viel mehr Informationen in kürzerer Zeit verarbeiten, als wir Menschen uns überhaupt vorstellen können, aber auch sie hat ihre Grenzen – auch reglementiert je nach Bezahlmodell, das man gerade nutzt. Da es so viele Modelle gibt und auch je nach Modell und Abonnement unterschiedliche viele Token (die Einheit, in die KI eine Dateneingabe aufteilt) verarbeitet werden können, macht eine Auflistung in Buchform keinen Sinn. Aber ich kann Ihnen hier zwei Faustregeln mit auf den Weg geben, die für die gängigsten Modelle gelten:

- Je mehr Informationen Sie hineingeben, desto weniger Gewicht hat jede einzelne Information. Die Antworten können daher weniger präzise ausfallen, wenn die KI sich auf diese beziehen soll.
- Im Laufe eines Chats kann die KI an Gedächtnisverlust leiden. Geben Sie ihr einfach zwischendurch eine Zusammenfassung der wichtigsten Punkte.

PRAXIS

Trendanalyse – Chancen und Risiken in der Zukunft

Niemand kann die Zukunft vorhersehen, auch KI nicht. Doch wie Sie nun wissen, kann KI anhand von Daten Muster erkennen und Vorhersagen machen – mit der Einschränkung, dass die Kausalität fehlt, also der Zusammenhang und das »Warum« der Ergebnisse solcher Analysen.

Trotzdem können wir den Blick in die Glaskugel wagen und schauen, ob wir spannende Einsichten in die zukünftigen Entwicklungen bekommen können. Nehmen wir das Tätigkeitsfeld von Grafikdesigner*innen – wie könnte sich das Berufsfeld und die Branche in den nächsten Jahren verändern und welche Chancen und Risiken bringt das mit sich? Hier ein Prompt, basierend auf dem RISEN-Modell. Aktivieren Sie zusätzlich den Deep-Research-Modus für noch tiefere Antworten.

Prompt **R – Role:** Agiere als Zukunftsanalyst*in mit Schwerpunkt auf der Kreativbranche (Branding, visuelles Design, Fotografie, Social Media).

I – Instructions: Analysiere, wie sich KI-Trends in den nächsten drei bis fünf Jahren entwickeln und welche Auswirkungen sie auf freiberufliche Designer*innen und Kreativstudios haben. Gehe dabei sowohl auf Chancen als auch auf Risiken ein.

S – Steps:
- Identifiziere die wichtigsten KI-Trends (z. B. Automatisierung, neue Tools, Kundenerwartungen, Ethik).
- Ordne diese Trends in drei Felder ein:
  - Chancen/Risiken für das eigene Business
  - Chancen/Risiken für Kundenprojekte
  - Chancen/Risiken für die Kreativbranche allgemein
- Beschreibe zu jedem Feld konkrete Beispiele, wie sich diese Trends auswirken können.
- Stelle Chancen und Risiken in einer ausgewogenen Perspektive dar.

E – Expectation: Erstelle eine strukturierte Übersicht in klar gegliederten Abschnitten. Jede Kategorie (Business, Kunden, Branche) soll sowohl Chancen als auch Risiken enthalten. Nutze kurze Absätze oder Stichpunkte, die praxisnah und leicht verständlich sind.

N – Narrowing: Beziehe dich auf die DACH-Region (Deutschland, Österreich, Schweiz). Schreibe in einer klaren, sachlichen Sprache, die für Kreative ohne wirtschaftswissenschaftlichen Hintergrund nachvollziehbar ist.

Hierfür empfehle ich die Nutzung eines Modells mit Internetsuche und fortgeschrittenem Reasoning. Ich selbst habe dazu das Modell Claude Sonnet 4.0 (Denken) über die Plattform Perplexity genutzt und die Internetrecherche sowie Meinungsrecherche aktiviert. Die Analyse ist sehr detailliert, praxisnah und mit Quellen nachvollziehbar belegt. Hier nur die Schlussfolgerung mit Empfehlungen der KI:

Ergebnis **Strategische Empfehlungen**

Für freiberufliche Designer*innen:
- KI als Werkzeug begreifen, nicht als Ersatz für kreative Kompetenz
- Spezialisierung auf konzeptionelle und strategische Beratung
- Kontinuierliche Weiterbildung in KI-Tools und Prompt-Engineering

Für Kreativstudios:
- Hybride Workflows entwickeln, die menschliche Kreativität mit KI-Effizienz verbinden
- Transparente Kommunikation über KI-Einsatz gegenüber Kunden
- Investment in rechtliche Beratung für Urheberrechtsfragen

Die nächsten Jahre werden entscheidend dafür sein, wie sich die Kreativbranche positioniert. Erfolgreiche Designer*innen und Studios werden KI als Verstärker ihrer kreativen Fähigkeiten nutzen, anstatt sie als Bedrohung zu betrachten. Gleichzeitig bleibt die menschliche Komponente – Empathie, kulturelles Verständnis und strategisches Denken – der entscheidende Differenzierungsfaktor.

Wir können das Ganze noch vertiefen, indem wir der KI Fragen stellen. Das Spannende bei Perplexity ist, dass die KI selbst weitere Fragen zur Vertiefung vorschlägt. Davon kann man sich inspirieren lassen oder mit einem Klick auf die Frage direkt den Prompt abschicken.

Doch auch Prompttechniken können uns gezielt helfen, noch weitere (simulierte) Perspektiven auf unsere Zukunftsvorhersage zu erhalten. Entwickeln Sie dazu am besten ein Zielgruppenprofil und für noch mehr Tiefe eine oder mehrere Personas. Ich wechsle nun zu ChatGPT, da wir hier eine kreativere Antwort brauchen. Wählen Sie vorher eine Zielgruppe oder Persona aus, oder geben Sie einfach folgenden oder einen ähnlichen Prompt ein:

Prompt Stelle dir vor, du bist in der Geschäftsführung eines mittelständischen Unternehmens aus einer produzierenden Branche, das regelmäßig Grafikdienstleistungen in Anspruch nimmt. Du hast keine eigene Grafik- oder Marketingabteilung. Wie wird sich dein Anspruchsverhalten gegenüber Kreativschaffenden im Bereich Grafikdesign in den nächsten zwei bis drei Jahren ändern und warum?

Durch den Perspektivwechsel erhalten Sie neue und andere Einblicke als von der sachlichen Analyse. Da die Antwort wieder sehr ausführlich ist, habe ich ChatGPT gebeten, das auf das Wesentliche zu kürzen:

Ergebnis Ich kaufe weniger Einzelstücke und mehr Systeme, wie Design-Tokens, Templates, lebende Styleguides. Entscheidend ist Wirkung statt nur Ästhetik: klare KPIs, A/B-Varianten, schnelle Iteration (48–72 h). Ich erwarte KI-kompetente, transparente Zusammenarbeit mit sauberen Rechten, Barrierefreiheit/ggf. Kennzeichnung und inklusiver, ressourcenschonender Gestaltung, plus Enablement für mein Team (Handover, kurze Guides). Verträge wandern zu Retainern mit SLAs; KI-Effizienz zeigt sich in Tempo/Volumen, nicht nur in Margen. DACH-Lokalisierung wird mitgedacht. Warum? Wettbewerbsdruck, Fachkräftemangel und KI beschleunigen alles – ich brauche skalierbare Wirkung, geringes Risiko und weniger Abhängigkeit von einzelnen Dienstleister*innen.

Sie werden vielleicht feststellen, dass diese Anforderungen nicht mit Ihren Vorstellungen von der Kundenzusammenarbeit übereinstimmen. Oder fühlen Sie sich zu 100 % angesprochen? Ansonsten können Sie überlegen, welche Zielgruppe zu Ihren Zukunftsvorstellungen passen könnte – KI hilft Ihnen gerne dabei.

Machen Sie den Zukunftscheck, und prüfen Sie ihn mit der Realität gegen. Nicht alles muss so eintreffen. Aber es fühlt sich zumindest gut an, einen kleinen Blick riskiert zu haben, als sich völlig überraschen zu lassen.

IDEATION &
KONZEPTION

KAPITEL 3

Ideation & Konzeption

Das größte Potenzial für KI im Kreativprozess ist meiner Meinung nach nicht die reine Umsetzung von Anfragen, sondern die Unterstützung kreativer Prozesse. Dabei kommt es darauf an, wie wir die KI einsetzen – also was wir prompten und welche Vorarbeit wir selbst leisten. Haben wir einmal die goldene Mitte für unseren Workflow gefunden, kann KI eine Bereicherung der kreativen und konzeptionellen Arbeit sein. Für mich ist diese Arbeit der wertvollste Teil eines jeden Projekts – besonders wenn viele ausführende Tätigkeiten mehr und mehr von KI übernommen werden. Ihre eigene Kreativität gibt Ihren Projekten die Einzigartigkeit, die KI alleine nicht erreicht. Dieses Kapitel zeigt Ihnen viele Möglichkeiten, wie Sie KI zur Ideation und Konzeption einsetzen können, doch es bleibt bei Ihnen, wie viel Sie von Ihrer kreativen Arbeit an die KI abgeben und wie Sie Ihre Einflussmöglichkeiten auf die Ergebnisse einsetzen. Wir schauen uns bewährte Techniken an und nutzen diese in Kombination mit KI, um neue Ideen und Konzepte zu entwickeln – manchmal in einem Bruchteil der Zeit, die wir sonst dafür brauchen. KI ist hier nicht die Abkürzung, sondern ein neuer Treibstoff, der unser Gehirn dorthin bringt, wo wir sonst eventuell nie hingekommen wären.

Inspiration

Im ersten Kapitel haben wir uns tiefer mit unserer Kreativität auseinandergesetzt und damit, wie digitale Medien und KI diese beeinflussen können. Wenn Sie KI zur Inspiration nutzen wollen, sollten Sie sich also der Grenzen und Gefahren bewusst sein und diese im Hinterkopf behalten.

KI kann, richtig eingesetzt, Türen zu neuen Welten öffnen, von denen wir bisher nichts geahnt haben. Auch nach mehreren Jahren fast alltäglicher Nutzung werde ich immer wieder aufs Neue überrascht, wenn ich mich auf KI-Experimente einlasse. Sie bringt mich dann auf völlig neue Ideen, was sie zur idealen Inspirationsquelle macht.

Inspiration

Der Begriff »Inspiration« wurde abgeleitet aus dem lateinischen »inspiratio« und bedeutet »Beseelung, Eintauchen«. Was eher der religiösen Idee entspringt, dass man eine göttliche Eingebung hat, ist heute ein alltäglicher Begriff geworden, der meist einen unerwarteten Einfall oder den Ausgangspunkt von künstlerischem Schaffen beschreibt.

Für mich bedeutet Inspiration, dass mich all das, was ich sehe und lerne, in meinem kreativen Schaffen beeinflusst – bewusst oder unbewusst. Das kann eine Farbe, ein Muster, ein Gefühl, ein Wort oder ein Bild sein. Die Quelle der Inspiration muss nicht unbedingt etwas mit dem zu tun haben, an dem wir gerade arbeiten. Gerade wenn es diese »fremden« Einflüsse gibt, kommen besonders kreative und neue Ideen dabei heraus.

Machen wir uns den sehr abstrakten Begriff der Inspiration etwas greifbarer. Folgende Möglichkeiten haben Sie unter anderem, sich mit Hilfe von KI inspirieren zu lassen:

- **Visuelle Inspiration:** durch Bildgenerierung oder Durchsuchen der Ergebnisse aus der Community (z. B. von Midjourney, Adobe, Ideogram etc.)
- **Emotionale Inspiration:** indem Sie sich durch den Dialog mit KI oder während einer kreativen Bildgenerierungs-Session in eine kreative Stimmung versetzen
- **Serendipitive Inspiration:** durch Überraschungen oder zufällige Entdeckungen, die beim Prompten oder der Anwendung von Kreativtechniken entstehen
- **Interaktive Inspiration:** durch Fragen, die im Dialog mit der KI entstehen und neue Gedankenketten auslösen
- **Textuelle Inspiration:** durch Storytelling, Geschichten, kreative Texte oder sogar lyrische Werke

Diese Phase des kreativen Workflows ist sehr intuitiv und individuell – nehmen Sie sich also gerne Zeit, und überlegen Sie sich, welche Art von Inspiration (oder welche Kombination mehrerer Arten) Ihrem kreativen Schaffen am meisten Mehrwert bringt. Vielleicht fallen Ihnen sogar weitere ein? Im Kapitel über Kreativität haben Sie bereits Ihre Idealbedingungen für Kreativität erkundet und eine Checkliste erstellt. Nun nehmen wir eine neue Komponente, die KI, hinzu und passen diese auf unsere Arbeitsweise an – nicht umgekehrt.

Visuelle Inspiration

Kreative Menschen sind meist sehr visuelle Menschen. Daher ist diese Art der Inspiration ein wichtiger Teil des kreativen Prozesses. Neben den ganzen virtuellen Möglichkeiten – z. B. Plattformen wie Pinterest, Dribbble, Behance, aber auch Social Media oder die klassische Google-Bildersuche – bieten auch analoge Medien eine Quelle der visuellen Inspiration. Bei mir sind das gesammelte Postkarten, Papiermuster, Magazine, Bücher u.v.m. Besonders gerne nutze ich Farbfächer, die es mir ermöglichen, schnell verschiedene Farbkombinationen zu finden. Ideal auch für Markenworkshops mit Auftraggeber*innen!

Nun kommt eine ganz neue Komponente dazu: KI-Plattformen zur Generierung von Bildern. Hier können wir nicht nur eigene Bilder erzeugen, sondern auch sehen, was andere generiert haben – inklusive Prompt. Am intuitivsten geht das mit Midjourney. Auf der Startseite (oder unter dem Reiter »Explore« im Menü) finden Sie eine Galerie mit Bildern aus der Community. Dort können Sie sich kuratierte Galerien anschauen – ob für einen selbst, zufällig ausgewählte Bilder oder die besten des Tages. Außerdem können Sie sich alle Bilder anzeigen lassen, die Sie im Laufe der Zeit gelikt haben, wie im Screenshot zu sehen. Das können eigene, aber auch Bilder aus der Community sein.

Ob Styles, Bilder oder Videos – bei Midjourney können Sie sich von den Werken anderer inspirieren lassen oder sogar Prompt, Bildmaterial oder Stile weiterverwenden.

Nun kommt aber die beste Funktion dazu: die Suchfunktion. Oben rechts unter »Search« können Sie Stichworte eingeben und sehen, was andere dazu generiert haben. Das kann dabei helfen, den richtigen Prompt zu finden, oder Sie können diese Bilder als Bildprompt, Stilreferenz oder Omni Reference für eigene Generierungen verwenden.

Emotionale Inspiration

Die richtige Stimmung zu finden, um in den kreativen Flow zu kommen, ist nicht immer einfach. Im Laufe des Kapitels lernen Sie ein paar spannende Kreativtechniken kennen, darunter auch die Provokationstechnik oder die Kopfstandmethode. Solche Techniken können Spaß machen und zum Experimentieren anregen. In meinen Workshops beobachte ich an diesem Punkt immer wieder, wie die Teilnehmenden plötzlich vor Ideen regelrecht lossprudeln, wenn die KI mit völlig absurden Vorschlägen um die Ecke kommt. Wir lassen uns diese visualisieren und beginnen, damit zu spielen – einfach aus Freude an der Sache und ohne Erfolgsdruck. KI-generierte Bilder und Texte können Emotionen auslösen und uns berühren. Nutzen Sie das, um Ihren Flow zu finden oder ihn neu zu entdecken. Außerdem lernen Sie in diesem Kapitel Techniken wie die Assoziationstechnik kennen, bei der Sie ganz gezielt das aktuelle Projekt mit zufälligen Begriffen oder Emotionen kombinieren.

Serendipitive Inspiration

Der Zufall ist in die KI quasi einprogrammiert – warum also nicht als Geschenk nehmen, wenn es um die kreative Inspiration geht? Am besten eignen sich Methoden wie die Assoziationstechnik (auch Zufallsmethode genannt). In Kapitel 1 haben Sie das Prinzip der Serendipität kennengelernt – die zufällige Entdeckung von Lösungen, nach denen man zu dem Zeitpunkt gar nicht gesucht hat. Doch das ist keinesfalls nur Glück, sondern man muss in der Lage sein, solche Entdeckungen auch zu erkennen und sich auf die neue Lösung einzulassen. Egal ob durch Texte oder Bilder, die die KI mir generiert – überall lassen sich solche Zufallsentdeckungen machen. Mal ist es ein Detail, ein kurzer Satz oder einfach ein Gefühl oder inneres Bild, das bei mir ausgelöst wird.

Interaktive Inspiration

Manchmal fließen die Ideen, wenn man anderen davon erzählt. Denken beim Sprechen könnte man es auch nennen. Nun ist nicht immer jemand da, mit dem man das aktuelle Problem durchwälzen kann. Warum also nicht die KI nutzen? Ob nun per Spracheingabe oder Tippen im Chatfenster – die KI hört zu. Um das Ganze spannender zu machen, können Sie der KI auch gewisse (Expert*innen-)Rollen zuweisen und dann mit dieser fiktiven Persönlichkeit diskutieren. Sprechen Sie mit dem Advocatus Diaboli (siehe Kapitel 5), um sich die Schwachstellen Ihrer Idee aufzeigen zu lassen, oder Figuren aus einem Buch, die Ihnen Ideen aus ihrer Sichtweise zeigen oder reflektieren. Nutzen Sie die SimToM-Technik (siehe Kapitel 2), um mit einer fiktiven Persona aus der Zielgruppe zu sprechen. Hier sind Ihrer Kreativität keine Grenzen gesetzt.

Textuelle Inspiration

Texte sind eine großartige Quelle für inspirierende Gedanken. Es kann ein Sachtext sein, der Sie mit wichtigen Informationen versorgt (Stichwort Wissen und Kreativität aus Kapitel 1), oder ein lyrisches Werk, das den kreativen Funken sprühen lässt. Lassen Sie sich Ihre Entwürfe von der KI analysieren (siehe SCAMPER-Methode in Kapitel 5), oder nutzen Sie die KI, um Ihre Ideen zu selektieren und weiterzuentwickeln (siehe Kapitel 3, 4 und 5). Generieren Sie einen Text aus einer ungewöhnlichen Perspektive (z. B. wie sieht ein Foodfestival aus der Sicht eines Außerirdischen aus), oder lassen Sie sich ein komplexes Produkt so erklären, dass es ein sechsjähriges Kind versteht (vielleicht sogar in Form einer Gute-Nacht-Geschichte).

PRAXIS

»The inner Orchestra« – KI als Quelle der Inspiration

In meinem Leben gibt es zwei sehr wichtige »Musen«, die für mein kreatives Schaffen essenziell sind: Musik und Natur. Beide können mich in einen kreativen Flow versetzen und gleichzeitig Stoff für neue Ideen liefern. Daher wollte ich unbedingt ein Bild kreieren, das diese beiden Inspirationsquellen vereint, und KI sollte eine der wichtigen Komponenten sein, um diese Idee umzusetzen.

Als Samsung auf mich als KI-Kreative aufmerksam wurde und nach einer Kooperation fragte, war mir sofort klar, dass ich dieses Motiv in Form eines Selbstporträts im Rahmen dieser Zusammenarbeit umsetzen möchte. Realität und Fiktion sollen in einem Bild vereint werden.

Interaktive Inspiration

Zuerst bin ich mit ChatGPT in den Dialog gegangen und habe meine Idee grob beschrieben und die KI mir Fragen stellen lassen. Als Überthema entstand daraus »KI als Resonanzraum für Emotionen«, da ich stark die Meinung vertrete, dass KI-Generiertes durchaus Emotionen in uns hervorrufen kann. Mir war besonders wichtig, mich mit meiner Geige darzustellen, da das Geigenspiel für mich ein zentraler Bestandteil meines Lebens und kreativen Schaffens ist. Die Geige symbolisiert für mich das Arbeiten mit den Händen, und die Musik spricht gleichzeitig eine stark emotionale Ebene an.

Im Laufe des Chats habe ich mit Hilfe von ChatGPT meine Ideen und Gedanken besprochen, sortiert und weiterentwickelt. Entstanden ist die Idee des Motivs mit dem Titel »Sound of Self – The inner Orchestra«.

Visuelle Inspiration

Da ich ein visueller Mensch bin, muss ich meine Ideen direkt ausprobieren, um zu schauen, ob diese umsetzbar sind und »funktionieren«. KI ist dabei für mich das wichtigste Werkzeug geworden. Da ChatGPT mein Konzept kennt und auch den Kontext sehr gut versteht, habe ich es Prompts zu meinen verschiedenen Ideen schreiben lassen.

Prompt Baroque-inspired self-portrait of a female violinist captured from a dramatic low angle, with dynamic lighting and an abstract surreal background of flowing musical waves and AI-generated textures. Her pose is expressive, almost statuesque, as sound and code merge around her. Fusion of classic and futuristic aesthetics, with poetic mood and rich visual layers.

Die erste Idee war, KI im Bild zu thematisieren und als musikalische und abstrakte Wellen zu integrieren. Der Stil war der eines barocken Porträts.

Midjourney als kreative Partnerin

Kreative Ideen wie diese lasse ich mir am liebsten mit Hilfe von Midjourney visualisieren – die ästhetische Vielfalt und die Möglichkeiten zur Bildgestaltung sind unschlagbar. In den Entwürfen habe ich ein Porträt von mir als Omni Reference genutzt.

Im ersten Entwurf fehlte mir die Verbindung zur Natur, und alles wirkte sehr steril. Außerdem wollte ich mehr Elemente einbringen, die für mein kreatives Schaffen wichtig sind.

Prompt A highly detailed artistic self-portrait of a creative woman standing in a natural forest clearing. She holds a violin in one hand, with a vintage camera slung over her shoulder, and abstract graphic sketches floating around her. From her body and instruments, surreal elements emerge: flowing lines of color, baroque patterns, soft data streams and musical fragments. The image blends reality with dreamlike AI-generated textures, light, and emotion. Poetic, powerful, visionary.

Die Idee gefällt, aber die KI ist mit der Darstellung der Details überfordert. Das zeigt mir, dass das Bild zu komplex ist und weniger mehr ist.

Um das Motiv weniger komplex zu gestalten, wollte ich, dass meine Augen mit der Kamera – mein Medium, um anderen meine Sicht auf die Dinge zu zeigen – verschmelzen. Der Körper sollte mit der Geige verschmelzen, was allerdings nicht geklappt hat. Trotzdem sind sehr spannende Motive entstanden.

Prompt A surreal and symbolic portrait of a female creative figure standing in a forest. Her torso is seamlessly transformed into a violin, representing her body as a musical instrument. Her eyes are stylized as vintage camera lenses, reflecting perception and creative vision. Her hands are outstretched, projecting abstract graphic elements, musical notations, and light patterns. The scene blends nature with digital textures, evoking emotion, creativity, and human-machine fusion. Poetic, visionary, emotionally resonant.

Spannend ist bei diesem Motiv, dass die Geige nicht zum Körper wird, aber davor schwebt, was dem Motiv einen sehr außergewöhnlichen Charakter verleiht.

Neben der Inspiration mit KI bin ich auf die Suche nach Orten und Materialien gegangen.

Ich begann, mir Gedanken über das Setting des Fotoshootings zu machen. Auf einem Streifzug durch ein künstlerisches Viertel habe ich eine Unterführung gefunden, die den perfekten Rahmen für meine Bildidee bildet – ein geschützter Raum für kreative Entfaltung. Zudem finde ich solche Orte, die eine Geschichte haben, die man ihnen ansieht, sehr reizvoll und inspirierend.

Prompt a surreal scene in an overgrown urban underpass, featuring a young woman wearing a short, beige wedding dress with lace on top and flowing tulle at the bottom. She holds a violin in one hand and a camera lens to one eye, standing amidst giant Monstera leaves and dried plants growing from cracked concrete. Musical notes and sheet music grow from the vines like leaves. The scene is lit with glowing orange and lilac LED lights, casting magical reflections on her delicate dress. The tulle skirt seems to blend with typographic elements, floating in the air like whispers. cinematic, poetic, magical realism, dreamlike, photo-realistic

Genau das hatte ich mir vorgestellt: surreale Farben, Lichtspiele und die Natur in Form von Pflanzen, die in diesem urbanen Ort wild wuchern.

Emotionale Inspiration

Neben der interaktiven und visuellen Inspiration hat mich die KI in einen kreativen Flow gebracht. Ich konnte mich in den Bildexperimenten verlieren, die Prompts nach und nach variieren oder mit anderen Bildstilen kombinieren, bis die Bilder entstanden, die mich sofort in die Stimmung versetzt haben, das Motiv umzusetzen.

Genau diese Stimmung hat mich angesprochen. Die Person ist vertieft in ihr Geigenspiel, das Licht und die Stimmung sind mysteriös und magisch.

Textuelle Inspiration

Auf Basis des letzten Bildkonzepts habe ich mir mit Hilfe von ChatGPT weitere Ideen gesammelt, was ich für das Fotoshooting brauchen könnte. Vom Outfit bis hin zum Lichtkonzept entstand ein detailliertes Briefing, das ich als Grundlage nutzen konnte.

In Kapitel 4, »Umsetzung in Bild und Wort«, werde ich Ihnen zeigen, wie es im Projekt weiterging. Dort finden Sie auch das Ergebnis und die Links zur Kooperation mit Samsung.

Ideation

Den Begriff der Ideation habe ich mir aus dem Design Thinking entliehen. Er beschreibt die Phase, in der systematisch Ideen gesammelt werden – gerne unter Anwendung verschiedener Kreativtechniken. Mein ganzer KI-Kreativworkflow ist an das Prinzip des Design Thinking angelehnt, da das Zusammenspiel von kreativer Freiheit und Struktur für mich die beste Mischung darstellt, um zielgerichtete und gleichzeitig neue Ideen zu entwickeln – den Menschen immer im Fokus.

Das Design Thinking ist außerdem sehr zielgruppenzentriert, was nicht nur zeitgemäß, sondern essenziell geworden ist, wenn wir erfolgreich kommunizieren möchten. Digitale Medien, aber auch innovative Drucktechniken machen es möglich. Daher steigen wir tiefer in diesen Kreativprozess ein, und ich zeige Ihnen, wie KI Sie in den verschiedenen Phasen unterstützen kann.

Das Design Thinking ist ein iterativer Kreativprozess, das bedeutet, dass wir zwar eine Abfolge von Schritten haben, die uns durch den Prozess führen, aber keineswegs rein linear zu betrachten sind. Folgende Phasen, bereits etwas abgeändert, schauen wir uns in diesem Buch näher an:

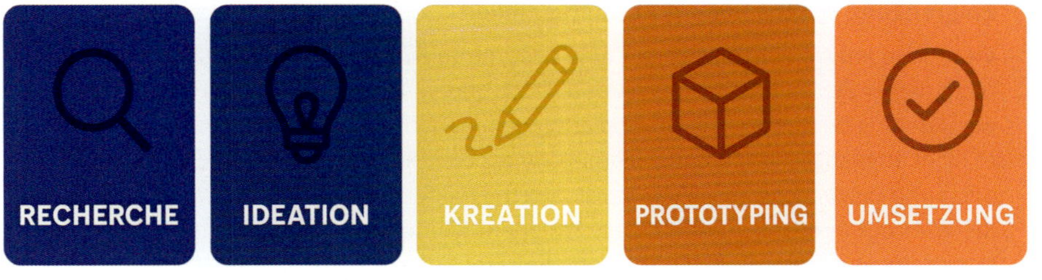

Hier sehen Sie die fünf Phasen des Design Thinking. Gerne werden diese auch als Kreislauf betrachtet und sind keinesfalls als starrer oder linearer Prozess zu verstehen. Sie können während des Designprozesses jederzeit wieder zu einer anderen Phase springen.

Die Idee dahinter ist, dass wir auf Basis von Informationen und Wissen sowie Empathie gegenüber der Zielgruppe neue Ideen finden und diese schnell zu einem Prototyp entwickeln. Dieser sollte baldmöglichst mit der Zielgruppe getestet und durch das Feedback verbessert werden. Das bedeutet auch, dass wir eventuell wieder in die Recherche und Ideenfindung zurück müssen, wenn unser Prototyp nicht gut angekommen ist. Dabei ist es egal, ob es sich um eine Dienstleistung, eine App, ein Produkt, ein Gebäude oder ein Event handelt. Der Prototyp muss keinesfalls perfekt ausgearbeitet sein, sondern kann auch als Bild, Video, Klickdummy, ein Stapel Post-its präsentiert oder aus Bastelmaterial hergestellt sein. Es geht zunächst darum, die Idee zu transportieren und im besten Fall an der Zielgruppe zu testen.

Recherche und Problemdefinition

In Kapitel 2 haben Sie bereits verschiedene Methoden kennengelernt, wie KI Sie in dieser Phase unterstützen kann. Besonders wichtig ist hier das Verständnis der Zielgruppe durch Information. Normalerweise lebt das Design Thinking vom Dialog mit der tatsächlichen Zielgruppe. Sollte das nicht möglich sein, können Sie das natürlich mit KI simulieren. Ideal wäre eine Kombination beider Methoden – KI ersetzt also keine Marktforschung. Sollte eines Ihrer Designs solch einen Prozess einmal mitgemacht haben, dann haben Sie garantiert das eine oder andere überraschende Feedback dabei erhalten. Für mich war es jedes Mal sehr aufschlussreich und nicht immer vorhersehbar – trotz tiefer Auseinandersetzung mit der Zielgruppe.

Besonders wichtig ist hier das Verständnis der Zielgruppe durch Information.

Ein wichtiger Teil dieser Phase ist die Problemdefinition – also welche Herausforderung besteht und was ist das Ziel des Projekts (idealerweise löst es eines oder mehrere Probleme der Zielgruppe)? Ein detailliertes Briefing kann hier sehr hilfreich sein, da es die Rahmenbedingungen, Erwartungen und Herausforderungen eines Projekts verschriftlicht und auch Missverständnisse aufzeigt, die zwischen den Parteien entstehen können, wenn z. B. bestimmte Begrifflichkeiten unterschiedlich verstanden werden.

Eingrenzung schafft höhere Aufmerksamkeit

Viele scheuen sich davor, sich auf eine bestimmte Zielgruppe oder sogar auf ein Problem dieser Zielgruppe zu fokussieren. Doch genau darin liegt großes Potenzial. Nur, weil Sie eine bestimmte Zielgruppe ansprechen, bedeutet das nicht, dass sich andere nicht angesprochen fühlen. Nehmen wir als Beispiel eine Apple Watch: Die Funktionen und Werbeclips sprechen meist sportbegeisterte Menschen an, aber auch alle, die Wert auf ihre Gesundheit legen. Trotzdem werden Sie diese Smartwatch an den Handgelenken vieler Personen finden, die nicht unbedingt Teil der Zielgruppe sind.

Die Wahrheit ist: Sprechen Sie alle an, sprechen Sie niemanden an. Um das Bedürfnis zu wecken, z. B. ein Produkt unbedingt haben zu wollen, müssen Sie genau wissen, was Ihre Zielgruppe braucht, bzw. ihr bewusst machen, dass ihr etwas fehlt. Doch das bringt eine hohe Verantwortung mit sich! Oft gehört zum Job von Designer*innen, etwas begehrenswert erscheinen zu lassen. Mit Hilfe von Worten, Bildern und Informationen können wir das Handeln anderer beeinflussen. Seien Sie sich dieser Verantwortung immer bewusst, und auch wenn die KI Ihnen Vorschläge macht, prüfen Sie diese immer auch mit Ihrem Wertebewusstsein und den Ethikrichtlinien des Unternehmens oder der Marke gegen.

Besprechen Sie unbedingt, welches Ziel erreicht werden soll. Versuchen Sie es zu ergründen und zu hinterfragen. Pauschale Aussagen wie »Wir wollen mehr verkaufen« oder »Wir wollen moderner wirken« sind dabei nicht hilfreich. Zur Vorbereitung solch eines Gesprächs können Sie KI nutzen, z. B. mit dem »Socratic Prompting« oder dem »Role-Prompting«.

PRAXIS

Ideaboards und Moodboards mit KI

Durch Ihre Recherche und Erfahrung sammeln Sie Informationen sowie auch visuelles Material. Daraus können Sie sich mit Hilfe von KI ganz einfach Ideaboards oder Moodboards erstellen. Mehrere KI-gestützte Tools bieten Ihnen eine Plattform für Ihr Ideaboard:

- Adobe Firefly Boards
- Canva Online-Whiteboard
- Miro Boards (begrenzte KI-Funktionen)
- Milanote (ohne KI-Integration)
- Notion (Bilder nur via API)

Aktuell noch in der Beta, hat mich »Boards« von Adobe am meisten überzeugt. Hier kann ich nicht nur meine Ideen visuell strukturieren, sondern auch Bilder mit fast allen gängigen Bildmodellen generieren, darunter neben Firefly Image auch FLUX, Ideogram, GPT Image, Gemini Flash Image und Runway. Außerdem kann man die generierten Bilder sortieren lassen oder direkt in Adobe-Programmen wie Photoshop bearbeiten.

In ein Ideaboard kommt alles, was Sie an Ideen und visuellen Inspirationen sammeln, wie:

- Bilder, Illustrationen, Fotos, Screenshots, Moodsbilder, Farbwelten
- Stichworte, Headlines, Claims, Zitate, Mindmaps, Notizen
- Links zu Artikeln, Videos, Musik, Case Studies
- schnelle Handzeichnungen/Scribbles oder kleine Layout-Ideen
- Beobachtungen und Insights z. B. aus Recherche, Interviews, Trendanalyse
- Keywords und Schlagworte für Stimmung, Tonalität, Botschaften

Moodboards vs. Ideaboards

Ideaboards können breiter gefächert sein und erlauben Gedanken in verschiedene Richtungen. In Moodboards können Sie eine stimmungsvolle Ansammlung an Bildern und Texten zu einer Idee oder Richtung zusammenstellen, um diese (visuell) greifbarer zu machen.

Moodboards erstellen

Haben Sie Bilder, Farben oder Texte zu einer Idee gesammelt, können Sie daraus ein Moodboard generieren lassen. Geben Sie die Bilder einer KI wie ChatGPT, Gemini Flash Image (Nano Banana) oder FLUX Kontext (Bildrechte beachten!), und lassen Sie sich ein Moodboard oder den Prompt dazu generieren, wie hier am Beispiel meines KI-Projekts »The inner Orchestra«.

Farben, Texturen, Bildelemente – hier gibt es kein Richtig oder Falsch. Moodboards können inspirieren oder eine Stimmung zu einer Idee vermitteln.

Interviews oder Umfragen als Teil der Recherche

Um noch mehr Empathie mit der Zielgruppe aufzubauen, können Sie Interviews führen oder Umfragen erstellen. Lassen Sie sich mit Hilfe von KI die Struktur und die wichtigsten Fragen herausarbeiten oder Ihren Fragenkatalog ergänzen. Nutzen Sie das »Role-Prompting«, um der KI die Rolle einer erfahrenen Interviewerin zuzuweisen – auch praktisch für Feedback zu Ihren ausgearbeiteten Unterlagen.

Anschließend können Sie die (anonymisierten) Fragebögen auswerten lassen und Fragen zu den Antworten stellen. Für eine emotionalere Auswertung können Sie die Antworten in Verbindung mit einer Persona und der »SimToM-Methode« nutzen, um einen Dialog mit der Zielgruppe zu führen. So verbinden Sie das Wissen der KI mit realen Antworten und erhalten somit realistische Antworten auf Ihre Fragen.

Ideation: Die Ideenfindung

In dieser »Phase der Ideenfindung« wird genau das gemacht: Auf Basis der Recherche und des Zielgruppenverständnisses wird nach Möglichkeiten gesucht, die Bedürfnisse oder Probleme der Zielgruppe zu lösen. Am besten eignet sich hier eine Mischung aus Chaos und Struktur. In der Theorie wird die Ideenfindung in »Divergentes Denken« und »Konvergentes Denken« aufgeteilt.

Die Ideenfindung im Design Thinking ist ein sehr wichtiger Prozess, der vom Problem ausgeht und auf eine Lösungsfindung hinauslaufen sollte.

- In der divergenten Phase wird in die Breite »gedacht«. Ohne viele Regeln sollen zunächst alle Ideen gesammelt werden (je mehr, desto besser) – ganz ohne Wertung. Dabei können verschiedene Kreativtechniken helfen, um möglichst viel Varianz zu erzeugen. Diese Techniken schauen wir uns im Laufe des Kapitels noch genauer an.
- Bei der konvergenten Phase wird nun gefiltert, und die vielversprechendsten Ideen werden ausgewählt. Mit Blick auf die Zielgruppe, ihre Probleme oder Bedürfnisse und das Ziel des Projekts können Sie auch KI einsetzen, um sich bei der Auswahl unterstützen zu lassen. Damit beschäftigen wir uns in Kapitel 5, »Ideen optimieren

und präsentieren«, noch genauer. Sollten Sie hier noch keine Idee finden, die Sie überzeugt, dann beginnen Sie erneut mit einer Runde divergenter Ideenfindung, bis Sie ausreichend Input haben, um mit der Kreation zu beginnen.

Kreation und Entwicklung

Die Phase der Kreation basiert nun auf einer oder mehreren ausgewählten Ideen, die umgesetzt werden soll(en). Die Idee wird verfeinert und ausgearbeitet, sowohl gestalterisch als auch konzeptionell. Arbeiten Sie Details heraus, die Ihre Idee zu einem umsetzbaren Projekt machen. KI unterstützt Sie dabei, indem Sie mit KI-Tools erste Entwürfe visualisieren oder verschriftlichen lassen. In Kapitel 4, »Umsetzung in Bild & Text«, zeige ich Ihnen verschiedene Möglichkeiten, wie Sie KI zur Umsetzung Ihrer Ideen einsetzen können.

Die Idee wird verfeinert und ausgearbeitet, sowohl gestalterisch als auch konzeptionell.

Prototyping und Test

Bei der Produktentwicklung wird hier ein Prototyp gebaut oder gebastelt, der idealerweise mit der Zielgruppe getestet wird. Das können aber auch fertige Entwürfe oder Mockups von Designs sein. Es liegt an Ihnen (und hängt vom Projekt ab), ob Sie etwas Analoges oder Digitales als Prototyp erstellen wollen.

Wählen Sie weise, wie stark Ihr Prototyp ausgearbeitet sein soll. KI ermöglicht es, detaillierte Entwürfe sogar fotorealistisch umzusetzen. Das kann dazu verleiten, in dieser Phase ein »zu perfektes« Ergebnis zu präsentieren, das wenig Raum für Feedback offenhält. Je stärker ausgearbeitet, desto mehr konzentrieren sich die Testpersonen auf die Details, statt sich mit dem grundlegenden Ziel auseinanderzusetzen.

Manche Personen können sich aber nicht anhand eines auf Pappe skizzierten Frameworks einer App vorstellen, wie das Ganze in der Praxis aussehen könnte. Probieren Sie verschiedene Wege aus, und lernen Sie dazu, wie Ihre Zielgruppe reagiert. Meiner Erfahrung nach lassen grobe Prototypen mehr Freiheit für hilfreiches Feedback, detaillierte werden meist als »fertig« hingenommen und akzeptiert (was nicht heißt, dass man diese nicht verbessern könnte).

Keine Zeit oder Ressourcen für Tests an der Zielgruppe? Dann nutzen Sie verschiedene Prompttechniken mit KI, die Sie bereits erlernt haben oder in den folgenden Kapiteln vertiefend kennenlernen werden. Auch an diesem Punkt kann es sein, dass Sie wieder in die Phase der Recherche oder Ideenfindung springen müssen, um den Prototyp anzupassen. Dokumentieren Sie daher Ihren Projektverlauf sehr gut (z.B. mit einem Ideaboard), um auf bisherige Ideen und Entwürfe zurückgreifen zu können.

Umsetzung

Nachdem der Prototyp verfeinert und ausgiebig getestet wurde, geht es um die Finalisierung eines Projekts. Hochqualitative und hochauflösende Grafiken, fehlerfreie und manchmal auch übersetzte Texte, Mockups, Werbematerialien u.v.m. stehen nun an. Auch hier kann KI hilfreich sein und Sie bis zum Ende Ihres Workflows unterstützen.

In meinem Buch »KI für Kreative« beschäftige ich mich ausgiebig mit verschiedenen KI-Tools und deren Einsatz in der kreativen Gestaltung und professionellen Umsetzung im Design. Von Text- und Bildgeneratoren bis hin zu Tools, die Auflösung und Detailgrad verbessern oder vorhandenes Material weiterentwickeln: Es gibt für alle möglichen Anwendungsfälle das passende KI-Tool. In diesem Buch beschäftigen wir uns mehr mit der kreativen Anwendung von Bild- und Textmodellen sowie Promptmethoden – das Wissen darüber können Sie natürlich auch für die technische Umsetzung nutzen.

Studien zu KI und Kreativitätstechniken

Kreativitätstechniken haben für mich gleich mehrere Vorteile: Ich trainiere mein kreatives Denken, dabei erhalte ich neue Sichtweisen auf meine Arbeit, und ich kann in der Zusammenarbeit mit KI neue Ideen entwickeln, die freier von dem sind, was die Trainingsdaten üblicherweise ausgeben. Wenn man in die verschiedenen Kreativabteilungen von Agenturen und Unternehmen schaut, sind diese Techniken zur Steigerung der Kreativität weniger bekannt und werden, bis auf Brainstorming oder hier und da mal eine Mindmap, äußerst selten in den Arbeitsalltag integriert.

»Kreativität ist eine absolute Notwendigkeit.«

Edward de Bono war einer der wichtigsten Forscher auf dem Gebiet der Kreativtechniken zur Förderung des kreativen Denkens. Er hat den Begriff »laterales Denken« geprägt, und ihm verdanken wir viele Erkenntnisse aus der Kreativitätsforschung wie auch viele Techniken, die wir heute noch anwenden. De Bono beschreibt in seinem Buch »Serious Creativity«, dass die menschliche Kreativität eine absolute »Notwendigkeit« ist, und vergleicht unsere Wahrnehmung mit einem selbstorganisierenden Informationssystem.

Laterales Denken

Viele Denkprozesse sind laut de Bono vertikal angeordnet – logisch und Schritt für Schritt aufgebaut. Das »laterale Denken« bricht diese Struktur bewusst, indem assoziativ, intuitiv und subjektiv gearbeitet wird. Es lässt gedankliche Sprünge zu, und nicht jedes Zwischenergebnis hat den Anspruch, richtig und logisch zu sein.

Dazu werden verschiedene Ansätze angewandt, wie die Herausforderung, die Suche nach Alternativen oder das Einführen von Provokationen.

Aus meiner eigenen Erfahrung heraus kann ich bestätigen, dass sich meine kreative Arbeit stark verändert hat, seit ich mich mit kreativen Prozessen beschäftige und Kreativitätstechniken anwende. Es gibt dem sonst eher Chaotischen eine Struktur und lässt damit gleichzeitig Freiraum für mehr als nur zufällige Einfälle und Geistesblitze. Und nicht nur »Kreative« würden von diesen Techniken und kreativem Denken profitieren – sondern alle Menschen.

»For ChatGPT and GPT-4, we showed for the first time that it performs in the top 1 % for originality.«

Bei dem Thema Kreativität und KI scheiden sich oft die Geister. Die einen sind völlig fasziniert und davon überzeugt, dass KI kreative Ergebnisse liefert – andere sind skeptisch und wollen einer »Maschine« keine kreativen Fähigkeiten zuerkennen. Daher schauen wir uns näher an, was die Wissenschaft dazu sagt. Es gibt bereits einige Studien, die untersucht haben, wie KI bei kreativen Aufgaben und Tests gegenüber Menschen abschneidet. Solche Tests sind erst seit dem Erscheinen von ChatGPT-4 sinnvoll, denn davor waren die Ergebnisse von gängigen Modellen wenig kreativ.

KI findet originelle Wege mit kreativem Denken

Kann KI kreative und originelle Lösungen finden? Das haben verschiedene Wissenschaftler*innen untersucht, und die Ergebnisse sind äußerst spannend. Im Jahr 2023 haben Forscher*innen unter der Leitung von Dr. Erik Guzik (University of Montana, College of Business) beim Torrance Test of Creative Thinking (TTCT) die KI (ChatGPT-4) gegen Menschen antreten lassen.

Torrance Test of Creative Thinking

Der Torrance Test of Creative Thinking (TTCT) ist ein international anerkannter Standardtest zur Messung kreativen Denkens. Er wurde vom Psychologen Ellis Paul Torrance entwickelt und bewertet, wie viele, wie vielfältige und originelle Ideen eine Person hervorbringen kann.

Es wurden acht KI-generierte Ergebnisse neben der Kontrollgruppe von 24 Studierenden eingereicht und anonym vom Scholastic Testing Service bewertet. Die Scores wurden außerdem mit denen der 2.700 Studierenden verglichen, die den Test bereits gemacht hatten. Die KI hatte keinen Zugriff auf Ergebnisse oder Abläufe der Tests. Das Studienergebnis war für Guzik und seine Kolleg*innen überraschend: »For ChatGPT and GPT-4, we showed for the first time that it performs in the top 1 % for originality«, sagt Guzik in einem Interview. ChatGPT war unter den Besten, ja hat diese sogar manchmal übertroffen. Das bedeutet nicht unbedingt, dass KI in allen Belangen kreativer ist als Menschen – es ist nur eine Art, Kreativität zu testen, in der KI besonders gut abschnitt, indem sie viele originelle und nützliche Ideen hervorgebracht hat.

KI ist stark in der Ideenfindung, aber schwach in Denkprozessen

Im Jahr 2025 hat sich eine Gruppe Forschender (Man Zhang, Ying Li, Yang Peng, Yijia Sun, Wenxin Guo, Huiqing Hu, Shi Chen und Qingbai Zhao) aus China zur Aufgabe gemacht, die kreativen Fähigkeiten der KI-Modelle (GPT-3.5-turbo, GPT-4 und GPT-4o) zu untersuchen. In der Studie »AI Delivers Creative Output but Struggles with Thinking Processes« wurden auch die Methoden untersucht, die wir zum Großteil hier im Buch behandeln. Hier eine Übersicht der Methoden aus der Studie und wie KI jeweils abgeschnitten hat:

Methode	Beschreibung	Ergebnis
Divergentes Denken	Misst die Fähigkeit, viele verschiedene Ideen oder Lösungswege zu entwickeln – also Offenheit, Assoziationskraft und Originalität.	KI übertraf die menschlichen Teilnehmenden.
Konvergentes Denken	Bewertet, wie gut jemand aus vielen Informationen eine stimmige, »beste« Lösung ableiten kann.	KI lag auch hier vorn.
Einsichts-Problemlösung	Untersucht, ob ein Problem durch plötzliche Einsicht – den berühmten Aha-Moment – gelöst wird.	KI erzielte bessere Werte als Menschen.
Kreatives Schreiben	Bewertet die Fähigkeit, Texte zu verfassen, die originell, sinnlich und erzählerisch überzeugen.	Menschen schnitten deutlich besser ab.
Assoziation	Testet, wie frei und flexibel Gedankenketten entstehen – also wie weit sich jemand (oder eine KI) von Ausgangsbegriffen entfernt und neue semantische Räume öffnet.	Menschen schnitten hier besser ab, weil sie »weiter denken« und stärker neue Bedeutungsräume erkunden konnten, während KI-Modelle tendenziell enger im gelernten Bedeutungsraum bleiben.
Representational Change	Prüft die Fähigkeit, die eigene mentale Problemstruktur umzubauen – also das Denken bewusst neu zu ordnen und Perspektiven zu wechseln.	KI erreichte geringere Genauigkeit als Menschen.
Kreative Bewertung	Analysiert, wie Neuheit und Angemessenheit gewichtet werden, wenn Ideen beurteilt werden.	KI zeigte keine klare Beziehung zwischen Neuheit und Angemessenheit – sie nutzt also keine menschenähnliche Bewertungsstrategie.

Methode	Beschreibung	Ergebnis
Kreative Selektion	Misst, ob die kreativste Idee aus einer Vielzahl eigener Vorschläge erkannt und ausgewählt wird.	KI machte häufiger Fehlentscheidungen – sie erkennt kreative Qualität weniger zuverlässig.

Ergebnisse der Studie »AI Delivers Creative Output but Struggles with Thinking Processes«

Die Ergebnisse deuten darauf hin, dass KI zwar menschliche Kreativität nachahmen kann, ihre starke Leistung bei kreativen Aufgaben jedoch wahrscheinlich durch nichtkreative Mechanismen angetrieben wird und nicht durch echtes kreatives Denken.

KI nutzt flexibles Denken für kreative Ideen

Surabhi S. Nath (Max Planck Institute for Biological Cybernetics, Universität Tübingen) sowie Peter Dayan und Claire Stevenson sind noch etwas anders an die Fragestellung gegangen und haben den kreativen Prozess untersucht, während sich die anderen Studien sehr am Ergebnis orientiert haben. Besonders interessant sind die Methoden, die zur Messung verwendet wurden: Eine Aufgabe war es, verschiedene kreative Verwendungsmöglichkeiten eines Ziegelsteins zu finden. Dabei gibt es zwei Wege, die wir Menschen gehen und die zu ähnlichen kreativen Ergebnissen führen können – es gibt nicht den richtigen Weg:

KI war oft origineller als der Mensch, und verschiedene Modelle verfolgen bestimmte Stile bei der Ideenfindung.

- persistent (tiefe Suche in wenigen semantischen Räumen)
- flexibel (breite Suche über mehrere semantische Räume hinweg)

Bei unserem Ziegelstein bedeutet das, dass man beim persistenten Weg zunächst in einem Bereich bleibt und dazu Ideen sucht, z. B. der semantische Raum »Brechen/Zerstören«, wie: Scheibe einschlagen, Schloss aufbrechen, Nüsse knacken usw. Dann gibt es die flexiblen Denker*innen, die bei der Ideensuche mehrere Sprünge machen. Hier wieder das Beispiel Ziegelstein: Trainingsgewicht, Untersetzer und Türstopper.

Neben dem Ziegelstein sollten außerdem kreative Anwendungsfälle für Büroklammern gesucht werden. Zusätzlich sollten Menschen und KI verschiedene Tiere auflisten. Auch hier zeigt sich, ob eher flexibel oder persistent vorgegangen wird. Schauen wir uns die Ergebnisse an. Es wurden neben Menschen ganze acht verschiedene KI-Modelle getestet. KI war oft origineller als der Mensch, und verschiedene Modelle verfolgen bestimmte Stile bei der Ideenfindung. Bei Menschen funktioniert der flexible wie auch der persistente Weg gleichermaßen gut – bei KI erhalten Sie nur bei der flexiblen Denkweise kreative neue Ideen. In der folgenden Tabelle zeige ich nur die Zusammenfassung der gängigsten Modelle und die möglichen Einsatzgebiete.

Modell	Wie es vorgeht	Am besten für ...
GPT-4	flexibel – springt zuverlässig zwischen Themen, behält dabei aber den Stil bei	Menschen, die tief in ein Thema eintauchen und neue Perspektiven brauchen
Claude	flexibel – breite Suche über verschiedene semantische Räume	Projekte, die vielfältige Ansätze erfordern
Gemini	mal persistent, mal flexibel – je nach Aufgabe	Experimentierfreudige, die Überraschungen mögen
Mistral	ausgewogen – ähnelt am ehesten der menschlichen Denkweise	Menschen, die einen natürlichen, ausbalancierten Ideenpartner suchen
Llama	wechselhaft – springt zwischen persistent und flexibel, je nach Aufgabe	Projekte, bei denen Sie verschiedene kreative Herangehensweisen ausprobieren möchten

Dies ist eine vereinfachte Darstellung der komplexen Ergebnisse der Studie namens »Characterising the Creative Process in Humans and Large Language Models« von Surabhi S. Nath, Peter Dayan und Claire Stevenson.

Persistent oder flexibel – welcher Typ sind Sie?

Wie gehen Sie an die kreative Lösungsfindung heran? Arbeiten Sie verschiedene Kategorien ab oder springen Sie gerne zwischen den verschiedenen Bereichen? Wenn Sie bereits länger mit einer KI gearbeitet haben, fragen Sie doch einmal, wie die KI Sie einschätzt und warum. Lassen Sie sich Beispiele geben.

Nutzen Sie die KI strategisch, um aus Ihrem »Muster« auszubrechen. So können Sie Ihr kreatives Denken gezielt mit neuen Reizen trainieren oder die KI spezifisch anleiten. Mit ChatGPT habe ich meine Partnerin für kreative Prozesse gefunden; die Studie bestätigt das, was ich in all meinen Experimenten und Workshops immer wieder an Erfahrungen gesammelt habe.

Fazit aus den Studien

Die Erkenntnisse aus den verschiedenen Studien zeigen: KI liefert beeindruckend kreative Ergebnisse – flexible Modelle wie GPT-4 erreichen sogar das Top 1 % in standardisierten Tests. Doch der Weg dorthin ist fundamental anders als beim Menschen: KI kann zwar originelle Ideen generieren, hat aber Schwierigkeiten, die kreativsten davon zu erkennen und zu bewerten. Während bei Menschen beide Denkwege (persistent und flexibel) zu ähnlicher Kreativität führen, sind bei KI nur flexible Modelle wirklich

KI wird damit zu einer neuen kreativen Partnerin – wenn Sie verstehen, wie sie denkt.

kreativ. Der Schlüssel liegt nicht im Zufall, sondern in der strategischen Wahl des richtigen Modells: Wählen Sie ein Modell, das Ihren eigenen Arbeitsstil ergänzt. KI wird damit zu einer neuen kreative Partnerin – wenn Sie verstehen, wie sie denkt.

Klassische Kreativitätstechniken mit KI

Was bezwecken eigentlich Kreativitätstechniken? Kreativität lässt sich weder eindeutig definieren noch können wir bisher vollständig verstehen, wie und warum Menschen ihre kreativen Einfälle haben. De Bono spricht hier von Techniken, die Potenziale freisetzen und Hemmungen verringern sollen – z. B. die Provokationstechnik. Sie ermöglichen uns, aus unseren alltäglichen Algorithmen und Denkprozessen auszubrechen, was zu kleinen, aber auch großen kreativen Ideen führen kann. Nicht jede Idee muss unheimlich originell und »verrückt« sein. »Wir brauchen Kreativität sowohl in kleinen Schritten als auch in großen Sprüngen«, so de Bono. Nicht alle der folgenden Techniken stammen von ihm, aber er hat doch viele davon geprägt.

Assoziationstechnik (Random Input/Zufallsmethode)

Wie wir aus den Studien wissen, ist KI sehr gut im Assoziieren. Aber auch ohne KI ist diese von Edward de Bono entwickelte Technik sehr gut dafür geeignet, neue und originelle Ideen zu finden. Wir nehmen unser aktuelles Thema und verknüpfen dieses mit einem zufälligen Begriff. Hier können wir zudem das flexible Denken triggern, indem wir die Art der Begriffe variieren, z. B.:

- **Konkrete Objekte:** Tasse, Schlüssel, Hammer, Brille, Smartphone, Stuhl, Schere, Lampe, Buch, Pinsel, Tasche
- **Abstrakte Begriffe:** Hilfe, Liebe, Freiheit, Zeit, Erfolg, Wandel, Vertrauen, Hoffnung, Innovation, Mut, Qualität, Abenteuer
- **Emotionen:** Freude, Angst, Wut, Begeisterung, Stolz, Neugier, Trauer, Dankbarkeit, Gelassenheit
- **Lebewesen:** Löwe, Schmetterling, Baum, Rose, Ameise, Adler, Wolf, Blume
- **Eigenschaften:** hart, transparent, mutig, chaotisch, elastisch, leer, offen, warm, leise
- **Farben:** Rot, Blau, Gelb, Grün, Schwarz, Weiß, Türkis, Magenta
- **Gegensätze:** oben – unten, alt – neu, laut – leise, Ordnung – Chaos, Nähe – Distanz, innen – außen

Sie können aber auch einfach ein Buch aufschlagen, blind mit dem Finger auf eine Seite tippen und das nächstbeste Wort nehmen oder sich von KI einfach eine Liste zufälliger Wörter generieren lassen, so wie im folgenden Beispiel.

Prompt Erstelle mir eine Liste mit 15 zufälligen und voneinander unabhängigen Begriffen in gemischter Reihenfolge. Die Liste soll jeweils fünf Begriffe aus diesen drei Kategorien enthalten: Emotionen, abstrakte Begriffe und konkrete Objekte. Nenne die Kategorien nicht, liste nur die Begriffe untereinander auf.

Die Assoziationstechnik nutze ich in fast jedem Projekt und zeige diese in jedem KI-Workshop. Daher kann ich aus Erfahrung sagen, dass die KI manchmal einen Input an Begrifflichkeiten braucht, denn sie wiederholt sehr gerne bestimmte Begriffe, wenn man nichts weiter vorgibt. Folgende kommen besonders häufig vor:

- Schach(brett)
- Kaleidoskop
- Schmetterling
- Origami
- Weltall/Kosmos
- Brücke
- Spiegel
- Puzzle/Mosaik
- Licht/Lampe

Wenn die KI mal einen dieser Begriffe nutzt, ist das nicht schlimm. Aber Sie werden schnell gelangweilt sein, wenn Sie die Technik ein paar Mal genutzt haben und immer wieder die gleichen Begriffe sehen. Es entstehen zwar immer neue Ideen, indem das Thema wechselt, aber es soll ja auch Ihre kreative Ader inspiriert werden. Daher gehen Sie gerne den Extra-Step und lassen sich eine Liste generieren, oder gehen Sie die Art der Begriffe nach und nach durch, indem Sie die Assoziationstechnik mal mit Objekten, dann mit Emotionen usw. kombinieren. Hier ist ein Prompt, den Sie als Basis verwenden und für Ihr Projekt abwandeln können:

Prompt Ich möchte die Assoziationstechnik anwenden. Mein Thema ist [Thema einfügen]. Verknüpfe dieses Thema mit mehreren zufälligen Begriffen aus den Kategorien [z. B. Objekte, Emotionen und Farben]. Entwickle zu jeder dieser Kombinationen neue, überraschende oder ungewöhnliche Ideen. Erkläre, welche Assoziationen entstehen, wie sie interpretiert werden können und wie sich daraus kreative Ansätze oder Konzepte ableiten lassen. Denke dabei offen, bildhaft und frei, ohne logische Einschränkungen, und beschreibe eine mögliche Richtung oder Anwendung pro Begriffskombination.

Die Assoziationstechnik eignet sich für alle Projekte, für die Sie neue, frische und unerwartete Ideen entwickeln möchten, unter anderem für Kampagnenvisuals, Brandings oder Namensfindung, Storytelling, Strategie und Positionierung, Kreativtraining oder Warm-ups, um in ein Thema zu kommen.

PRAXIS

Assoziationstechnik für Kampagnenvisuals

Besonders gerne nutze ich diese Technik für die Ideenfindung für visuelle Konzepte. Dabei geht es mir nicht darum, von der KI ein fertiges Visual zu erhalten, sondern darum, mich selbst zu inspirieren und ganz neue Wege zu finden. Tatsächlich hat sich gezeigt, dass ChatGPT besonders gut mit dieser Kreativtechnik arbeiten kann.

Diese Technik wende ich gerne an, wenn ich mit der KI bereits Briefing, Zielgruppenanalyse und Persona erstellt habe. Hier ein Beispiel für ein Kampagnenvisual einer Eismanufaktur:

Prompt Ich entwickle ein Kampagnenvisual mit Headline für eine handwerkliche Eismanufaktur. Wende die Assoziationstechnik an und verknüpfe dieses Thema jeweils mit einem zufälligen Begriff aus den Kategorien Objekte, Emotionen oder Farben. Leite daraus eine kreative, bildhafte Idee für ein Kampagnenmotiv mit passender Headline ab. Erkläre kurz, wie der Begriff eine neue visuelle oder emotionale Perspektive eröffnet und wie er sich im Motiv, in der Farbwelt oder im Storytelling widerspiegeln könnte. Denke frei, humorvoll und assoziativ – das Ziel ist ein überraschendes Visual, das das sinnliche und emotionale Erlebnis von Eis neu interpretiert.

Unter den Ergebnissen wähle ich dieses hier:

Begriff: Sehnsucht (Emotion)
Headline: »Ein Löffel Sommer, bitte.«
Idee: Ein Mensch sitzt mitten im grauen Winter in einem Parka – vor ihm ein Becher Eis, aus dem warme Lichtstrahlen emporsteigen. Das Motiv spielt mit Kontrasten und emotionaler Wärme.
Perspektive: Die Emotion »Sehnsucht« lenkt den Fokus auf das sinnliche, fast nostalgische Erleben von Eis. Farbwelt: Kühle Blautöne treffen auf warme Gold- und Apricot-Akzente.

Ich lasse mir dazu einen Bildprompt auf Englisch erstellen, den ich noch anpasse, und erhalte folgendes Bild:

Ideogram ist das Tool der Wahl, wenn ich mir erste Ideen aus Bild und Text visualisieren möchte.

Die Idee hat Potenzial, das Ganze bringt aber noch keinen überraschenden Moment mit sich. Doch die Headline hat mich inspiriert, und ich würde die Idee gerne weiterverfolgen.

Also bitte ich ChatGPT, den Bildprompt zu verändern: Es sitzen zwei Personen auf einer Bank – beide in Sommerkleidung. Es ist Winter, aber um sie herum scheint der Sommer ausgebrochen zu sein. Der Schnee ist geschmolzen, und eine Sommerwiese umgibt die beiden.

Es ist eine fröhliche und ausgelassene Stimmung. Die Headline steht in kreativem Handlettering prominent über den beiden. Den folgenden Prompt habe ich nachträglich noch angepasst und mit Ideogram generiert:

Prompt A woman and a man sitting on a snow-covered park bench in the middle of winter, but dressed in summer clothes – she is wearing a colorful dress, bare legs, sandals. The Man is wearing colorful shirt, shorts and sandals. Around them, the world is cold and frosty: snowflakes falling, icy trees, grey sky. The person holds a cup of handmade ice cream, around the person is a soft circle of green grass and flowers around them and creating a small oasis of warmth and color. The scene symbolizes longing and the return of summer through the simple joy of ice cream. Cinematic fine-art photography, poetic atmosphere, high contrast between cold blues and warm golden light, soft depth of field. The German headline on the image reads „Ein Löffel Sommer, bitte." in a big creative and handwritten overlay font.

Das ist schon eher ein Motiv, das die Aufmerksamkeit auf sich zieht.

Was mir besonders gefällt, ist, dass die Personen etwas Schnee auf den Haaren oder der Kleidung haben – was eine Vermischung der Sommer- und Winterwelt zeigt. Das Bild kann jetzt als Vorlage für ein Fotoshooting dienen, oder wir setzen das Motiv direkt mit KI um.

Finetuning mit Nano Banana

Das Eis passt noch nicht, es ist Softeis und im Vergleich zu den Personen überdimensioniert. Auch die Hände sind nicht korrekt. In Adobe Photoshop können wir noch weitere KI-Modelle in der Funktion »Generatives Füllen« nutzen: Neben Firefly Image finden wir hier FLUX Kontext Pro und Gemini 2.5 und 3 (Nano Banana).

Die Ergebnisse aus der Bildkorrektur mit Nano Banana sind beeindruckend.

Neben den Eiswaffeln und den Händen habe ich noch die Headline geändert. Probieren Sie auch »unperfekte« Ideen aus, und entwickeln Sie sie weiter – es lohnt sich! Diese hier würde ich zum nächsten Kund*innengespräch mitnehmen.

Sechs Denkhüte (Six Thinking Hats)

Ebenfalls von Edward de Bono entwickelt, bringt diese Kreativtechnik mehrere Perspektiven mit, aus denen eine Aufgabe, ein Problem oder aber auch eine Lösung betrachtet werden kann:

- Weiß steht für Fakten, Daten und Zahlen – neutral und objektiv, ohne jede Wertung oder Interpretation.
- Rot repräsentiert Emotionen, Gefühle und Bauchgefühl – hier dürfen Intuitionen geäußert werden, ohne sie begründen zu müssen.
- Schwarz verkörpert Kritik, Risiken und Bedenken – der vorsichtige Blick auf alles, was schiefgehen könnte.
- Gelb ist das Gegenstück und steht für Optimismus, Chancen und Vorteile – die positiven Perspektiven und das Best-Case-Szenario.
- Grün symbolisiert Kreativität, neue Ideen und Alternativen – hier ist Innovation gefragt, ohne Grenzen oder Einschränkungen.
- Blau übernimmt Prozess, Moderation und Überblick – strukturiert die Diskussion und legt die nächsten Schritte fest.

Besonders gut eignet sich diese Methode für:

- **Ideenbewertung & Entscheidungsfindung:** Hilfreich beim Vergleich mehrerer Konzepte. Das systematische Durchlaufen aller Perspektiven verhindert, dass wichtige Aspekte übersehen werden.
- **Konfliktlösung in Teams:** Da alle denselben Hut tragen, entstehen keine persönlichen Angriffe – man argumentiert aus der Rolle, nicht aus der eigenen Position.
- **Komplexe Projektplanung:** Bei größeren Projekten (Kampagnen, Produktentwicklung, Rebranding) werden alle Dimensionen strukturiert durchdacht – von emotionaler Wirkung über Machbarkeit bis zu Risiken.
- **Kreative Blockaden:** Die Methode zwingt Sie, bewusst andere Perspektiven einzunehmen. Der grüne Hut hilft bei Ideenmangel, der schwarze Hut bei unkritischem Enthusiasmus.
- **Kundenprojekte analysieren:** Ideal, um Briefings aus verschiedenen Blickwinkeln zu betrachten und Stolpersteine frühzeitig zu erkennen.

Normalerweise wendet man die Methode in einer Runde mit mehreren Personen an, indem alle gleichzeitig einen der Hüte »aufsetzen« und die jeweilige Perspektive einnehmen. Doch nicht immer gibt es die Möglichkeit dazu. Daher können wir KI dazu nutzen, diese unterschiedlichen Perspektiven einzunehmen, indem sie uns anleitet und als Sparringspartner dient oder indem sie uns diese sechs Perspektiven simuliert. Beginnen wir mit einem Beispielprompt, der Sie durch die Methode durchführt. Aktivieren Sie gerne den Modus »Studieren und Lernen«, wenn Sie mit ChatGPT arbeiten.

Prompt Ich möchte die Sechs-Denkhüte-Methode von Edward de Bono anwenden. Leite mich Schritt für Schritt durch alle sechs Perspektiven.

Mein Thema: [THEMA/PROJEKT/ENTSCHEIDUNG]
Kontext: [Kurze Beschreibung]

Bitte stelle mir nacheinander zu jedem Hut drei bis vier gezielte Fragen, die mir helfen, aus dieser Perspektive zu denken. Warte nach jedem Hut auf meine Antwort, bevor du zum nächsten übergehst.

Beginne mit dem weißen Hut (Fakten & Daten).

Gehen Sie nun Hut für Hut durch, und teilen oder diskutieren Sie Ihre Erkenntnisse mit der KI. Je mehr Informationen Sie im Vorhinein mitteilen, desto besser kann sie Sie dabei unterstützen. Wenn die KI Sie bereits besser kennt, kann sie diese Erkenntnisse auch mit einbringen – bei ChatGPT und den Personalisierungsoptionen klappt das besonders gut.

Wenn wir die KI einfach mal machen lassen wollen, können wir sie ebenfalls dazu auffordern, hier am Beispiel der eigenen Positionierung:

Prompt Ich möchte die Sechs-Denkhüte-Methode von Edward de Bono anwenden, um meine Spezialisierung als Designerin zu überdenken.

Kontext: Ich arbeite seit fünf Jahren als Generalistin im Bereich Branding, Editorial und Print. Ich überlege, mich auf Corporate Design für nachhaltige Unternehmen zu spezialisieren.

Simuliere alle sechs Perspektiven und gib mir jeweils vier bis fünf konkrete Überlegungen aus jeder Sichtweise:

1. Weißer Hut (Fakten & Daten)
2. Roter Hut (Emotionen & Intuition)
3. Schwarzer Hut (Kritik & Risiken)
4. Gelber Hut (Optimismus & Chancen)
5. Grüner Hut (Kreativität & Alternativen)
6. Blauer Hut (Prozess & Zusammenfassung)

Bleibe konkret und praxisnah.

Alternativ können Sie aber auch hier Hut für Hut durchgehen, damit die KI sich auf eine Perspektive konzentriert und mehr in die Tiefe gehen kann. Bei dieser Aufgabe lohnt es sich, das fortgeschrittene Reasoning (bei ChatGPT »Thinking«) zu aktivieren.

Provokation (PO-Methode)

Eine weitere kreative Methode von de Bono ist die PO-Methode, auch Provokationstechnik genannt. Zum ersten Mal bin ich damit in meinem Masterstudium in Berührung gekommen und habe mit einer Kommilitonin eine Semesterarbeit über die Anwendung und Lehre dieser Methode geschrieben. Vielleicht ist sie mir deshalb so vertraut, aber auch, weil ich es liebe, gegen den Strom zu schwimmen. Die Technik erlaubt es, die ganzen »verrückten« Ideen im Kopf zu äußern und für eine kreative Ideenfindung zu nutzen. Für folgende Bereiche eignet sich die Methode besonders gut:

- **Durchbrechen von Denkmustern:** Ideal bei festgefahrenen Denkweisen oder wenn konventionelles Brainstorming nur naheliegende Lösungen hervorbringt.
- **Radikale Innovation:** Wertvoll, wenn Sie wirklich etwas Neues schaffen wollen.
- **Überwindung von Betriebsblindheit:** Wenn Sie zu tief im Projekt stecken und nur noch das Offensichtliche sehen, durchbrechen absurde Provokationen den Tunnelblick.
- **Problemlösung bei unmöglichen Aufgaben:** Wenn konventionelle Ansätze versagen, kann eine absurde Umkehrung den Durchbruch bringen.
- **Konzeptentwicklung:** Für ungewöhnliche Kampagnen, Produkte oder Services, die sich vom Wettbewerb abheben. Die Methode generiert Ideen, auf die Ihre Konkurrenz nie kommen würde.

Den Namen »PO-Methode« hat sich de Bono überlegt. Bevor man solch eine Aussage macht, wird immer das Kürzel »PO« als Markierung dafür gesetzt, dass diese Aussage nicht ernst gemeint ist. Innerhalb der Methode gibt es verschiedene Möglichkeiten, diese umzusetzen:

- **Umkehrung:** Eine Regel oder ein Gesetz wird komplett auf den Kopf gestellt.
- **Annahme aufheben:** Gängige Annahmen werden bewusst negiert.
- **Idealfall:** Eine theoretisch mögliche, aber unrealistische Wunschwelt wird formuliert.
- **Übertreibung:** Quantitative Eigenschaften werden extrem verändert.
- **Verfälschung:** Qualitative Eigenschaften werden absichtlich falsch dargestellt.

Wenn ich diese Technik mit KI anwende, erhalte ich die spannendsten Ideen oder die absurdesten Konzepte. Dabei halte ich mich nicht an der Wertung der Ergebnisse fest, sondern lasse meine Kreativität damit etwas Neues entwickeln. Wie sähe ein Foodfestival ohne Essen aus? Oder eine Welt mit Wegwerfmode, nur ohne das Wegwerfen? Eine Lampe, die so nachhaltig ist, dass sie nie mehr ausgeht? Oder eine App, die absichtlich langsam ist?

Wenn ich diese Technik mit KI anwende, erhalte ich die spannendsten Ideen oder die absurdesten Konzepte.

Wenn Ihnen jetzt schon Bilder im Kopf entstehen, dann schauen Sie sich gleich die Technik im folgenden Praxisteil an.

PRAXIS

Mit Provokationen zu neuen Ideen finden

Folgende Situation: Sie entwickeln eine Social-Media-Strategie für einen Möbelhersteller. Die bisherigen Ideen sind vorhersehbar: schöne Produktfotos, Einrichtungstipps und Behind-the-Scenes. Nichts davon sticht heraus.

Sie nutzen die Provokationstechnik und lassen sich von der KI verschiedene Provokationen generieren, mit denen Sie weiterarbeiten können.

Prompt Nutze die PO-Methode, um drei unkonventionelle Social-Media-Kampagnen für einen Möbelhersteller zu entwickeln.

Problem: Aktueller Content ist vorhersehbar (schöne Produktfotos, Einrichtungstipps, Behind-the-Scenes).

1. Erstelle acht absurde Provokationen (mit „PO" eingeleitet).
2. Wähle die drei besten aus.
3. Entwickle daraus jeweils:
   - Headline
   - Motiv (visuelle Beschreibung)
   - Kampagnenkonzept (Story, Ziel, Community-Einbindung)

Die Kampagnen sollen radikal anders sein als typisches Möbel-Marketing.

Eine der Ideen hat meine Aufmerksamkeit erregt:

Kampagne: »Adopt a Chair« (PO – Möbel als Haustiere mit eigenem Charakter.)

Headline:
»Dieser Stuhl sucht ein Zuhause.«

Motiv:
Ein Stuhl mit Namensschild, vielleicht einem kleinen Porträt (wie Tieradoption). Im Hintergrund eine »Stuhlstation« mit mehreren Modellen – alle haben Charaktereigenschaften.

Konzept:
- Story: Möbel als Lebewesen mit Persönlichkeit. Jeder Stuhl hat einen Namen, eine »Biografie« und Eigenarten (»Tilda mag es, wenn du barfuß bist«).
- Ziel: Emotionalisierung und Humor – Möbel werden zu Begleiter*innen, nicht nur Objekten.
- Community-Einbindung: Follower »adoptieren« digital Möbel auf der Website, teilen Bilder ihres neuen Mitbewohners und erzählen, wie sich ihr Zuhause dadurch verändert.
- Hashtag: #AdoptAChair.

Midjourney hat hier ein realistisches Visual generiert, das aber noch nicht sehr kreativ wirkt.

Diese Idee hat mich quasi vom Hocker gerissen. Doch die ersten Bilder leider nicht. Im Prompt, den mir ChatGPT zu der Idee generiert hat, steht ein Satz: »a wooden designer chair presented like an adoptable pet«. Einige KI-Modelle haben tatsächlich Tiere darauf platziert.

Wie wäre es also, wenn wir die Stühle mit Tieren zeigen, dazu die Namen der Stühle, die suggerieren, dass es um die Namen der Tiere geht?

Also habe ich mit ChatGPT den Bildprompt optimiert:

A warm, softly lit photography scene in a minimalist studio styled like an elegant adoption event. Three designer chairs stand on small podiums, each with a visible name tag attached to the backrest.

- The first chair, named »Tilda«, is a light oak Scandinavian-style chair with a soft wool cushion. A calm golden retriever sits gracefully on it, looking gentle and patient.
- The second chair, named »Rocky«, is a bold red modern designer chair with angular metal legs. A playful striped cat is climbing across it, energetic and mischievous.
- The third chair, named »Martha«, is a vintage upholstered armchair in muted green velvet. A wrinkled old bulldog rests contently on it, eyes half-closed.

The studio background is bright and minimalist, with soft natural daylight and subtle shadows. The tone is humorous yet refined, evoking a surreal sense of personality transfer between animals and furniture. High-end editorial photography style.

Nun kommt es auf die Wahl des richtigen Bildmodells an. Diesmal habe ich das Bild über Freepik generiert – das hat automatisch das Modell Google Imagen 3 ausgewählt.

Das Ergebnis habe ich mit Photoshop und Nano Banana bearbeitet und die passenden Namen generiert.

In der Beschreibung unter dem Social-Media-Post könnte stehen:

Tilda, Rocky und Martha sind drei ganz besondere Charakterstücke.

Tilda ist ruhig und geerdet.
Rocky lebt für Chaos und Gesellschaft.
Martha liebt es gemütlich – am liebsten mit Tee.

Jeder Stuhl mit eigenem Stil – und manchmal sogar eigener Stimmung. Unsere Möbel erzählen Geschichten, bevor du dich überhaupt setzt.

#AdoptAChair – Welcher Charakter passt zu dir?

Schon haben wir mittels Provokationstechnik eine neue Idee entwickelt, die die Aufmerksamkeit auf sich zieht und einen raffinierten Plot-Twist mit sich bringt. Ein Ergebnis aus Co-Creation zwischen Mensch und Maschine.

Synektik

Die Synektik ist eine Kreativmethode, die auf dem Prinzip beruht, Vertrautes fremd und Fremdes vertraut zu machen. Der Begriff leitet sich aus dem Griechischen ab und bedeutet »Verbindungen herstellen«. Entwickelt wurde die Methode in den 1950er-Jahren von William J. J. Gordon, der davon überzeugt war, dass kreative Ideen durch die bewusste Vertiefung einer Problemstellung und die Verknüpfung unterschiedlicher Elemente entstehen.

Besonders wirkungsvoll ist die Synektik, wenn Projekte festgefahren sind oder Routinen die Oberhand gewonnen haben.

Im Gegensatz zum klassischen Brainstorming geht die Synektik tiefer und ist damit aufwendiger und komplexer. Sie nutzt Analogien, um neue Denkräume zu öffnen – z. B. durch den Transfer von Strukturen aus Natur, Technik oder Kunst auf eine gestalterische Fragestellung. Bekannte Prinzipien werden in neue Kontexte gesetzt, um ungewöhnliche und überraschende Perspektiven zu erzeugen. Abgewandelt und vereinfacht lässt sich die Synektik in folgende Phasen aufteilen:

1. **Problemanalyse:** Klare Definition und Verständnis des Problems.
2. **Spontane Lösungen:** Sammlung erster spontaner Ideen.
3. **Neuformulierung:** Das Problem wird mit den bisherigen Ideen neu beschrieben.
4. **Analogiephasen:** Bildung verschiedener Analogien zur Verfremdung des Problems.
5. **Übertragung:** Analyse der Analogien und Rückführung auf das Originalproblem.
6. **Entwicklung von Lösungen:** Konkrete kreative Lösungsansätze entstehen.

Besonders wirkungsvoll ist die Synektik, wenn Projekte festgefahren sind oder Routinen die Oberhand gewonnen haben. Durch diesen bewussten Perspektivwechsel entsteht Reibung, und aus dieser Reibung entstehen neue Ideen – die Methode eignet sich daher besonders gut für die konzeptionelle und innovationsfördernde Arbeit.

Nehmen wir als Beispiel einen Markenauftritt für ein neues Start-up, das bereits woanders Entwürfe erhalten hat und noch nicht zufrieden war. Wenn Sie mit ChatGPT arbeiten, aktivieren Sie hier den Modus »Studieren und Lernen«:

> **Prompt** Du bist ein erfahrener Kreativcoach und Moderator, der die Synektik-Methode professionell anleitet. Deine Aufgabe ist es, mich durch einen kreativen Prozess zu führen, um eine einzigartige Markenidentität für ein Start-up zu entwickeln.
>
> Problem: Das Start-up möchte sich vom Wettbewerb abheben, doch die bisherigen Designs wirken zu konventionell und wenig innovativ.
>
> Bitte leite mich strukturiert durch folgende Phasen der Synektik-Methode:
> 1. Problemanalyse – Hilf mir, das Problem klar zu definieren.
> 2. Erste spontane Ideen – Sammle mit mir spontan Lösungsansätze.

3. Neuformulierung – Formuliere das Problem mit neuen Blickwinkeln um.
4. Analogien – Finde je eine direkte (Technik/Natur), persönliche (menschliches Verhalten) und symbolische (Mythos/Kunst) Analogie.
5. Analyse – Gemeinsam übertragen wir die Analogien zurück auf das Problem.
6. Lösungen – Entwickle daraus kreative und umsetzbare Ideen für den Markenauftritt.

Gib mir zu jedem Schritt gezielte Fragen, Beispiele und Impulse, die mir helfen, mein Denken zu erweitern. Beginne mit Schritt 1.

Natürlich braucht die KI noch detailliertere Informationen über das Unternehmen, die Zielgruppe und Wünsche des Start-ups. Lassen Sie sich anschließend durch den Prozess führen, und bringen Sie eigene Impulse und Ideen mit ein. Ich habe das Ganze von der KI durchspielen lassen, und es kamen sehr interessante Fragen:

Problemanalyse – Klärung und Schärfung

- Wenn du nur drei Eigenschaften der Marke fixieren dürftest, welche wären sie – und welche explizit nicht?
- Welche zwei visuellen Klischees siehst du beim Wettbewerb ständig, die du vermeiden willst?
- Welche Situation soll die Marke im Kopf der Zielgruppe auslösen (Moment, Gefühl, Handlung)?
- Wo verliert ihr aktuell Schärfe: zu breite Zielgruppe, zu vage Werte, zu viele Entscheider*nnen?

Zudem liefert die KI visuelle Ideen, die ohne Informationshintergrund etwas beliebig sind, aber ich habe mir ein paar davon als Bildprompt übersetzen und mit Midjourney visualisieren lassen. Ideal für eine kreative Inspirationssession.

Bilder generiert mit Midjourney

Das linke Visual entstand aus der Inspiration durch die Bewegung einer Dirigentin, während das rechte Visual durch Myzeele und Netzwerke geprägt ist.

Walt-Disney-Methode

Die Disney-Methode wurde von Robert Dilts entwickelt – inspiriert durch die Arbeitsweise von Walt Disney, der von seinen Mitarbeitenden gerne gleichzeitig als Träumer, Realist und Kritiker beschrieben wurde. Genau diese drei Perspektiven bilden das Herzstück der Methode: Sie strukturieren den kreativen Prozess, indem sie nacheinander eingenommen werden – bewusst und getrennt voneinander.

- Der Träumer denkt ohne Grenzen. Alles ist möglich, alles ist erlaubt. Er hat Visionen, große Ideen und malt ideale Zukunftsbilder. In dieser Phase zählt die Begeisterung und Vielfalt der Ideen, nicht die Machbarkeit.
- Der Realist übersetzt diese Visionen in konkrete Schritte. Er fragt: Wie kann das funktionieren? Welche Ressourcen, Zeiträume oder Partner*innen werden gebraucht?
- Der Kritiker prüft und hinterfragt – konstruktiv, aber nicht zerstörerisch. Er deckt Schwachstellen auf, denkt Risiken mit und sorgt dafür, dass die Idee tragfähig wird.

Am besten macht man das im Team und einer realen Umgebung. Dabei wird eine räumliche Trennung empfohlen, oder zumindest ein visueller Anker, der dabei hilft, in der aktuellen Rolle zu bleiben. Idealerweise wird die Methode mehrfach hintereinander durchlaufen, um eine konkrete Strategie zu entwickeln.

Nutzen Sie KI, um sich durch die Methode leiten zu lassen, oder lassen Sie die KI die verschiedenen Perspektiven einnehmen, um neue Impulse zu erhalten. Verbinden Sie kreative Freiheit mit einer realistischen Kontrollinstanz.

Prompt Stell dir vor, du bist Teil eines Kreativteams, das an [Thema oder Projekt, z. B. einer neuen Kampagne, einem Produkt oder Service] arbeitet.
Eure Aufgabe ist es, eine Idee mit Hilfe der Walt-Disney-Methode zu entwickeln, die mutig, machbar und durchdacht ist. Wechsle nacheinander die drei Rollen und beschreibe die Situation jeweils aus dieser Perspektive:

1. Träumer
- Du bist voller Fantasie, Grenzen existieren nicht.
- Wie sähe die perfekte Lösung aus, wenn alles möglich wäre?
- Was würdest du erschaffen, wenn Zeit, Budget oder Realität keine Rolle spielten?
- Welche Emotion oder Vision treibt dich an?

2. Realist
- Du bist pragmatisch und lösungsorientiert.
- Wie ließe sich die Idee konkret umsetzen?
- Welche Ressourcen, Partner, Schritte und Zeitrahmen wären nötig?
- Was wäre der erste machbare Prototyp oder Test?

3. Kritiker
- Du betrachtest das Ganze analytisch und mit Abstand.
- Was könnte schiefgehen?
- Wo liegen Risiken, Schwächen oder blinde Flecken?
- Wie ließe sich die Idee verbessern, ohne ihre ursprüngliche Kraft zu verlieren?

Gehe Schritt für Schritt durch die verschiedenen Rollen. Fasse am Ende deine Erkenntnisse zusammen:
Wie hat sich die Idee durch die drei Perspektiven verändert?
Welche Version fühlt sich am stimmigsten und tragfähigsten an?

Beginne mit Rolle 1 – dem Träumer.

Jedes Mal, wenn ich diesen Prompt nutze, bin ich erstaunt, wie schnell ich eine ausgewogene Mischung aus Ideen, umsetzbaren Konzepten und kritischen Beobachtungen erhalte. Die Gefahr ist jedoch groß, dass Sie tolle Ideen direkt verwerfen, wenn Sie alle drei Rollen gleichzeitig durch die KI durchlaufen lassen. Arbeiten Sie sich also Rolle für Rolle durch – um Ihrer eigenen Kreativität eine Chance zu geben, sich mit einzubringen.

Kopfstandmethode/Reverse Thinking

Die Kopfstandmethode – oft auch Umkehrtechnik oder »Reverse Thinking« genannt – ist eine Möglichkeit, festgefahrene Denkmuster aufzubrechen. Ihr Prinzip ist einfach, aber wirkungsvoll: Statt direkt nach Lösungen zu suchen, wird das Problem auf den Kopf gestellt. Durch diese bewusste Umkehr entsteht ein Perspektivwechsel, der Raum für neue Ideen schafft.

Nicht immer müssen es neue bahnbrechende Ideen sein, die dabei entstehen. Manchmal helfen solche Techniken, sich auf das Wesentliche zu fokussieren und bodenständig zu bleiben. Folgender Prompt leitet die KI an, die Methode anzuwenden:

Prompt Nutze die Kopfstandmethode, um kreative Lösungen für folgendes Problem zu entwickeln: [Beschreibe das Problem in einem Satz.]

- Formuliere die gegenteilige Frage: Wie könnte man das Problem noch schlimmer machen?
- Sammle dazu absurde oder kontraproduktive Antworten (mindestens fünf).
- Drehe diese Antworten jeweils ins Positive und leite daraus konkrete Verbesserungsideen ab.

Gib die Ergebnisse als kurze Liste strukturiert aus.

Ein Beispiel aus der Designpraxis:

- **Ausgangsfrage:** Wie gestalten wir eine einladende Café-Atmosphäre?
- **Umkehrung:** Wie gestalten wir ein Café, das möglichst ungemütlich wirkt?
- **Provokative Ideen:** Tische stehen zu eng, kaum Privatsphäre, kaltes Neonlicht blendet die Gäste, unbequeme Stühle aus Metall, Musik zu laut, Raum hallt unangenehm, keine Pflanzen, sterile Umgebung
- **Umkehrung der Umkehrungen:**
  - warmes, indirektes Licht für eine angenehme Stimmung
  - bequeme Sitzmöbel mit unterschiedlichen Materialien und Formen
  - leise Hintergrundmusik und gute Akustikplanung
  - grüne Akzente durch Pflanzen, natürliche Materialien und Texturen
  - offene Raumaufteilung mit kleinen Rückzugsnischen

Das Ergebnis ist ein stimmiges Interior-Konzept mit harmonischem Lichtdesign, ausgewogener Akustik und emotionaler Atmosphäre. Nutzen Sie die Kopfstandmethode, um einen ungewohnten Blickwinkel auf Projekte zu erhalten und aus dieser neuen Perspektive neue Ideen zu entwickeln.

Analogietechnik

Wir Menschen haben im Laufe der Geschichte sehr viele Analogien verwendet, um unser Leben einfacher und besser zu machen, besonders aus der Natur: Kletten als Inspiration für Klettverschlüsse, Vögel für Flugzeuge, Fledermäuse für Ultraschall und der Lotuseffekt von der Lotuspflanze. Dabei können wir Analogien in verschiedene Arten aufteilen:

- **Direkte Analogie:** Übertragung einer Struktur oder Ordnung aus einem anderen Bereich, z. B. eine mehrteilig aufklappbare Broschüre orientiert sich an der Funktionalität eines Multifunktionswerkzeugs/Schweizer Taschenmessers.
- **Funktionale Analogie:** Übertragung von Funktionsprinzipien, z. B. die Struktur einer Bienenwabe wird als Inspiration für leichte und stabile Stoßdämpfer in Fahrzeugen verwendet.
- **Symbolische Analogie:** Vergleich mit Bildern oder Symbolen, z. B. eine Marke als Leuchtturm inszenieren – sichtbar, stabil und orientierungsgebend.
- **Persönliche Analogie:** Sich in das analoge Objekt oder die Zielgruppe hineinversetzen, z. B. welches Tier würde das Corporate Design verkörpern?

Von Strategien bis hin zu Produkten können Analogien völlig neue und innovative Ansätze hervorbringen. Das erfordert allerdings, dass man sich in vielen Bereichen auskennt. Hier kommt die KI mit ihrem riesigen Wissensschatz, um passende Analogien zu finden. Dabei können Sie strukturiert oder mit dem Zufallsprinzip vorgehen, indem Sie zufällige Konzepte nehmen und versuchen, diese auf das aktuelle Projekt zu übertragen. Oder Sie lassen die KI nach Analogien suchen, wie im folgenden Beispielprompt geschehen:

Prompt Du bist Kreativstrategin und Innovationsberaterin, spezialisiert auf kreative Methoden und deren praxisnahe Anwendung in Design, Marketing und Produktentwicklung. Ich möchte eine kreative Lösung für das folgende Problem/eine neue Idee für [Thema/Produkt/Projekt] entwickeln.

Bitte finde mir Analogien aus unterschiedlichen Bereichen (Natur, Technik, Kunst, Alltag), die strukturell oder funktional Ähnlichkeiten aufweisen.

- Eine direkte Analogie (aus anderem Bereich mit ähnlicher Struktur oder Funktion)
- Eine funktionale Analogie (übertrage ein Funktionsprinzip aus einem anderen Kontext)
- Eine symbolische Analogie (vergleiche mit einem passenden Bild, Mythos oder Symbol)
- Eine persönliche Analogie (versetze dich in ein Objekt oder eine Situation hinein und beschreibe das Gefühl oder die Perspektive)

Erläutere bei jeder Analogie, wie sie auf das aktuelle Problem/Thema übertragen werden kann und welche neuen Ideen oder Lösungen daraus entstehen könnten.

Techniken kombinieren und eigene Methoden entwickeln

Kreativität entsteht oft dort, wo bestehende Ansätze kombiniert werden, um neue Denk- und Erfahrungsräume zu öffnen. So steuern Sie besonders lebendige kreative Prozesse, die über die bekannten Muster hinausführen. Wichtig ist dabei weniger, eine Methode »richtig« anzuwenden, als sie spielerisch zu erweitern. KI ist das ideale Hilfsmittel, um die Grenzen des Bisherigen zu überwinden und experimentell an Projekte heranzugehen.

Mit der Zeit entwickeln sich daraus ganz eigene Techniken – zugeschnitten auf die individuelle Arbeitsweise, das jeweilige Projekt oder Team. KI kann dabei als Partnerin dienen, die spontan reagiert, irritiert und neue Verbindungen sichtbar macht. Hier ein paar Ideen für solche neuen Techniken:

- **Assoziation + Synektik:** Zufällige Begriffe dienen als Ausgangspunkt für Analogien – so entstehen originelle Brücken zwischen scheinbar fremden Themenfeldern.
- **Sechs Denkhüte + Storytelling:** Fakten, Emotionen, Risiko und Kreativität verschmelzen zu einem ausgewogenen Narrativ oder Marketingtext.
- **Provokation + Prompt-Battle:** KI und Mensch wechseln zwischen absurden und seriösen Ansätzen – die entstandene Spannung dient hier als Ideenmotor.

PRAXIS

Mit Analogien zu neuen Ideen

Als Beispiel nehmen wir ein junges Chocolaterie-Label, das sich mit einer modernen Premiumlinie am Markt positionieren möchte. Die Schokolade wird handwerklich hergestellt, enthält hochwertige, fair gehandelte Zutaten und setzt auf mutige Geschmackskombinationen. Das Design soll den handwerklichen Ursprung respektieren, aber visuell frisch, überraschend und zeitgemäß wirken.

Ich lasse mir von ChatGPT den Prompt aus diesem Kapitel auf das Projekt umschreiben:

Prompt Du bist Kreativstrategin und Innovationsberaterin, spezialisiert auf kreative Methoden und deren praxisnahe Anwendung in Design, Branding und visueller Kommunikation.

Ich möchte neue Designideen für die Verpackung einer modernen Premium-Schokolade entwickeln. Bitte finde Analogien aus unterschiedlichen Bereichen (Natur, Technik, Alltag, Kunst), die strukturell, funktional oder emotional Ähnlichkeiten mit dem gewünschten Markenerlebnis aufweisen. Die Verpackung soll modern, farbenfroh und detailreich gestaltet sein – mit einem Fokus auf Sinnlichkeit, Ästhetik und Erlebnis.

Erstelle:
- eine direkte Analogie – aus einem anderen Bereich mit ähnlicher Struktur oder Funktion.
- eine funktionale Analogie – übertrage ein Funktionsprinzip oder System aus einem anderen Kontext.
- eine symbolische Analogie – finde ein passendes Bild, Symbol oder kulturelles Motiv, das das Markengefühl spiegelt.
- eine persönliche Analogie – versetze dich in das Produkt oder den Moment des Öffnens hinein und beschreibe die Empfindung oder Perspektive.

Erläutere bei jeder Analogie kurz,
- wie sie auf das Packaging übertragen werden kann,
- welche Designideen oder visuellen Elemente daraus entstehen könnten (z. B. Form, Muster, Material, Story).

Gehe dabei Schritt für Schritt vor und lasse dir Zeit bei der Antwort.

Bevor ich den Prompt abschicke, aktiviere ich den Modus »Thinking«. Ich erhalte sehr ausführliche Ideen und Informationen, daher hier mein Favorit als Beispielantwort:

Botanische Querschnitte – »Inside the Fruit«
Analogie: Mikroschnitte von Früchten/Samen, Leitbündel.
Leitidee: Von außen ruhig, innen organische Geometrie.
Farbe/Form: Farbflächen mit weichen Kanten; Adern als dünne, helle Linien. Sortenfarbwelten: Himbeere = Rubin + Koralle, Limette = Jade + Wasabi.
Typo: Elegante Serif (z. B. Canela/Recoleta) für »botanical«.
Veredelung: Feinster Weißdruck auf getöntem Karton (ohne Metall), optional Deboss der Kernzone.
Story: »Cut to the core.«

Da ich diese Idee spannend finde, lasse ich mir dazu mehrere Bildprompts generieren:

![Prompt] **Prompt** Erstelle mir mehrere Bildprompts mit Varianten zur Idee „Botanische Querschnitte“. Gerne als Verpackung gedacht.

Sie können sich von ChatGPT auch direkt ein Bild generieren lassen, aber das dauert meist lange und noch länger, wenn man Varianten ausprobieren möchte. Daher lasse ich mir erst Prompts und dann, wenn gewünscht, auch die Bilder dazu generieren.

Mit Midjourney habe ich mir die Idee visualisieren lassen und kann prüfen, ob sich daraus ein Designkonzept ableiten lässt:

Für die Geschmacksrichtung »Blueberry Cocoa – Deep Fusion« entstand unter anderem dieses Bild. Die Materialität und Kombination von Bild und Strukturen wirkt sehr edel und ansprechend.

Natürlich muss solch ein Gestaltungskonzept auch umsetzbar und übertragbar sein. Solch eine Schokoladenmanufaktur wird mehrere Sorten führen. In vielen Projekten dient die KI bei mir nicht nur zur Inspiration, sondern auch als Lösung zur Umsetzung.

Chili-Fasern abstrahiert – lassen Sie die KI verschiedene Konzepte und Varianten visualisieren.

Haben Sie eine Richtung gefunden, können Sie in die Tiefe gehen, den Prompt anpassen und eigene Ideen mit einfließen lassen. In Kapitel 4 zeige ich Ihnen, welche KI-Modelle für welche Aufgaben geeignet sind und wie diese auf verschiedene Prompts reagieren.

Ohne diese Analogietechnik wäre ich nie auf die Idee gekommen, aus Querschnitten der Früchte abstrahierte grafische Elemente zu entwickeln. Diese eine Idee ist der Ausgangspunkt für eine kreative Reise, die von der KI bis zur Umsetzung begleitet werden kann:

- Lassen Sie die Entwürfe und Ideen aus der Sicht einer Persona betrachten, oder nutzen Sie die SimToM-Methode.
- Entwickeln Sie die grafischen Elemente, die Sie dann in ein Layout umsetzen.
- Verbessern Sie die KI-generierten Designs, indem Sie sie bearbeiten und anschließend in Druckauflösung interpolieren.

Prompting als Kreativtechnik

Das Prompten, also das Schreiben einer Anweisung für eine KI, kann ein höchst kreativer Prozess sein. Während ich schreibe, kommen mir dabei vielleicht schon einige Ideen, die ich gerne mit einfließen lassen möchte. Wenn ich sehr detaillierte Prompts schreibe und diese strukturiere, erhalte ich einen Überblick über mein Projekt, dessen Ziele, Chancen und Hürden. Beim Bildprompting mache ich mir Gedanken über Motiv, Perspektive, Details, Licht, Farben u.v.m. Ein Briefing für Mensch und Maschine gleichermaßen.

Brainstorming mit Promptformel

Nutzen Sie Ihre Kreativität, um neue und unerwartete Ergebnisse zu erhalten. Entdecken Sie Ihre spielerische und experimentelle Seite – die KI verurteilt Sie nicht und kann Ihnen helfen, herauszufinden, was umsetzbar ist. Eine Methode, die ich auch in all meinen Workshops anwende, möchte ich Ihnen zeigen: das Brainstorming mit Hilfe der Promptformel für Bildprompts. In Kapitel 1 haben Sie die folgende Promptformel bereits kennengelernt:

[Medium] + [Motiv] + [Komposition] + [Details] + [Hintergrund] + [Farben] + [Licht] + [Stimmung] + [Stil]

Sie können die Technik im Team oder alleine umsetzen:

1. Legen Sie das Thema oder Motiv fest: für mehr kreative Varianz das Überthema (z. B. Kampagnenvisual für eine nachhaltige Modemarke) oder ein konkretes Motiv (z. B. ein Produktfoto, in dem das Produkt auf eine außergewöhnliche Art und Weise präsentiert wird).
2. Wählen Sie die Bausteine aus der Formel aus, die Sie für ein gezieltes Brainstorming nutzen möchten. Das müssen nicht unbedingt alle Bausteine sein.
3. Bilden Sie Gruppen von zwei bis drei Personen, oder weisen Sie einen Baustein je einer Person oder einem Team zu (bei Teams).
4. Arbeiten Sie vor Ort, nutzen Sie Zettel oder Whiteboards. Digital können Sie beim Konferenz-Tool Ihrer Wahl ein Whiteboard öffnen oder Tools wie Miro nutzen.
5. Jetzt werden Ideen gesammelt: Arbeiten Sie alleine, gehen Sie einen Baustein nach dem anderen durch. Bei Teams soll sich jede Person oder Gruppe auf den einen Baustein konzentrieren und Ideen dazu sammeln.
6. Schreiben Sie nicht nur Stichworte, sondern formulieren Sie diese aus.
7. Fügen Sie nun die verschiedenen Ideen zu einem Prompt zusammen – oder lassen Sie ein LLM das mit Hilfe eines Fotos oder Screenshots machen. Das kann zufällig und intuitiv sein, oder Sie schauen, was am besten zusammenpassen könnte.

Ich zeige Ihnen ein Beispiel aus einem meiner Seminare, die ich beim Rheinwerk Verlag halte. Als fiktiven Kunden hatten wir ein junges Fashion-Label, das sich auf nachhaltige Mode für ältere Menschen spezialisiert hat. Die Aufgabe bestand darin, ein Motiv für ein Kampagnenvisual zu entwickeln. Nachdem wir viele Techniken, die Sie auch aus diesem Buch kennen (oder kennenlernen werden), angewandt hatten, gingen wir mit Hilfe der Promptformel und der kreativen Inspiration durch die KI in die Brainstorming-Phase mit Hilfe der Bausteine. Folgende Ideen entstanden in einer zehnminütigen Session, bei der jede*r Teilnehmer*in Ideen für einen zugewiesenen Baustein gesammelt hat.

Medium	Motiv	Komposition	Details	Hintergrund	Farben	Licht	Stimmung
Editorial Photography of	an elegant older person	Camera in frog's-eye view	golden flakes flying around	colourful highlights	warm boho inspired colors with sage green, beige, cream, rose, terracotta, creating an earthy atmosphere	warm light from a Candlelight on a table beside	at dusk
Fashion photoshoot of	An elegant older person watches it with a gentle smile, without touching it	Blurred background	starring people standing on the street	funfair		In addition, a small light source on the ceiling	a bit scary
Photography for a fashion magazine	delicate scarf floats inside a giant soap bubble	Wide angel view	floating elegant clothes	dramatic lighting			
	The person on the left side of the picture	Main object arranged to the golden ratio	everyone is smiling	Chain carousel			
			wearing accessories like a beautiful floating scarf and an elegant handbag	candyfloss stand			
			a beautiful deer standing next to it	wide fields			
			fabric shines and has a beautiful glow	stubble field			
				strong contrast of foreground and background			

Der Screenshot zeigt die Ergebnisse aus einem KI-Workshop. Die Ideen wurden anschließend zu mehreren Prompts zusammengesetzt.

Das Brainstorming kann zeitlich begrenzt sein, z. B. auf 10–15 Minuten, oder Sie können sich Zeit lassen. Wichtig ist, dass es hier kein Richtig oder Falsch gibt: Die Bausteine sollen nur eine Hilfe sein, sich auf jeweils einen Teil des Bildes zu konzentrieren. »Denken« wir in ganzen Bildern, verlieren wir vielleicht den Blick für Details. Konzentrieren Sie sich nur auf einen Bereich, dann können Sie viel mehr in die Breite denken.

Erinnern Sie sich an die Studie zu Beginn des Abschnitts »Kreativitätstechniken«? Diese Vorgehensweise ähnelt mehr dem persistenten Denken, also dem Verweilen in einem semantischen Raum. Liegt Ihnen mehr das flexible Denken und arbeiten Sie alleine, dann probieren Sie aus, was dabei herauskommt, wenn Sie zwischen den Bausteinen hin- und herwechseln. Versuchen Sie, die eigenen Ideen oder die der anderen nicht zu bewerten, und bleiben Sie offen für Neues und Unerwartetes, auch wenn es zunächst nichts mit dem eigentlichen Motiv zu tun hat.

prompt Editorial photography of an elegant older person, standing with dignity, a delicate scarf floating inside a giant soap bubble. Captured from a frog's-eye view, main subject arranged according to the golden ratio. The background shows colourful highlights of a funfair with a chain carousel and a candyfloss stand, slightly blurred to create depth. Pastel boho inspired colors in sage green, beige, cream, rose and terracotta dominate the palette, creating an earthy and artistic atmosphere. Fabric shines with a soft glow, warm candlelight adds intimacy, while the mood remains slightly surreal and mysterious.

prompt High-fashion editorial scene at dusk: an elegant older woman wearing timeless, flowing clothes that glow softly, surrounded by golden flakes flying around her. A beautiful deer stands beside her, creating a magical companion. Background shows wide fields under dramatic lighting, with subtle colourful highlights. The composition is cinematic, inspired by art photography, with a slightly scary yet enchanting mood. The fabric shimmers in warm tones of terracotta and rose, lit by candlelight, while the atmosphere feels both intimate and surreal.

Die Teilnehmenden des Seminars haben sich auf das Experiment eingelassen und spannende Impulse mit eingebracht. Ich habe ChatGPT gebeten, mir aus dem Screenshot eine Tabelle (siehe oben) und daraus fünf verschiedene Promptvarianten zu erstellen. Die Bildprompts habe ich anschließend in Midjourney eingegeben, und zwei der Ergebnisse inklusive Prompts finden Sie in diesem Kapitel.

Haben Sie ein paar Prompts erstellt und eine Richtung gefunden, die Sie weiterverfolgen möchten, können Sie die Motive variieren – Sie haben ja bereits eine Sammlung an Ideen. Tauschen Sie einzelne Bausteine aus, und entwickeln Sie daraus ein Motiv, das sich umsetzen lässt. Vielleicht sind Ihre Auftraggeber*innen so begeistert, dass sie mit der KI-Umsetzung fortfahren möchten.

Prompt-Battle

Wecken Sie die spielerische Seite der Kreativität – für Teams oder auch, wenn Sie alleine prompten. Ganz nach dem Motto »Konkurrenz belebt das Geschäft« rufen Sie doch ein Prompt-Battle aus. Das Ziel: den besten Prompt für ein Projekt, Motiv oder einen Text zu finden. Die Regeln legen Sie am besten gemeinsam fest. Arbeiten Sie mit den Promptformeln oder ganz frei. Legen Sie Bewertungskriterien fest, und benennen Sie eine unabhängige Jury.

Wenn Sie alleine arbeiten, nutzen Sie einfach die KI als Gegnerin:

Prompt Du bist mein kreativer Sparringspartner in einem Prompt-Battle. Wir entwickeln abwechselnd Ideen zu einem gemeinsamen Thema.

Thema: [z. B. „Bildprompt für Verpackungsdesign für Premium-Schokolade"]

Runde 1:
- Ich formuliere meine Idee in einem kurzen Prompt.
- Du antwortest mit einer völlig anderen, kontrastierenden Idee.
- Erkläre kurz die Stimmung, visuelle Richtung und den zentralen Unterschied zu meiner Version.

Ziel: Gegensätze sichtbar machen, inspirieren, neue Perspektiven öffnen.

Das Ganze kann als Kick-off in ein größeres Projekt dienen oder genutzt werden, um aus den Alltagsalgorithmen auszubrechen, besonders wenn man schon lange für ein Unternehmen arbeitet. Aber Sie können solch ein Battle auch machen, um in neue Themen reinzufinden oder Kreativblockaden aufzulösen. Bringen Sie Abwechslung in den Alltag, Ihre Kreativität wird es Ihnen danken.

Assoziationskette beim kooperativen Prompting

Bei dieser Technik entstehen ein Prompt, eine Idee, ein Konzept oder Text nicht in einem Rutsch, sondern im wechselseitigen Dialog zwischen Mensch und KI. Durch dieses abwechselnde Schreiben entwickeln sich unerwartete Ideen, Motive und Texte. Ein bisschen erinnert es an die Vorschläge, die kommen, wenn man bei der Google-Suche etwas eingibt. Hier gibt es keine besonderen Regeln, Sie können das ganz frei und intuitiv beginnen oder vorher ein paar Regeln oder Leitplanken festlegen, wie z. B.:

- **Wort-für-Wort:** Sie und die KI schreiben abwechselnd einzelne Wörter – ergibt oft assoziative, fast literarische Prompts.
- **Vibe-Prompting:** Sie formulieren nur Emotionen (z. B. »nostalgisch«, »unheimlich ruhig«), die KI ergänzt Szenarien oder Bildwelten.
- **Limitierungen:** Die KI darf nur Adjektive, Materialien oder Verben verwenden.
- **Stilwechsel:** Jede Runde verändert die Ästhetik oder den Stil (z. B. minimalistisch → überfüllt → lebendig).

Für eine Markenstory könnte der Prompt folgendermaßen aussehen:

Prompt Wir schreiben gemeinsam eine kurze Markenstory für eine handwerkliche Bäckerei, die sich neu gestaltet hat – mit frischem Design, aber vertrauter Qualität.
Die Rezepte, Brote und Menschen bleiben dieselben, nur der Auftritt wird moderner, klarer und emotionaler.

Wir entwickeln den Text gemeinsam – Satz für Satz. Ich beginne, du ergänzt spontan mit ein paar Wörtern, dann schreibe ich weiter. Ende immer so, dass noch Raum für meine Ergänzungen ist.
Ziel ist ein warmes Storytelling, das Tradition und Gegenwart verbindet.

Regeln:

- Schreibe bildhaft, sinnlich und mit Gefühl für Handwerk und Nähe.
- Halte deinen Beitrag kurz (max. ein paar Worte).
- Greife meine Tonalität auf, füge aber gerne neue Nuancen oder Perspektiven hinzu.

Starte das Spiel, indem du fragst: „Bereit für den ersten Satz?“

Lassen Sie weitere Techniken mit einfließen, indem Sie die KI anweisen, mit ihrem Teil zu provozieren, das von Ihnen Geschriebene umzukehren oder Assoziationen und Metaphern zu ergänzen.

Als Beispiel für einen Bildprompt habe ich die KI angewiesen, gemeinsam mit mir einen Bildprompt für ein Werbeplakat eines Turnschuh-Herstellers zu schreiben, indem ich grob die Zielgruppe und die gewünschte Stimmung vorgegeben habe:

Prompt Wir entwickeln gemeinsam einen Bildprompt für ein Werbeplakat. Das Motiv: ein Turnschuh, der Design, Eleganz und Sportlichkeit vereint – modern, dynamisch und auf die Gen-Z-Zielgruppe ausgerichtet.

Ich beginne mit einem Satz oder Fragment. Du ergänzt ein kurzes, zufälliges, assoziatives Element – etwas Unerwartetes, das nicht unbedingt logisch passen muss (z. B. eine Farbe, Form, Metapher, Stimmung oder ein Objekt aus einem ganz anderen Kontext). Ich greife deine Idee auf, entwickle sie weiter und leite daraus den nächsten Teil des Bildprompts ab.

Ziel: ein ungewöhnlicher, inspirierender Prompt, der sich durch kreative Gegensätze, Zufall und Interpretation entfaltet.

Regeln:

- Ergänze nur wenige Wörter oder einen Satz.
- Sei spontan, überraschend, assoziativ.
- Keine Erklärung, keine Begründung – nur Impulse.
- Wenn die Idee rund wirkt, fasse sie als fertigen Bildprompt zusammen.

Starte das Spiel mit: „Bereit für den ersten Satz?“

Es entwickelte sich ein schneller und intuitiver Dialog zwischen ChatGPT und mir. Auch wenn mir die Ideen der KI nicht gleich zugesagt haben, bin ich dem Prozess gefolgt. Ich habe vorgegeben, die KI hat ergänzt. Anschließend habe ich den folgenden entstandenen Prompt in verschiedenen KI-Tools getestet:

Prompt High fashion editorial photoshoot of a young woman balancing on a giant melting ice cube under neon pink light. Inside the ice cube is a glowing sneaker pulsing like a heartbeat, surrounded by floating glass shards reflecting fragments of city billboards. The atmosphere is vibrant, energetic, and slightly surreal, as if time bends with every reflection. The lighting is dark, illuminated by neon accents in electric turquoise, deep violet, and shimmering gold. The young woman wears a futuristic, asymmetrical outfit made of translucent fabric and chrome details. Her hair is slicked back, with strands tipped in glowing orange light. Her mood is fearless and focused, as if caught in the instant before a sprint.

Auch wenn Bildgeneratoren wie ChatGPT Image, Googles Nano Banana oder Ideogram das Bild sehr nah am Prompt umgesetzt haben, hat mir die freiere und dynamische Übersetzung von Midjourney gefallen. Das Ergebnis sehen Sie auf der folgenden Seite. Nun können Sie überlegen, ob Sie dieses Motiv weiterverfolgen oder variieren möchten. Vielleicht sehen Sie jetzt ganz klar, was Sie gar nicht möchten. Oder sind inspiriert, selbst weitere Prompts zu verfassen.

Klassische Konzeption

Kreative Dienstleister*innen können sich nicht mehr rein auf ihre technischen Fähigkeiten verlassen, denn KI hat sich rasant zu einem Werkzeug entwickelt, das im Bereich Bild, Video, Text und Musik mittlerweile stark konkurrenzfähig geworden ist. Konzeptionelle Arbeit ist neben der kreativen Ideenfindung eine wichtige Fähigkeit, die auch in Zukunft relevant sein wird. KI kann zwar mit wenigen Informationen schon beeindruckende Konzepte entwickeln, aber oft sind diese nach genauerem Hinsehen nicht viel besser als eine spontane Idee, die kommt, ohne dass man sich viel mit einem Thema beschäftigt hat.

Ein Konzept ist somit das Gefäß, in dem der kreative Funke Form annimmt.

Konzepte entwickeln bedeutet also, die Extrameile zu gehen. Es ist eine Leistung, die nicht in Zahlen oder Stundensätzen aufwiegbar und stark mit kreativer Ideenfindung verbunden ist. Während das Briefing eine reine Sammlung von Informationen und Maßnahmen ist, bringt das Konzept eine Idee erst in eine Form, die für andere greifbar wird. Ein Konzept ist somit das Gefäß, in dem der kreative Funke Form annimmt.

Von der Idee zum Konzept

Ein Konzept ist die gedankliche Übersetzung einer Idee in eine klare, nachvollziehbare Form. Es verbindet Kreativität mit Strategie – und macht sichtbar, wie eine Idee funktioniert, warum sie relevant ist und welche Wirkung sie entfalten soll. Während ein Briefing beschreibt, was getan werden soll, zeigt ein Konzept, wie und warum etwas gestaltet oder umgesetzt wird.

Ein gutes Konzept fasst komplexe Zusammenhänge so zusammen, dass andere sie verstehen, weiterdenken und umsetzen können. Es ist damit zugleich Leitlinie, Argumentation und kreatives Fundament. Je nach Projekt gehören in ein Konzept:

- **Ziel und Kernidee:** Worum geht es wirklich? Was ist der zentrale Gedanke?
- **Kontext und Zielgruppe:** Für wen wird etwas gestaltet – und in welchem Umfeld soll es wirken?
- **Inhalt und Storyline:** Welche Botschaft oder Erfahrung soll vermittelt werden?
- **Gestaltungsansatz:** Welche visuellen, sprachlichen oder atmosphärischen Prinzipien leiten das Design oder Projekt?
- **Ton und Werte:** Welche Emotion oder Einstellung prägt das Projekt?
- **Strategischer Nutzen:** Warum ist diese Lösung sinnvoll, relevant oder zukunftsfähig?

Gute Ideen sind also die halbe Miete, denn wir müssen in der Lage sein, diese nun in eine geordnete Struktur zu bringen, die zudem genügend Raum für Entfaltung bietet. Nicht ganz einfach, auch für die KI nicht.

Zeit und das Budget spielen eine wichtige Rolle: Bei kleineren Projekten ist solch ein Konzept oft nicht einkalkuliert. Hier liegt es bei Ihnen, die Relevanz eines Konzepts klar zu kommunizieren, und wenn es mit Hilfe von KI schneller als sonst geht, ist das auch zeitlich und budgettechnisch keine große Hürde mehr.

Konzeptarten

Ein Konzept ist nie Selbstzweck, sondern immer auf etwas gerichtet: auf eine Marke, ein Medium, eine Kampagne oder ein Erlebnis. Je nach Kontext unterscheidet sich, wie konkret, strategisch oder erzählerisch es angelegt ist. Im Design- und Kommunikationsbereich lassen sich grob vier Typen unterscheiden:

Strategische Konzepte

Sie definieren den übergeordneten Rahmen – meist auf Marken- oder Unternehmensebene. Diese Konzepte bilden die Grundlage für alle späteren kreativen Entscheidungen. Sie geben Richtung, Werte und Argumentationssicherheit – sowohl für Designer*innen als auch für Kund*innen.

- **Corporate Design:** Beschreibt das visuelle Grundsystem einer Marke – wie Farben, Typografie, Formen, Tonalität oder Bildsprache.
- **Brand- oder Markenstrategie:** Formuliert Werte, Zielgruppen, Positionierung und zentrale Botschaften.
- **Kommunikationskonzept:** Legt fest, über welche Kanäle, Inhalte und visuellen Leitmotive eine Marke mit ihrer Zielgruppe interagiert.

Kreativ- oder Kampagnenkonzepte

Hier wird eine konkrete Idee für ein Produkt, eine Kampagne oder Aktion entwickelt. Diese Konzepte sind meist emotionaler und visuell aufgeladener – sie bringen Bewegung und Emotionen in die Markenstrategie.

- **Kampagnenkonzept:** Definiert die Leitidee und das Storytelling einer Werbekampagne, inklusive visueller und sprachlicher Ansätze.
- **Social-Media-Konzept:** Beschreibt die inhaltliche und visuelle Linie für Posts, Storys oder Bewegtbild.
- **Event- oder Ausstellungskonzept:** Überträgt eine Marke oder Botschaft in ein räumliches Erlebnis.

Storytelling- und Medienkonzepte

Wenn es um erzählerische Formate geht – z. B. bei Filmen, Animationen oder interaktive Erlebnissen –, spielt der dramaturgische Aufbau die Hauptrolle. Hier verschmelzen Kreativität, Timing und Emotion – indem Szenen visualisiert oder Dialoge entwickelt werden.

- **Filmkonzept oder Storyboard:** Übersetzt eine Idee in Szenen, Einstellungen und Sprache.
- **Interaktives Medienkonzept:** Legt fest, wie Nutzer*innen durch eine digitale Anwendung oder Ausstellung geführt werden.
- **Content-Konzept:** Strukturiert Geschichten, Themen und Formate für redaktionelle oder visuelle Inhalte.

Visuelle und experimentelle Konzepte

Manchmal steht die Form im Vordergrund: ein Stil, eine Komposition oder eine ästhetische Richtung. Diese Konzepte dienen oft als Zwischenstufe zwischen Idee und Design – sie sind visuell, iterativ und intuitiv.

- **Moodboard:** Zeigt Stimmungen, Materialien, Farbwelten und visuelle Tendenzen.
- **Gestaltungskonzept:** Beschreibt Prinzipien der visuellen Umsetzung – etwa Raster, Bildsprache, Textur, Bewegung, oft Teil eines Corporate Designs.
- **Experimentelles Konzept:** Entsteht durch Explorationen, kreative und innovative Denkweisen.

Konzeption mit KI

Für Designer*innen, Kreativ-Expert*innen, Strateg*innen und alle, die konzeptionell arbeiten, kann KI eine große Hilfe sein. Dabei dient sie nicht als Ersatz für den eigenen Denkprozess, sondern als Partnerin, die uns ergänzt oder dabei hilft, unsere Ideen zu strukturieren. Neben den klassischen Methoden, die wir auch in Verbindung mit KI nutzen können, gibt es Prompttechniken, die uns dabei helfen, ein Konzept zu entwickeln.

Fragebasiert prompten

Die einfachste Technik ist uns bereits bekannt, das fragebasierte Prompting:

> **Prompt** Du bist ein erfahrener Workshop-Entwicklungscoach mit Expertise im Bereich Branding und eigene Marke. Ich möchte ein Workshop-Konzept entwickeln, in dem ich mit meinen Kund*innen zusammen ein Branding-Konzept entwickle. Hilf mir, Schritt für Schritt ein überzeugendes Workshop-Format zu entwickeln, indem du gezielt Fragen stellst, die meine Gedanken strukturieren und das Konzept schärfen. Deine Fragen sind präzise, praxisnah und regen zum tiefen Nachdenken an. Bitte beginne mit den grundlegenden Fragen zu Zielgruppe, Workshop-Zielen und Inhalten und arbeite dich dann zu Methoden, Formaten sowie dem Nutzen und den Alleinstellungsmerkmalen des Workshops vor. Starte mit der ersten Frage.

Durch die gezielten Fragen sind wir dazu gezwungen, uns sehr tief mit dem Thema auseinanderzusetzen. Natürlich können Sie die KI bitten, Ihnen ein fertiges Konzept zu liefern – aber aus eigener Erfahrung kann ich sagen, dass Ihr eigener Input sehr viel zu einem individuellen und tragfähigen Konzept beiträgt.

Morphologische Matrix

Die morphologische Matrix gehört zu den kreativ-analytischen Methoden, an eine Problemlösung heranzugehen. Dabei wird das Problem bzw. die Aufgabe in viele Teilbereiche (bzw. Merkmale) zerlegt, und dazu werden mehrere Varianten oder Ausprägungen gesucht. Anschließend kann nun eine Verbindung der einzelnen Ausprägungen erfolgen, um bei der Konzeptfindung zu helfen.

Nehmen wir einmal das Beispiel des Markenworkshops. Mit der fragebasierten Methode habe ich der KI Antworten geliefert. Um einen Überblick über den langen Dialog zu erhalten, lasse ich mir von der KI meine Antworten in die morphologische Matrix übersetzen:

> **Prompt** Fasse mir die Antworten aus diesem Chat in einer morphologischen Matrix in Form einer Tabelle zusammen. Notiere wichtige Merkmale wie Zielgruppe, Workshop-Dauer, Schwerpunkt, Methode, Ergebnisformat und Besonderheiten. Finde für jedes Merkmal vier mögliche Ausprägungen und ergänze sie in der Tabelle.

Die Matrix hilft Ihnen, die Ideen zu clustern und einen visuellen Überblick zu erhalten. Sie können die KI natürlich auch nutzen, um aus Daten und Informationen, die sie recherchiert oder die Sie ihr geben, solch eine Matrix zu erstellen.

Um bessere Ergebnisse zu erhalten, erarbeiten Sie vorher Zielgruppen, Personas und erste Ideen mit Hilfe von Kreativtechniken. Beim folgenden Beispiel habe ich keine Informationen gegeben und trotzdem schon brauchbare Ergebnisse erhalten. Diesmal bitte ich Perplexity, mir bei dieser Aufgabe zu helfen:

> **Prompt** Erstelle eine morphologische Matrix zur Entwicklung eines Workshop-Konzepts zum Thema Branding und eigene Marke. Definiere dazu wichtige Merkmale wie Zielgruppe, Workshop-Dauer, Schwerpunkt, Methode, Ergebnisformat und Besonderheiten. Generiere für jedes Merkmal vier mögliche Ausprägungen. Kombiniere die Ausprägungen zu typischen Workshop-Konzepten und gib Beispiele für sinnvolle Kombinationen.

Merkmal	Ausprägung 1	Ausprägung 2	Ausprägung 3	Ausprägung 4
Zielgruppe	Start-ups	Kreative Freelancer:innen	Mittelständische Unternehmen	Studierende
Workshop-Dauer	Halbtags	Ganztags	Mehrtägig	Modular (mehrere Sessions)
Schwerpunkt	Markenidentität	Storytelling	Digital Branding	Nachhaltigkeit im Branding
Methode	Interaktive Übungen	Fallstudien	Gruppenarbeit	Online- und Offline-Mix
Ergebnisformat	Praxisnahe Leitfäden	Moodboards	Branding-Strategie-Dokument	Pitch-Präsentation
Besonderheit	KI-gestützte Ideengenerierung	Gastvortrag von Experten	Co-Creation mit Kund:innen	Persönliche Feedbackrunden

Die Tabellendarstellung ist perfekt für die Matrix geeignet. Nun können Sie sich visuell ein Konzept zusammenstellen, indem Sie die verschiedenen Ausprägungen miteinander kombinieren.

Anschließend bitte ich Perplexity, mir beginnend bei der Zielgruppe »Kreative Freelancer*innen« eine sinnvolle Workshop-Struktur zu erstellen:

> Ein ganztägiger Workshop, der speziell auf kreative Freelancer*innen zugeschnitten ist und den Fokus auf digitales Branding legt. Durch interaktive Gruppenarbeit und praxisorientierte Übungen werden die Teilnehmenden aktiv eingebunden. Als Ergebnis erhalten sie einen praxisnahen Leitfaden, der ihre neu gewonnenen Erkenntnisse und Strategien für die eigene Markenentwicklung klar strukturiert zusammenfasst. Unterstützt wird der Prozess durch KI-gestützte Tools, die kreative Impulse liefern und die Ideengenerierung fördern. So entsteht ein innovatives, zielgerichtetes Workshop-Format, das besonders handlungsorientiert und inspirierend ist.

Oft sprudeln wir Kreative nur so von Ideen – diese Methode in Kombination mit KI kann Ihnen dabei helfen, diese zu strukturieren und aus dem »kreativen Chaos« mehrere tragfähige Konzepte abzuleiten. Meine Empfehlung ist es, diese Methode erst nach der Ideenfindung zu nutzen, da Ihnen sonst eventuell zu früh Ideen verlorengehen, die Sie besonders vom Markt abheben könnten. Gehen Sie bei den Ausprägungen nicht zu weit, drei bis vier reichen für den Anfang. Sind Sie bereits vertrauter mit der Technik oder tief im Thema drin, können Sie auch mehrere Varianten mit einbeziehen.

Blue Ocean Strategy

Erfolgreich sein – jenseits des Wettbewerbs. Welches Unternehmen möchte das nicht? Um zu Lösungen zu kommen, die einen eigenen und innovativen Weg ebnen, wurde die »Value Innovation«-Strategie von W. Chan Kim und Renée Mauborgne an der INSEAD Business School entwickelt. Jetzt ist sie als »Blue Ocean Strategy« bekannt und wird dazu eingesetzt, neue Märkte zu erschließen, jenseits jeglicher Konkurrenz.

Im kreativen Kontext heißt das: Wir verlassen vertraute Denkmuster und hinterfragen bewusst, was eigentlich alle anderen tun – und warum. Denn wirkliche Innovation entsteht selten durch mehr vom Gleichen, sondern durch das mutige Andersmachen. Die Methode lässt sich wunderbar auf die Konzeptarbeit übertragen: Sie hilft, eingefahrene Routinen zu durchbrechen und ein Projekt so zu gestalten, dass es nicht besser als die Konkurrenz ist, sondern anders und relevanter.

Wir verlassen vertraute Denkmuster und hinterfragen bewusst, was eigentlich alle anderen tun – und warum.

Dem blauen Ozean steht der rote Ozean (rot durch den »blutigen« Kampf mit der Konkurrenz) gegenüber: also der bestehende Markt mit ähnlichen Angeboten, Zielgruppen und vielen meist etablierten Mitbewerbern. Die Kunst besteht nun darin, das eigene Angebot so zu gestalten, dass neue Zielgruppen und Märkte erschlossen werden können – den blauen Ozean. Abgewandelt lässt sich die Methode in vier Denkwege unterteilen:

- **Eliminieren:** Was ist überflüssig, selbstverständlich oder veraltet?
- **Reduzieren:** Was kann vereinfacht oder zurückgenommen werden, um Klarheit zu schaffen?
- **Steigern:** Welche Werte oder Qualitäten verdienen mehr Gewicht?
- **Schaffen:** Was existiert bisher nicht – und könnte echten Mehrwert bringen?

Was mir dabei besonders gefällt, ist, dass hier Bekanntes auf den Kopf gestellt wird, um etwas wirklich Neues und Relevantes zu schaffen. Sie können die Strategie für einzelne Projekte, Produkte, Dienstleistungen, Marken oder das ganze Unternehmen anwenden – egal ob das eigene Business oder das Ihrer Kund*innen. Folgender Prompt kann nach Bedarf abgewandelt werden, lässt die KI Ihr Konzept nach der Strategie analysieren und hilft Ihnen dabei, das Vorhaben von einem Red Ocean zu einem Blue Ocean zu transformieren:

> **Prompt** Ich möchte ein einzigartiges Konzept für [Thema/Projekt/Marke/Produkt] entwickeln, das sich klar vom Wettbewerb abhebt.
> Zielgruppe: [Beschreibe kurz, für wen das Konzept gedacht ist.]
> Ausgangspunkt: Der Markt ist geprägt von [aktuellen Standards, typischen Mustern oder Problemen].

Entwickle mit der Blue-Ocean-Strategie neue, unkonventionelle Ansätze, indem du die „Vier-Aktionen-Formel“ anwendest:

- Eliminieren: Welche Gewohnheiten, Funktionen oder Erwartungen könnten bewusst weggelassen werden?
- Reduzieren: Welche Elemente lassen sich vereinfachen oder reduzieren, um Klarheit zu schaffen?
- Steigern: Welche Werte oder Qualitäten verdienen stärkere Betonung?
- Schaffen: Welche neuen Erlebnisse, Ideen oder Nutzenfelder könnten entstehen, die bisher niemand bietet?

Formuliere zu jeder dieser vier Dimensionen konkrete Gedanken oder Vorschläge – strategisch, emotional und gestalterisch gedacht. Fasse am Ende die Essenz als klares Konzept-Statement zusammen, das die Richtung, Haltung und Besonderheit des Projekts beschreibt.

Zukunftsrückblick (Backcasting/Future Back Thinking)

Wie schön wäre es, wenn wir in die Zukunft blicken könnten. Aber haben Sie schon einmal daran gedacht, wie der Blick aus der Zukunft nach heute aussehen könnte? Das Backcasting ist eine Methode aus der Zukunftsforschung, bei der man ein Zukunftsszenario entwickelt und dann von dort aus schrittweise zurückschaut und aufdeckt, was nötig ist, um zum gewünschten Ergebnis zu gelangen. Hier die wichtigsten Schritte:

1. **Zieldefinition:** Wie ist der gewünschte Zustand nach welchem Zeitraum?
2. **Zeitliche Schritte festlegen:** In welchen zeitlichen Abständen wollen Sie die Schritte definieren? Bei langen Zeiträumen können das Jahre oder Monate sein, bei kurzen Wochen oder Tage.
3. **Ergebnisse festhalten:** Welches Ergebnis ist zu den jeweiligen Meilensteinen gewünscht?
4. **Umsetzung:** Was muss (von wem) getan werden, um diesen Schritt jeweils zu erreichen?

Starten Sie immer ergebnisorientiert, und füllen Sie anschließend die »Lücken« mit sinnvollen Handlungen, die zum Ergebnis beitragen. Achten Sie beim Formulieren des Ziels oder der Teilziele darauf, dass diese so konkret wie möglich sind. Schwammige Zwischenziele oder Ziele machen es Ihnen umso schwerer, diese zu erreichen.

Nehmen wir als Beispiel ein Kampagnenkonzept für eine wohltätige Organisation. Das Ziel ist es, das Vertrauen in die Organisation langfristig zu stärken und die Spendenbereitschaft zu erhöhen. Der Zeitrahmen ist ein Jahr, die Abstände wähle ich variabel, zuerst ein längerer Zeitraum, der dann immer kürzer wird. Folgender Prompt führt Sie durch den Prozess:

Prompt Du bist meine kreative Sparringspartnerin und leitest mich durch die Methode Zukunftsrückblick (Future Back Thinking), um ein Konzept für [Projekt/Marke/Kampagne/Produkt] zu entwickeln.

Ziel: In [Zeitraum, z. B. 12 Monaten] soll [konkretes Ergebnis, z. B. Bekanntheit, Wirkung oder Reichweite] um mindestens [Zahl in %] gesteigert werden.

Bitte führe mich Schritt für Schritt durch den Rückblick aus der Zukunft:

- Beginne mit der Zukunft in [Zeitraum] – stelle mir drei bis vier Fragen, um diese ideale Zukunft konkret zu beschreiben (Ergebnisse, Wahrnehmung, Wirkung).
- Gehe dann rückwärts zu 6 Monaten, 3 Monaten, 1 Monat und heute.
- Stelle in jeder Phase gezielte Fragen zu dem, was bereits passiert ist oder vorbereitet wurde.
- Halte die Antworten kurz fest und formuliere am Ende eine zusammenfassende Zukunftsvision und ein prägnantes Konzept-Statement, das zeigt, worauf dieses Projekt hinausläuft.

Bitte arbeite schrittweise, warte nach jeder Phase auf meine Antworten, und achte darauf, dass die Formulierungen inspirierend, bildhaft und praxisnah sind – wie ein Rückblick aus einer gelungenen Zukunft.

Bei unserem Beispiel könnte die Antwort folgendermaßen aussehen:

1 Jahr später: Die Kampagne »Gemeinsam bewegen« hat über 25 % mehr Spenden erzielt als im Vorjahr. In der Zielgruppe kennen über 60 % die Botschaft, und vier von zehn Menschen nennen die Organisation spontan als positives Beispiel für soziales Engagement. Die Kampagne ist emotional, einprägsam und wird in den Medien zitiert.
6 Monate später: Die Werbemittel laufen auf allen Kanälen – Plakate, Social Ads, Radiospots. Die Website hat 50 % mehr Besucher*innen, und in Social Media teilen Menschen persönliche Geschichten über das, was Hilfe bewirkt. Die Resonanz ist authentisch: nicht Mitleid, sondern Mitgefühl.
3 Monate später: Das Konzept ist umgesetzt. Fotos und Bewegtbild zeigen echte Menschen, keine Models. Die Tonalität ist ruhig, ehrlich und berührend. Testgruppen bestätigen: Die Kampagne fühlt sich »echt« an – 72 % erkennen sie wieder und verbinden sie mit Vertrauen.
1 Monat später: Die Kernbotschaft steht: »Jede Spende verändert ein Leben.« Visuals, Claims und Zielgruppenansprache sind präzisiert, Medienplanung abgeschlossen. Das Team ist überzeugt, das richtige Maß zwischen Emotion und Professionalität gefunden zu haben.
Heute: Das Team arbeitet an der ersten konzeptionellen Fassung der Kampagne. Die emotionalen Leitmotive stehen fest – Echtheit, Nähe und Wirkung. In Workshops werden Geschichten gesammelt, die den Kern der Botschaft sichtbar machen: Menschen, die mit kleinen Beiträgen Großes bewirken. Am Ende des Tages liegt ein klarer Fahrplan: welche Themen berühren, welche Szenen erzählt werden und wie daraus eine Kampagne entsteht, die sich ehrlich anfühlt und langfristig Vertrauen schafft.

PRAXIS

Blue Ocean Thinking – das besondere Café

Der Traum der Gründerin soll in Erfüllung gehen: In der Stadt wird ein neues Café eröffnen. Doch die Konkurrenz ist groß – Cafés gibt es bereits sehr viele, auch mit modernen Konzepten in der Gestaltung der Räume und der Speisekarte.

Ich nutze den Prompt aus diesem Kapitel und habe ihn auf das neue Projekt angepasst. Durch eine Recherche hat sich ergeben, dass in der Stadt besonders viele kreative Freelancer*innen leben und arbeiten. Die Workspaces sind am Tag überfüllt, und die meisten Cafés machen nachmittags zu. Die KI, hier ChatGPT, geht nun die verschiedenen Aktionen der Methode durch:

Ausgangspunkt
In einer Stadt voller Tagescafés und überfüllter Coworking-Spaces soll ein neues Konzept entstehen: ein Ort für kreative Menschen, der tagsüber inspiriert und abends leuchtet – ein Hybrid aus Café, Workspace und Begegnungsraum, das bis in die späten Abendstunden geöffnet hat.

Zielgruppe: Kreative, Nachtschwärmer*innen, Studierende, Designer*innen, die in inspirierender Atmosphäre arbeiten, denken oder einfach durchatmen wollen.

1. Analyse – Wo ist der rote Ozean?
Der Markt ist voll von:

- Cafés mit standardisierten Einrichtungskonzepten (»Industrial Style«, »Scandi Clean«)
- Coworking-Spaces mit Fokus auf Effizienz, nicht Atmosphäre
- Bars mit lautem Ambiente, aber keiner echten Verbindung zu Kreativität

Das Ergebnis: Orte sind entweder funktional oder gemütlich, aber selten beides. Es fehlt ein Raum, der Ruhe, Inspiration und Energie zugleich bietet – besonders in den Abendstunden.

2. Die Vier-Aktionen-Formel
Eliminieren: Was können wir weglassen, was andere selbstverständlich finden?

- Keine standardisierte Café-Dekoration (Kacheln, Pflanzenwand, Neon-Schriftzug).
- Kein hektischer Tagesbetrieb mit wechselndem Publikum.
- Kein Fokus auf schnelles Konsumieren oder Dauerarbeit.

→ Das Café befreit sich vom »To-go«-Denken – hier geht es um Präsenz, um Verweilen und Denken.

Reduzieren: Was können wir vereinfachen oder zurücknehmen, um Klarheit zu schaffen?

- Weniger Produkte auf der Karte – dafür kuratiert, regional, bewusst.
- Weniger Möbel, mehr Raum und Atmosphäre.
- Weniger Reizüberflutung, dafür gezielte Lichtinszenierung.

→ Das Café reduziert Reize, um Fokus und Ruhe zu schaffen.

Steigern: Was verdient mehr Gewicht, als es bisher bekommt?

- Das Thema Licht als zentrales Gestaltungselement – warm, dynamisch, stimmungsvoll.

- Gemeinschaft und Begegnung: große Tische, sanft abgetrennte Nischen, flexible Nutzung.
- Emotionale Inszenierung: Musik, Geruch, Materialität.

→ Es entsteht ein Raum, der sich je nach Tageszeit verändert – ein sinnliches Erlebnis.

Schaffen: Was gibt es bisher nicht, das echten Mehrwert bringt?

- Ein Lichtatelier-Café – Workspace und atmosphärischer Treffpunkt mit Lichtinstallationen lokaler Künstler*innen.
- KI-generierte Ambient-Projektionen, die sich nach Musik oder Stimmung verändern.
- Events wie »Creative Nights«, bei denen man gemeinsam Konzepte, Songs oder Illustrationen entwickelt.

→ Das Café wird zu einer Bühne für kreative Energie – nicht nur zum Ort des Konsums, sondern der Resonanz.

3. Ergebnis: der »Blue Ocean«

Das »LichtRaum Café« positioniert sich nicht zwischen Bar und Workspace – es öffnet einen neuen Raum dazwischen: ein emotional-intelligentes Café für Kreative, das mit Atmosphäre, Licht und Gemeinschaft inspiriert.

- **Nutzen für Gäste:** Inspiration, Fokus, Zugehörigkeit.
- **Nutzen für Betreiber*innen:** Hohe Aufenthaltsdauer, planbare Zielgruppe, kulturelles Profil.
- **Wettbewerbsvorteil:** Kein klassisches Gastro- oder Office-Modell, sondern ein hybrides, sinnliches Konzept mit künstlerischer Haltung.

4. Reflexion

Mit KI ließe sich dieses Konzept weiterentwickeln:

- Moodboards generieren: Lichtkonzepte, Materialien, Szenen.
- Slogans oder Namen brainstormen: »LichtRaum«, »Eclipse«, »AfterGlow«.
- Visual Storytelling: KI-Szenen, die das Abendambiente zeigen.
- Sounddesign simulieren: KI-Musik, die auf Licht reagiert.

So entsteht aus der Idee eines Cafés ein vollständiges, erlebbares Konzeptfeld, das Strategie, Design und Emotion vereint – und sich klar jenseits des Gewohnten bewegt.

Verknüpfung mit anderen Techniken

Wie auch bei vielen anderen Methoden aus dem Buch können Sie die Blue Ocean Strategy mit anderen Methoden verknüpfen.

Wenn Sie selbst durch die Methode geführt werden möchten, nutzen Sie bei ChatGPT den Modus »Studieren und Lernen«, oder weisen Sie die KI an, Sie mittels Fragen und Erklärungen durch die einzelnen Phasen zu führen.

Kombinieren Sie die Umkehrtechnik oder Provokationstechnik mit einzelnen Phasen, um neue und ungewöhnliche Konzepte zu entwickeln.

Lassen Sie sich die neuen Zielgruppen definieren und greifbare Personas entwickeln, mit denen Sie im Perspektivwechsel die neuen Konzepte diskutieren können.

Auf den folgenden Seiten sehen Sie ein Bild, das aus diesem Konzept als Mood entstanden ist.

Cross-Industry-Innovation

Ein bisschen ähnelt diese Methode der Analogietechnik, da wir hier über den Tellerrand der eigentlichen Branche unseres Projekts hinausblicken und uns an Konzepten anderer Branchen bedienen, um zu schauen, ob diese in unser Projekt integriert werden können.

Prompt Du bist Kreativstrategin und Konzeptentwicklerin, spezialisiert auf interdisziplinäre Innovation und den Transfer von Ideen zwischen Branchen.

Ich möchte ein Konzept für [Thema/Projekt/Marke/Produkt/Film] entwickeln, das durch Cross-Industry-Innovation neue Impulse erhält.

- Analysiere dafür Konzepte, Prinzipien oder Strategien aus drei unterschiedlichen Branchen oder Disziplinen – z. B. [Branche 1], [Branche 2] und [Branche 3].
- Beschreibe, welche Ideen oder Funktionsprinzipien aus diesen Bereichen besonders relevant oder übertragbar sind.
- Entwickle daraus Analogie-Ansätze, die zeigen, wie sich diese Prinzipien kreativ auf mein Projekt anwenden lassen.
- Führe die besten Elemente zu zwei bis drei konzeptionellen Richtungen zusammen – jeweils mit kurzer Beschreibung der Leitidee, möglichen Anwendungen und visuellen oder emotionalen Leitmotiven.

Formuliere abschließend ein prägnantes Konzept-Statement, das die Essenz dieser interdisziplinären Verbindung zusammenfasst.

Hier ein paar Beispiele, wie Sie die Technik nutzen können:

- **Branding:** Eine Modemarke entwickelt ihre visuelle Sprache nach Prinzipien aus der Architektur – klar, strukturiert, mit Fokus auf Materialität und Raumgefühl.
- **Filmkonzept:** Die Dramaturgie eines Kurzfilms folgt der Logik eines Musikstücks – Rhythmus, Wiederholung und Pausen werden zu erzählerischen Elementen.
- **Produktdesign:** Ein Möbelhersteller übernimmt modulare Systeme aus der Softwareentwicklung, um flexible, anpassbare Möbelkonzepte zu gestalten.
- **Kampagne:** Eine soziale Organisation nutzt Gaming-Mechaniken, um Spendenaktionen interaktiv und motivierend zu gestalten.
- **Packaging:** Ein Getränke-Label inspiriert sich an Haute-Couture-Details – außergewöhnliche Schnitte, edle Stoffoptiken und reduzierte Eleganz.
- **Interior-Konzept:** Ein Café wird nach Prinzipien der Bühnengestaltung geplant – Licht und Bewegung lenken den Blick wie in einer Inszenierung.
- **UX-Design:** Eine App-Struktur orientiert sich an der Stadtplanung und ihren klaren Wegen, Orientierungspunkte und lebendige Plätze für Interaktion.
- **Fotokonzept:** Eine Porträtserie folgt Methoden aus der Forensik – durch Beobachtung, Spurenlesen und den Blick aufs Detail statt Inszenierung.

- **Ausstellungskonzept:** Eine Kunstausstellung nutzt Abläufe aus dem Einzelhandel, um Besucher*innenführung und Blickverläufe zu gestalten.
- **Nachhaltigkeitsstrategie:** Ein Modeunternehmen orientiert sich an Kreislaufprozessen der Natur – Ressourcenflüsse statt linearer Produktionsketten.

Nutzen Sie den Zufall, und lassen Sie die KI vorher zufällige Begriffe oder Branchen auflisten, die Sie mit dem Projekt verbinden. Oder erarbeiten Sie mit der KI im Dialog, welche Branchenkonzepte frischen Wind in Ihr Projekt bringen könnten, und leiten Sie die KI an, wie sie bei der Adaption der Konzepte vorgehen soll.

Brand-Archetypen

Viele Marken sprechen ihre Zielgruppen emotional an: Apple mit seiner innovativen und kreativen Entwicklung von Technologie, Dove steht für natürliche Schönheit und vermittelt Sicherheit, und IKEA gibt sich nahbar und authentisch mit einem Augenzwinkern. Viele dieser Marken basieren auf den sogenannten Brand-Archetypen. Die Arbeit mit Brand-Archetypen ist eine psychologisch fundierte Methode, um Marken eine eindeutige Persönlichkeit und emotionale Identität zu geben. Sie basiert auf der Archetypenlehre von C. G. Jung, nach der universelle Charaktere – wie der Held, der Rebell oder der Weise – tief im kollektiven Bewusstsein verankert sind und sofort verstanden werden.

Das gängige Modell (nach Margaret Mark & Carol S. Pearson) unterscheidet zwölf archetypische Markenpersönlichkeiten. Sie sind in vier übergeordnete Motivgruppen gegliedert – je nachdem, wonach eine Marke strebt:

Archetyp	**Ziel/Motivation**	**Beispielmarken**
Der Unschuldige (The Innocent)	Strebt nach Glück, Reinheit und Ehrlichkeit	Dove, Coca-Cola, Innocent Drinks
Der Entdecker (The Explorer)	Sucht Freiheit, Abenteuer und Selbstbestimmung	The North Face, Jeep, Patagonia
Der Weise (The Sage)	Will Wissen teilen und Orientierung geben	Google, BBC, TED
Der Held (The Hero)	Möchte durch Mut und Leistung etwas bewirken	Nike, FedEx, Duracell
Der Herrscher (The Ruler)	Strebt nach Kontrolle, Ordnung und Stabilität	Mercedes-Benz, Rolex, Microsoft
Der Schöpfer (The Creator)	Schafft Neues durch Ideenreichtum und Vorstellungskraft	Lego, Adobe, Apple

Archetyp	Ziel/Motivation	Beispielmarken
Der Fürsorgliche (The Caregiver)	Will anderen helfen und Sicherheit schaffen	Johnson & Johnson, UNICEF, Pampers
Der Magier (The Magician)	Verwandelt Visionen in Realität, schafft Staunen	Disney, Tesla, Dyson
Der Liebende (The Lover)	Sucht Nähe, Leidenschaft und Schönheit	Chanel, Häagen-Dazs, Alfa Romeo
Der Narr (The Jester)	Bringt Freude, Leichtigkeit und Humor	M&M's, Ben & Jerry's, Old Spice
Der Jedermann (The Everyman)	Steht für Gemeinschaft, Authentizität und Zugehörigkeit	IKEA, H&M, Levi's
Der Rebell (The Outlaw)	Bricht Regeln, kämpft für Freiheit und Veränderung	Harley-Davidson, Diesel, Vans

Haben Sie eine Marke oder wollen eine entwickeln, können Sie mit Hilfe von KI analysieren, welchem Brand-Archetyp diese entspricht. Die Einordnung in einen dieser Archetypen kann helfen, die Marke greifbarer zu machen. Sie erhält eine Identität, die sich durch die gesamte Kommunikation bemerkbar machen kann – für mehr Konsistenz und Wiedererkennungswert. Sie bietet einen kreativen Rahmen für Konzepte und deren Umsetzung. Folgender Prompt kann Ihnen dabei helfen:

Prompt Du bist Brand-Strategin und Expertin für Markenpsychologie, spezialisiert auf die Anwendung von Archetypen im Branding und in der Konzeptentwicklung.

- Analysiere die Marke [Markenname oder Beschreibung einfügen] anhand ihrer Kommunikation, Werte, Tonalität, visuellen Sprache und Zielgruppe.
- Ordne die Marke einem oder mehreren Brand-Archetypen zu und begründe die Zuordnung.
- Beschreibe, welche Emotionen, Werte und Haltungen die Marke verkörpert.
- Analysiere, wie sich diese Persönlichkeit in Design, Sprache und Storytelling ausdrückt – oder ausdrücken sollte.
- Formuliere abschließend ein kurzes Konzept-Statement, das den Charakter der Marke verdichtet und als Leitlinie für zukünftige Gestaltung und Kommunikation dienen kann.

Arbeite präzise, emotional und praxisnah – mit Blick darauf, wie sich diese Markenpersönlichkeit in Design und Atmosphäre übersetzen lässt.

Gehen Sie diesen komplexen Prompt gerne Schritt für Schritt durch, um tiefer in die einzelnen Ebenen zu gelangen. Oder lassen Sie sich durch die KI auf Basis von Fragen durch den Prozess begleiten, indem Sie die Antworten liefern und die KI Ihnen bei der Einordnung hilft.

Creative Constraints (Einschränkungstechnik)

Wenn alles möglich ist, hilft das eher selten bei der Ideenfindung und Konzeption. Also warum finden wir nicht einfach ein paar Einschränkungen, die dabei helfen, neue Konzepte zu entwickeln?

Prompt Du bist Kreativdirektorin und Konzeptentwicklerin, spezialisiert auf die Anwendung der Einschränkungstechnik (Creative Constraints) in Design, Branding und Kommunikation.

- Ich möchte ein Konzept für [Thema/Projekt/Marke/Produkt] entwickeln und dabei gezielt mit kreativen Einschränkungen arbeiten, um neue, ungewöhnliche Lösungen zu finden.
- Schlage mir fünf bis sieben spezifische Einschränkungen vor, die meine Denkweise herausfordern – z. B. gestalterische, narrative oder materielle Beschränkungen.
- Wähle daraus zwei bis drei besonders inspirierende Constraints aus und entwickle für jede ein kurzes Szenario oder einen Konzeptansatz, wie sich mein Projekt unter dieser Bedingung umsetzen ließe.
- Erkläre, welche gestalterischen oder strategischen Chancen in diesen Grenzen liegen.
- Fasse die Erkenntnisse zu einem prägnanten Konzept zusammen, das zeigt, wie Einschränkung hier als kreativer Motor wirkt.

Arbeite offen, assoziativ und praxisnah – mit Fokus darauf, wie sich aus Reduktion neue Originalität entwickeln kann.

Hier ein paar Beispiele für solche Einschränkungen:

- **Design ohne Text:** Ein Magazin nutzt ausschließlich Typografieformen und Layoutstrukturen, um Rhythmus, Spannung und Bedeutung zu erzeugen – Kommunikation entsteht rein visuell.
- **Eine Farbe, viele Nuancen:** Eine Kampagne darf nur mit einer Farbe arbeiten, interpretiert sie aber durch Licht, Material, Schatten und Haptik immer wieder neu.
- **Begrenzte Fläche:** Ein Plakat darf nur 50 % seiner Fläche nutzen – die Leere wird zum zentralen Gestaltungselement und erzeugt Aufmerksamkeit.
- **Ohne Menschen:** Eine Kampagne verzichtet auf Personen und arbeitet stattdessen mit Objekten, Räumen oder Spuren, um Emotion zu erzeugen.
- **Produkt ohne Logo:** Ein Produkt verzichtet vollständig auf sichtbare Markenzeichen und vermittelt Identität über Form, Material, Haptik und Nutzungserlebnis – das Design selbst wird zur Marke.

Statt die KI die ganze Arbeit machen zu lassen: Entwickeln Sie eigene Einschränkungen, und schauen Sie, was die KI daraus entwickelt, oder lassen Sie sich von der KI welche formulieren, aus denen Sie selbst Ideen entwickeln.

UMSET
ZUNG
IN BILD
UND
TEXT

KAPITEL 4

Umsetzung in Bild und Text

*Bilder und Texte mit KI zu generieren ist einfach. Bilder und Texte, die einem Anspruch an Qualität, Zielgruppenansprache und Einzigartigkeit gerecht werden und dabei gleichzeitig den Branding-Guidelines entsprechen, sind besonders mit KI eine Herausforderung. In der Natur der KI liegt die Unvorhersehbarkeit des Ergebnisses – was bei der kreativen Ideenfindung ein Geschenk sein kann, aber wenn wir etwas ganz gezielt generieren möchten, zur Herausforderung wird. In diesem Kapitel möchte ich Ihnen einen Einblick in meine Erfahrungen mit generativer KI geben, indem ich Ihnen Techniken an die Hand gebe und Ihnen zeige, welche KI-Tools für welche Aufgaben geeignet sind. Da sich KI aber so rasant weiterentwickelt und sich die Entwickler*innen viel einfallen lassen, um auf dem Markt bestehen zu bleiben, ist dies eine Momentaufnahme der aktuellen Möglichkeiten. Umso besser, wenn Ihr Lieblingstool nun eine neue Funktion hat, die Ihnen weitere Möglichkeiten zur Nutzung eröffnet. Probieren Sie die Techniken bei verschiedenen Tools aus, und prüfen Sie, wie diese auf Ihre Eingaben reagieren. Jedes Projekt ist eine neue Möglichkeit, mehr über KI und ihre Möglichkeiten sowie Grenzen zu lernen.*

Bildgenerierung

Die Welt der KI bietet uns viele neue Möglichkeiten, unsere Ideen visuell auszudrücken – und die Zahl der Bildgeneratoren wächst stetig. Da wir in Zukunft vermehrt damit arbeiten werden, lohnt sich ein Blick hinter die Kulissen – also welche »Arten« es gibt und wie diese funktionieren. Bestimmt haben Sie schon die Erfahrung gemacht, dass sich die Ergebnisse der KI-Modelle nicht komplett bestimmen lassen und auch schwer reproduzierbar sind. Lernen wir unsere neuen Assistenzen besser kennen, um ganz gezielt damit arbeiten zu können. So lassen sich ihre Stärken bewusst nutzen und typische Schwächen besser ausgleichen. Mit dem richtigen Verständnis gewinnen Sie schlussendlich mehr Kontrolle über den Stil, die Qualität und die Aussage Ihrer Bilder.

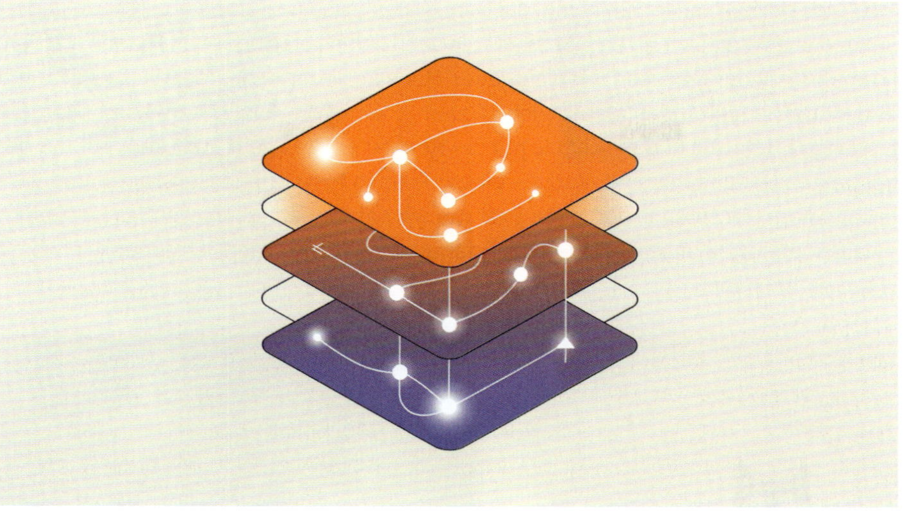

Eine abstraktere Darstellung der Layer eines neuronalen Netzes: oben der »Input Layer«, in der Mitte die »Hidden Layer« und unten der »Output Layer«

Wie KI Bilder generiert

Im ersten Kapitel haben wir uns bereits mit der Funktionsweise von KI beschäftigt und gelernt, was ein Algorithmus ist. Auch bei Bildgeneratoren läuft dieser Algorithmus innerhalb der Schichten im neuronalen Netz der KI ab. Diese neuronalen Netze wurden entwickelt, um das menschliche Gehirn besser zu verstehen, und bilden die Grundlage für viele KI-Programme. Es gibt eine Eingabe-Schicht (Input Layer), die uns die Möglichkeit bietet, der KI eine Anfrage via Prompt zu stellen. Die Ausgabe-Schicht (Output Layer) gibt uns das Ergebnis, das der Algorithmus entwickelt hat, aus. Dazwischen sind die verborgenen Schichten (Hidden Layer), die unsere Anfrage analysieren und verarbeiten – ähnlich wie unser Gehirn. Was in diesen Neuronen der Hidden Layer genau passiert, weiß niemand – was es natürlich umso schwerer macht, sie unter unsere »Kontrolle« zu bringen. Daher wird KI auch gerne »Black Box« genannt. Gehen wir aber einmal weiter und schauen uns an, wie KI lernt und wie die Bilder entstehen, die wir jetzt in Sekundenschnelle generieren können.

KI lernt anders als wir Menschen

Um überhaupt Bilder generieren zu können, müssen diese Modelle zunächst trainiert werden. Hier unterscheiden sich Mensch und KI maßgeblich: Wir verarbeiten Eindrücke ganzheitlich, verbinden sie mit Emotionen, Erfahrungen und bringen diese in einen Kontext. Unser Gehirn vernetzt dabei Wahrnehmung (z. B. Sehen, Hören), unsere Erinnerungen und Gefühle zu einem persönlichen, lebendigen Wissen. Wenn wir ein Bild sehen, dann verarbeiten wir es auf verschiedenen Ebenen, und jeder Mensch nimmt das gleiche Bild anders wahr.

Ein gutes Beispiel ist ein Kleinkind, das zum ersten Mal eine Katze sieht. Man zeigt darauf und sagt »Katze«. Katzen gibt es aber in sehr vielen verschiedenen Rassen, Farben, Formen. Trotzdem müssen wir nicht jedes Mal von Neuem erklären, dass es sich um eine Katze handelt – das menschliche Gehirn erkennt die Ähnlichkeit, kombiniert die bisherige Erfahrung und gleicht sie mit der Realität ab. Das geht auch sehr gut mit der abstrakten Darstellung einer Katze – einem Kreis mit zwei Dreiecken darauf und vielleicht einem Herzchen in der Mitte. Egal wie wir Katzen darstellen, wenn unser Gehirn eine Beziehung zu unserer bisherigen Erfahrung herstellen kann, erkennen wir, womit wir es zu tun haben.

Bilder generiert mit Midjourney

Zum Glück gibt es so viele Katzenbilder im Netz – daher wurden auch die ersten Modelle mit Katzenbildern trainiert. Heute können wir von abstrakt bis realistisch alles an Katzenbildern generieren, was das Herz begehrt.

Bei der KI funktioniert das völlig anders – sie braucht Katzen in allen möglichen Farben, Formen, mit unterschiedlichen Hintergründen, in unterschiedlichen Posen und unterschiedlich gemalt, gezeichnet oder modelliert. Erst so kann sie lernen und das Bild einer Katze generieren.

Die KI-Modelle und das menschliche Gehirn funktionieren völlig unterschiedlich.

Nun können Sie sich vorstellen, dass alleine dafür schon eine unvorstellbare Menge an Bildern notwendig ist – jetzt versuchen Sie das auf den Rest unserer komplexen Welt zu addieren. Vielleicht können Sie nun besser verstehen, warum es deshalb noch für viele Modelle schwierig ist, Bilder mit mehreren Personen oder Hände in verschiedensten Positionen zu generieren. Denn je komplexer die Szene ist und je mehr Details zusammenkommen, desto größer wird die Herausforderung für die KI.

Wir alle sind Trainingsmaterial

Um die Qualität und Quantität an Trainingsdaten zu ermöglichen, wird sich an dem Paradies der Datensammler bedient: dem Internet. Alles, was wir veröffentlicht haben, kann im Trainingsdatenpool der KI-Entwickler*innen landen – ob wir zugestimmt haben oder nicht. Das trifft zu Recht auf Widerstand und Unmut vieler Menschen. Fairerweise muss man sagen, dass die Entwicklung wirklich rasant voranging – aber KI-Modelle werden schon seit den 80er-Jahren entwickelt und erforscht. In der Forschung gibt es oft andere Regeln als in der freien Wirtschaft. Nun verdienen aber Unternehmen ihr Geld damit, indem Sie KI-Modelle mit den Daten anderer trainieren – ohne einen Ausgleich.

Immer mehr Plattformen – unter anderem Meta mit Instagram, WhatsApp und Facebook oder LinkedIn – nutzen die Daten ihrer User*innen für das KI-Training. Hier gibt es zumindest die Möglichkeit, zu widersprechen. Doch was die Daten im Internet und die zahlreichen Bücher und Medien, die zum Training genutzt wurden, angeht, gibt es noch keine befriedigende Regelung in der Rechtsprechung.

Wie aus Daten Bilder werden

KI sieht in einem Bild zunächst einmal Daten, ähnlich einer Tabelle mit Pixelwerten. Daher ist es praktisch ein Wunder, wie gut KI mittlerweile Bilder erkennen und auswerten kann – aber es ist auch kein Wunder, wenn sie völlig falsch liegt. Um dazu in der Lage zu sein, braucht die KI nicht nur die Bilder, sondern weitere Informationen dazu. Es gibt zwar auch eine Phase des Selbstlernens, in der die KI die Bilder analysiert und kategorisiert – aber die Modelle, die wir tagtäglich nutzen, kommen nicht ohne das Training durch Menschen aus.

Das sind Menschen, die in Niedriglohnländern wie Madagaskar sitzen und den ganzen Tag Objekte auf Bildern markieren, Bildbeschreibungen machen oder Texte von Dokumenten abtippen. Ohne dieses Zutun würde die KI viele Bilder gar nicht auswerten können. Nehmen wir als Beispiel den Versuch, KI mit Röntgenbildern von Lungen zu trainieren. Ziel war es, dass die KI eigenständig kollabierte Lungen erkennt. Das hat auch funktioniert, aber nicht so, wie die Entwickler*innen es sich gedacht haben. Die KI hat, was sie ja sehr gut kann, Muster erkannt, die auf eine kollabierte Lunge in den Trainingsdaten hinwiesen. Aber diese hatten nichts mit der Lunge zu tun, sondern mit den Schläuchen, die sich auf den Bildern befanden. Für die KI war der Fall klar: Schläuche = kollabierte Lunge. Die Entwickler*innen mussten also noch einmal ganz neu an die Sache herangehen. Das Beispiel zeigt uns, wie komplex unser Gehirn ist. Was für uns selbstverständlich ist, kann für KI ein Hindernis sein. Dabei ist sie nicht nur auf unser Trainingsmaterial angewiesen, sondern auch auf für sie aufbereitete Daten.

Ein weiterer Teil des Trainings besteht darin, dass Menschen Anfragen an die KI stellen und die Antworten überprüfen und bewerten. Durch das Feedback werden die Modelle verbessert und justiert. Auch wir User können dabei helfen, die Modelle zu verbessern, indem wir Feedback geben. Das wird natürlich nicht sofort und ohne Überprüfung übernommen, kann aber dazu beitragen, gewisse Probleme aufzudecken oder auch zu zeigen, was gut lief.

Vom Bild zum Rauschen und zurück

Nach dem Erkennen von Mustern und dem Kategorisieren der Daten werden die modernen Bildgeneratoren nun trainiert, eigene Bilder zu generieren. Dazu wird ein Bild Schritt für Schritt verrauscht – daher auch der Name »Diffusion Model« –, bis wir ein völlig zufälliges verrauschtes Bild haben – so als würden wir den Gaußschen Weichzeichner ganz oft anwenden.

Nun soll die KI mittels Textprompt aus diesem Anfangsrauschen ein neues Bild generieren (Denoising). Jedes generierte Bild startet also mit einem Rauschen, einem einzigartigen Fingerabdruck, der sich mittels »Seed« ansteuern lässt. Der Seed ist die Kennzahl dieses Anfangsrauschens und kann in KI-Tools wie Midjourney oder Freepik verwendet werden. Nun geht der Algorithmus Schritt für Schritt vor und fügt dem Bild jedes Mal mehr Details hinzu, bis die maximale Anzahl der Schritte (ca. 25–1.000) erfolgt ist, die ein Modell während der Bildgenerierung durchläuft. Je mehr Schritte, desto mehr Details, die aber auch mehr Rechenleistung und Zeit kosten. Bei manchen Modellen kann man die Generierung auch vorzeitig stoppen, was praktisch sein kann, wenn Sie ein Bild mit weniger Details wünschen.

Bilder generiert mit Midjourney

Bei Midjourney kann man sehr gut den Prozess beobachten: Links sehen wir das Bild bei 35 % der maximalen Schritte im Zwischenstadium. Erst bei ca. 40 % kam die Dreiteilung hinzu. Rechts das fertige Bild mit maximalem Detailgrad von Midjourney V7.

PRAXIS

Promptvariationen mit Seeds

Eine Bildgenerierung startet immer mit einem Anfangsrauschen, zu dem schrittweise Details hinzugefügt werden. Dieses erste Rauschen hat eine einzigartige Kennzahl, den Seed. Bei vielen Bildgeneratoren können Sie den Seed auslesen und für neue Generierungen nutzen. Das sehen wir uns hier am Beispiel von Midjourney an.

Ich generiere vier Bilder mit folgendem, eher abstrakten Prompt:

Prompt photo of a person on the right, levitating in the space, around the person are machines, computers, smartphones, science fiction, realistic, high quality photoshoot, orange and purple colors

Diese Version hat mir besonders gut gefallen. Darauf würde ich gerne aufbauen, aber mit kleinen Änderungen im Prompt.

Jedes Mal, wenn ich den Prompt abschicke, erhalte ich unterschiedliche Bilder. Wenn mir eine Bilderserie gefällt und ich darauf aufbauen möchte, ist eine Möglichkeit, den Seed zu nutzen.

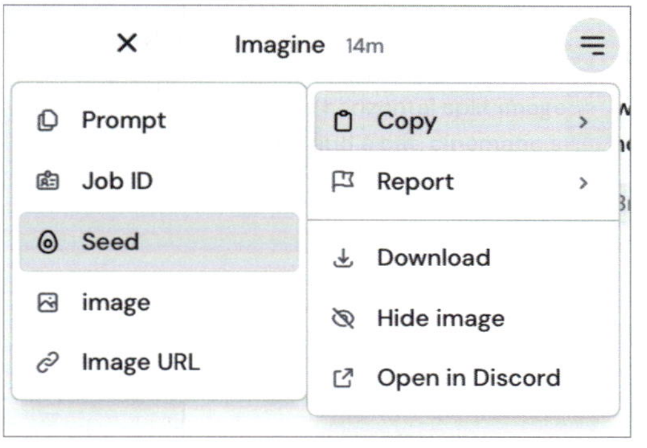

Um an den Seed zu kommen, können Sie das Bild in Ihrer History anklicken und oben rechts über das Menü die Option »Copy • Seed« auswählen.

Ich kopiere mir den Seed dieser Serie und passe den Prompt geringfügig an. Den Seed füge ich über einen Shortcut mit ein:

Prompt photo of **a woman** on the right, levitating in the space, around the person are machines, computers, smartphones, science fiction, realistic, high quality photoshoot, orange and purple colors **--seed 885042361**

Was ich jetzt erhalte, ist keine exakte Kopie des Bildes, denn wie erwähnt ist es nur das Anfangsrauschen, das wir hier nutzen. Trotzdem ähneln sich die Bilder im Aufbau, wenn der Prompt nicht allzu weit von dem entfernt ist, was wir ursprünglich generiert haben.

Der Prompt wurde nur etwas verändert, und die Bilder ähneln sich teilweise im Aufbau.

Bemerkenswert ist das erste und zweite Bild der Serie, die sehr nah an der ersten Generierung liegen. Das liegt unter anderem daran, dass der Prompt Farben und Bildaufbau ganz gut beschreibt, wenn auch mit viel Interpretationsspielraum.

Midjourney beschreibt die Nutzung von Seeds als Experiment, um zu sehen, wie der Prompt das Ergebnis beeinflussen kann. Auch kann der Seed sich nach einer Weile ganz anders auf das Ergebnis auswirken als zu einem früheren Zeitpunkt. Warten Sie also nicht zu lange mit dem Experimentieren.

Auch wenn wir hier sehr ähnliche Ergebnisse hatten: Seeds sind nicht dafür geeignet, irgendwelche Stile zu übertragenn und auch keine Garantie dafür, dass die neuen Bilder eine Variante der vorherigen werden. Ändern wir den Prompt maßgeblich, erhalten wir Bilder, die stark von den Originalen abweichen, wie im folgenden Beispiel:

Derselbe Seed, aber ein ganz anderer Prompt

Prompt photo of a cat in a space suit --seed 885042361

Seeds und Parameter

Achten Sie darauf, dass Sie keine weiteren Parameter einsetzen, die die Anwendung des Seeds »verhindern«, wie die Stylization oder andere Funktionen, die dafür sorgen, dass das Ergebnis stärker vom Prompt abweicht.

Im Laufe des Kapitels lernen Sie weitere Möglichkeiten kennen, um mehr Konsistenz in Ihrer Bildgenerierung zu erhalten. Manchmal ist es eine Kombination aus mehreren Funktionen, oder Sie müssen je nach Bild, Prompt sowie gewünschtem Ergebnis immer wieder experimentieren, welche Funktion Ihnen am meisten bringt. Ich selbst nutze Seeds im Alltag immer dann, wenn mir der Aufbau der Bilder gefällt, aber ich noch nicht mit dem Ergebnis zufrieden bin.

Einflussfaktoren auf das Ergebnis

Damit wir immer neue und spannende Bilder generieren können, sind die Modelle speziell trainiert und programmiert worden, sodass Sie auch mit nur einem Wort oder sogar einem Emoji ein (mehr oder weniger brauchbares) Bild erhalten. Das bedeutet, dass die KI einfach Details im Bild »erfindet« oder »halluziniert«. Welche Details das sind, hängt von folgenden Faktoren ab:

- **Trainingsdatenpool und Programmierung:** Die Auswahl der Trainingsdaten und die Richtung, in die das Modell trainiert wurde und unsere Eingabe interpretiert.
- **Prompt:** Je genauer die Beschreibung, desto besser können Sie das Ergebnis beeinflussen. Bei sehr einfachen Prompts nimmt sich die KI mehr Spielraum.
- **Zufälligkeit und Rauschen:** Selbst bei identischem Prompt entstehen leicht unterschiedliche Bilder. Das liegt daran, dass die Modelle mit einer gewissen Zufälligkeit (»Random Seed«) arbeiten. Dieses »Rauschen« ist gewollt – es sorgt dafür, dass jedes Ergebnis einzigartig wirkt und kreative Varianz entsteht.
- **Version und Trainingsstand des Modells:** Jedes KI-Modell hat eine eigene »Persönlichkeit«. Neue Versionen reagieren oft sensibler auf Details oder interpretieren Prompts anders, weil sie mit erweiterten Datensätzen oder veränderten Gewichtungen trainiert wurden.
- **Parameter/Einstellungen:** Manche Bildgeneratoren bieten Einstellungen an, die der KI mehr oder weniger Freiheit geben, den Prompt zu interpretieren.
- **Vorlagen/Bildprompts:** Je nach Generator können Sie Bilder als Vorlage für den Bildaufbau oder den Stil nutzen, an denen sich die KI orientieren soll. Bei sogenannten »Strukturvorlagen« wird der Bildaufbau als Vorgabe genutzt, bei Bildprompts das Bild an sich und bei Stilvorlagen der Bildstil, weniger der Inhalt.

Schauen Sie beim Bildgenerator Ihrer Wahl, welche Möglichkeiten Ihnen geboten werden. Probieren und experimentieren Sie, um ein Gefühl für das Verhalten des Modells zu bekommen. Das macht die Arbeit mit KI umso spannender, denn wir können uns immer wieder von neuen Details überraschen und inspirieren lassen.

Modelle und ihre Einsatzmöglichkeiten

Bei der Vielfalt an vorhandenen Bildgeneratoren ist es gar nicht so einfach, die passenden zu finden. Daher möchte ich Ihnen einen Überblick über die gängigsten Plattformen geben und für welche Bereiche Sie diese einsetzen können. Diese Liste hat keinen Anspruch auf Vollständigkeit, und bestimmt finden Sie noch viele weitere Möglichkeiten, KI für Ihre Projekte einzusetzen. Dabei beziehe ich mich auf meine eigenen Erfahrungen sowie die von anderen. Sehen Sie es als Starthilfe, um erste Schritte in der Bildgenerierung zu machen, oder als Inspiration, welche Modelle es auf dem Markt gibt, die Sie vielleicht einmal ausprobieren möchten.

Bildgeneratoren und Modelle

Schauen wir uns zuerst die Plattformen an, die sich auf die reine Bildgenerierung oder das Generieren von Bewegtbild spezialisiert haben.

Modell	**Beschreibung**	**Einsatzmöglichkeiten**
Midjourney *midjourney.com*	Liefert ästhetisch hochwertige, detailreiche Bilder in unterschiedlichen Stilrichtungen	Kreative Bildideen, realistische Szenen und Porträts, Moodboards, Produktvisualisierungen, Editorials
Magnific AI *magnific.ai*	Verfeinert bestehende Bilder und erhöht deren Auflösung bei gleichzeitiger Detailverstärkung, eigenes Modell zur Bildgenerierung	Upscaling, Schärfen, Nachbearbeitung, Stiltransfer, Belichtungsanpassung, realistische Bildgenerierung, Schriftzüge
Ideogram *ideogram.ai*	Kombiniert realistische Bilddarstellung mit präziser Typografieintegration, Bildgenerierung mit Charakter-Vorlage	Schrift-Bild-Kompositionen, Plakate, Social Media, Logodesigns
Stable Diffusion *dreamstudio.stability.ai*	Open-Source-Modell mit flexibler Steuerung und vielfältigen vortrainierten Modellen	Individuelle Stile, Experimente, Produkt- und Konzeptvisualisierung
Canva *canva.com*	Design-Tool mit integrierten KI-Funktionen für Bildgenerierung und Bearbeitung	Social Media, Präsentationen, Layouts, schnelle Visuals
KlingAI *app.klingai.com*	Schwerpunkt Video-Generierung, mit verschiedenen Modellen zur Bildgenerierung	KI-Videos, Motion Design, Szenen-Visualisierung, Kampagnenclips, realistische und cinematische Visuals
FLUX *playground.bfl.ai/image*	Verschiedene Modelle für realistische, aber auch visuell anspruchsvolle Motive, die Modelle »Kontext« verstehen Anweisungen wie ein Chatbot	Porträts, Produktbilder, Editorials, natürliche Lichtstimmungen, Bilderserien von Szenen, Personen und Produkten

Überblick über aktuelle Bildgeneratoren und Modelle – von klassischen Tools bis zu neuen Plattformen für Bild- und Bewegtbildgestaltung

Plattformen mit mehreren Modellen und Funktionen

In der folgenden Aufzählung finden Sie Plattformen, die Ihnen Zugang zu mehreren KI-Modellen oder sogar weiteren Funktionen bieten. Ideal, wenn Sie Flexibilität brauchen und experimentieren möchten, welche Modelle am besten zu Ihren Projekten passen.

Name	**Beschreibung**	**Modelle**
Freepik *freepik.com*	Bietet neben klassischen Grafikressourcen einen eigenen KI-Generator, Videogenerierung, KI-Assistenten u.v.m.	Seedream 4K, Seedream 3, Flux 1.0, Flux 1.0 Fast, Flux 1.0 Realism, Flux 1.1, Flux Kontext [Pro], Flux Kontext [Max], Mystic 1.0, Mystic 2.5, Mystic 2.5 Flexible, Mystic 2.5 Fluid, Google Imagen 3, Google Imagen 4, Google Imagen 4 Fast, Google Imagen 4 Ultra, Google Nano Banana, Ideogram 3, GPT 1, GPT 1 HQ, Runway, Classic und Classic Fast
Adobe Firefly *firefly.adobe.com*	Bildgenerierung, Bildbearbeitung und weitere spannende KI-Funktionen	Firefly Image 5 (Vorschau), Firefly Image 4 Ultra, Firefly Image 4, Firefly Image 3, Flux Kontext Max, Flux Kontext Pro, Flux 1.1 Pro, Flux 1.1 Ultra, Flux 1.1 Ultra (Raw), Gemini 2.5 (Nano Banana), Imagen 4, Imagen 3, GPT Image, Ideogram 3.0 und Runway Gen-4 Image
Leonardo AI *app.leonardo.ai*	Besonders stark bei konsistenten Serienmotiven, realistischer Lichtführung und Stilvariationen	Lucid Origin, Nano Banana, Lucid Realism, Ideogram 3.0, GPT-Image-1, FLUX.1 Kontext Max, FLUX.1 Kontext, Phoenix 1.0, FLUX Dev, FLUX Schnell und Phoenix 0.9
Krea *krea.ai*	Bild- und Videogenerator mit verschiedenen weiteren Funktionen wie Nodes und Real Time Video	Krea 1, Flux, Nano Banana, ChatGPT Image, Seedream 4, Wan 2.2, Qwen, Flux.1 Krea, Flux Kontext, Flux Kontext Pro, Seedream 3, Imagen 4 Ultra, Imagen 4 Fast, Imagen 4, Runway Gen-4, Ideogram 3.0, Flux 1.1 Pro, Flux 1.1 Pro Ultra und Imagen 3

Diese Plattformen bieten meist umfangreiche Möglichkeiten, KI in den Projekten einzusetzen. Achten Sie auf Lizenz- und Abomodelle, um die Kosten im Blick zu haben.

PRAXIS

Die Wahl des Modells

Bei der Fülle an Möglichkeiten ist es manchmal schwer, das richtige Modell für sich zu finden. In meinem Buch »KI für Kreative« habe ich einen ähnlichen Test mit einem recht einfachen Prompt gemacht. Diesmal möchte ich Ihnen zeigen, wie kreativ die Modelle mit komplexeren Prompts umgehen. Daher nehme ich einen der Prompts aus dem vorigen Kapitel, entstanden während eines Workshops beim gemeinsamen Entwickeln eines Prompts mit Hilfe der Promptformel und ChatGPT:

Prompt Editorial photography of an elegant older person, standing with dignity, a delicate scarf floating inside a giant soap bubble. Captured from a frog's-eye view, main subject arranged according to the golden ratio. The background shows colourful highlights of a funfair with a chain carousel and a candyfloss stand, slightly blurred to create depth. Pastel boho inspired colors in sage green, beige, cream, rose and terracotta dominate the palette, creating an earthy and artistic atmosphere. Fabric shines with a soft glow, warm candlelight adds intimacy, while the mood remains slightly surreal and mysterious.

Midjourney V7

Ideogram 3.0

Dabei wähle ich bei jedem Modell die Standardeinstellungen. Das bedeutet auch, dass das Ergebnis noch weiter beeinflusst werden kann, indem vortrainierte Stile angewandt oder weitere Einstellungen gemacht werden können – je nach Modell. Lassen Sie einen Prompt ruhig zwei bis dreimal durchlaufen, bevor Sie weitere Anpassungen und Einstellungen testen. Manchmal ist dann auch schon das gewünschte Ergebnis mit dabei.

Leonardo AI (Lucid Origin)

Stable Diffusion (Stable Image Ultra)

Magnific AI (Mystic v2.5)

OpenAI GPT 1.5 – High (via Freepik)

FLUX Kontext Max (via Adobe Firefly)

Google Nano Banana Pro (via Freepik)

FLUX Kontext Pro (via Adobe Firefly)

Google Imagen 4 (via Adobe Firefly)

Das passende Modell finden

Meine Empfehlung ist es, mehrere Modelle zur Auswahl zu haben, um zu testen, welches für die aktuelle Aufgabe am besten geeignet ist. Manchmal brauchen wir realistische Bilder, die nah am Prompt sind – bei anderen Motiven wie diesem hier braucht es manchmal eine kreative Auslegung des Prompts, um ein visuell ansprechendes Ergebnis zu erhalten.

Wie man bei diesem Beispiel und zugegeben herausfordernden Prompt sehen kann, hat jedes Modell einen eigenen Look. Obwohl hier nicht explizit von einer Frau die Rede war, wur-

Seedream 4K (via Freepik)

Firefly Image 5 (Preview)

Kling Image 2.1

Z Image (via Freepik)

den (meist hellhäutige) Frauen generiert – bis auf Adobe Firefly. Das Wort »older« hat dazu geführt, dass alle Personen graues Haar haben. Am besten sind die Ergebnisse von Midjourney, Leonardo und FLUX Kontext Max gelungen. Googles Nano Banana Pro hält sich stark an den Prompt und wirkt sehr realistisch. ChatGPT hat leider immer noch den typischen Warmfilter, der nicht zu jedem Bild passt. Die Darstellung der Personen ist zum Großteil realistisch, trotz des außergewöhnlichen Prompts. Auch wenn Ihnen ein Ergebnis nicht gefällt, probieren Sie die Modelle mit anderen Motiven aus, und lernen Sie die einzelnen Stärken kennen.

Bildprompts mit Hilfe von KI

In den letzten Kapiteln haben Sie die Promptformel kennengelernt und auch, wie Sie kooperativ mit KI Prompts entwickeln können. Ein paar Tipps habe ich noch zu ergänzen, wie Sie KI nutzen können, um Bildprompts zu schreiben:

- ChatGPT ist sehr gut darin, Bildprompts zu schreiben. Statt mir dort ein Bild zu generieren, lasse ich mir meist einen Prompt auf Englisch, optimiert z. B. für Midjourney, schreiben. Es gibt auch GPTs, die von anderen dazu trainiert wurden, Prompts für bestimmte Modelle oder Einsatzzwecke zu generieren.
- Viele Bildgeneratoren bieten Hilfe beim Prompten an, wie die Chatfunktion in Midjourney. Andere können Ihre Prompts optimieren, wenn diese zu lang oder zu kurz sind, wie bei Ideogram, Freepik, Dreamstudio und Leonardo.
- Bei Midjourney, Freepik und Ideogram können Sie ein Bild hochladen und es beschreiben lassen. Auch alle Textmodelle wie ChatGPT können Ihnen eine Bildbeschreibung in Form eines Prompts erstellen.

Bildgenerierung via Chat

Viele klassische Textgeneratoren bieten auch die Bildgenerierung an. Das hat Vor- und Nachteile: Statt einen Prompt zu entwickeln, können Sie wie in einem Gespräch mit der KI Ihre Wünsche zum Bild äußern, besonders praktisch innerhalb eines Projekts, wenn die KI bereits einige Hintergrundinformationen aus dem Chatverlauf hat. Aber es gibt auch Bildgeneratoren, die eine Chatfunktion mit Kontextverständnis anbieten. Hier folgt eine Liste der Tools, mit denen ich bereits gute Erfahrungen gemacht habe.

Name	Beschreibung	Einsatzmöglichkeiten
ChatGPT *chatgpt.com*	Dieses LLM versteht den Kontext sehr gut und kann darauf aufbauend Bilder generieren. Leider nur eines auf einmal, ohne viele weitere Einstellmöglichkeiten, außer der Wahl von ein paar Stilen.	Visualisierung von Ideen, Prompting, komplexere Grafiken und Schaubilder, Vorlagen für Bildprompts
Gemini *gemini.google.com*	Viel Aufsehen hat Google mit dem Modell »Nano Banana« erregt. Gemini versteht den Kontext und kann über den Chat Bilder generieren oder bearbeiten.	Besonders Nano Banana Pro und Nano Banana 2 eignen sich für die Bildgenerierung und -bearbeitung.

Name	Beschreibung	Einsatzmöglichkeiten
Freepik *freepik.com/pikaso/assistant*	Neben vielen Bild- und Videofunktionen bietet Freepik den Assistant, der mittels Chat Bilder generiert und bearbeitet, aber auch vorgefertigte Workflows anbietet.	Besonders geeignet für Bilderserien von Personen und Produkten, Ausprobieren von Stilen, Bearbeiten von Bildern
Midjourney *midjourney.com*	Statt eines Prompts kann eine Chatfunktion aktiviert werden, mit der man Wünsche und Ideen zum Bild äußert und die KI den Prompt schreibt.	Sehr praktisch, wenn man sich an ein Motiv herantasten möchte oder das Prompting nicht zum gewünschten Ergebnis führt

Manchmal ist es einfacher, statt einen fertigen Prompt einzugeben, in den Dialog zu gehen – besonders bei der Ideenfindung. Die Tools können nicht nur Bilder generieren, sondern auch richtig gute Prompts schreiben und verstehen den Kontext innerhalb eines Projekts.

Bildstile entwickeln und anwenden

Für viele Projekte oder in der Unternehmenskommunikation ist ein durchgängiger Stil besonders wichtig – aber oft eine Herausforderung. Eine Mischung aus Stockbildern, Auftragsfotografien und jetzt auch noch KI macht es nicht leicht, einen durchgängigen visuellen Look beizubehalten. Doch die Anbieter von Bildgeneratoren bieten mittlerweile umfangreiche Möglichkeiten, individuelle Stile in der Generierung anzuwenden.

Textprompt als Stilvorgabe

Der Textprompt ist ein wichtiger Faktor, wenn es um Bildstile geht. Beschreiben Sie den Stil, die Farben und die Stimmung des Bildes, um den Stil zu beeinflussen. Sie können den Stil von vorhandenen Bildern mit Hilfe der Promptformel beschreiben oder ein LLM bitten, das für Sie zu tun.

Prompt Erstelle mir eine Beschreibung des Bildstils als JSON-Code. Achte dabei auf Licht, Farben, Stil und Stimmung.

ChatGPT hat mir mit Hilfe dieses Prompts eine detaillierte Analyse des Bildstils gemacht und mir einen JSON-Code ausgegeben. Im folgenden Praxisteil erfahren Sie mehr über JSON-Codes und deren Erzeugung sowie Anwendung als Bildprompt. Anschließend habe ich im selben Chat die KI gebeten, mir einen Bildprompt für einen Vogel, der in einem Strauch sitzt, zu schreiben und den Bildstil aus dem Code zu adaptieren. Sie können solche Stilbeschreibungen in Tools wie ChatGPT, Gemini und Freepik auch direkt als JSON-Code prompten. Erfahrungsgemäß funktioniert diese Art der »Stilübertragung« am besten mit dem Tool, das das ursprüngliche Bild generiert hat.

PRAXIS

Mit JavaScript zum Bild – Prompts mit JSON

JavaScript Object Notation (kurz JSON) ist ein Datenformat auf Textbasis. Es kann uns dabei helfen, Prompts für Bilder und Videos zu strukturieren. Chatbasierte Modelle wie ChatGPT sowie Freepik können dieses Format lesen. Midjourney scheitert leider daran, da in dem Code Interpunktionszeichen vorkommen, die ganz andere Funktionen triggern. Nehmen wir als Beispiel ein mit Ideogram generiertes fiktives Visual für eine neue Wassermarke:

Bis auf das kleine »p« bei »Pause« ist das Visual sehr gelungen.

Ich möchte nun einige Varianten des Bildes generieren – ohne den Text, um flexibler zu sein. Daher lasse ich mir von ChatGPT den JSON-Code aus diesem Bild generieren.

Prompt Erstelle mir den JSON-Code dieses Bildes, um anschließend weitere Varianten des Bildes zu generieren. Lasse dabei den Text weg und fokussiere dich auf Bildaufbau, Stimmung, Licht und die Person im Bild.

Da dieser sehr lang ausfallen kann, habe ich hier einen Screenshot gemacht, wie so etwas aussehen kann:

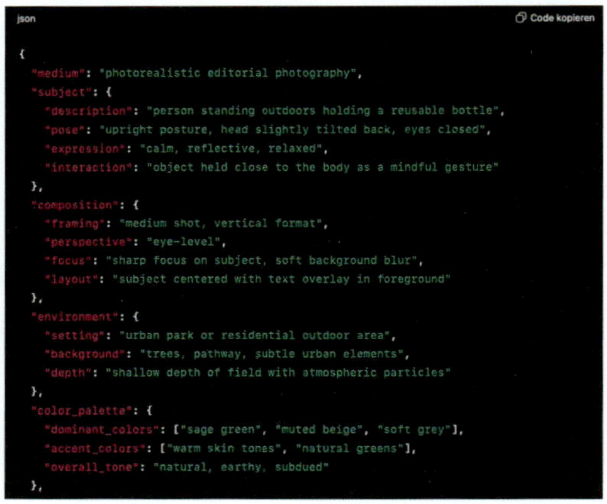
json
Code kopieren


```json
{
  "medium": "photorealistic editorial photography",
  "subject": {
    "description": "person standing outdoors holding a reusable bottle",
    "pose": "upright posture, head slightly tilted back, eyes closed",
    "expression": "calm, reflective, relaxed",
    "interaction": "object held close to the body as a mindful gesture"
  },
  "composition": {
    "framing": "medium shot, vertical format",
    "perspective": "eye-level",
    "focus": "sharp focus on subject, soft background blur",
    "layout": "subject centered with text overlay in foreground"
  },
  "environment": {
    "setting": "urban park or residential outdoor area",
    "background": "trees, pathway, subtle urban elements",
    "depth": "shallow depth of field with atmospheric particles"
  },
  "color_palette": {
    "dominant_colors": ["sage green", "muted beige", "soft grey"],
    "accent_colors": ["warm skin tones", "natural greens"],
    "overall_tone": "natural, earthy, subdued"
  },
```


ChatGPT analysiert das Bild nun nach verschiedenen Kategorien, ähnlich einer Promptformel.

Das Gleiche mache ich mit Gemini und dem »Prompt editor« bei Freepik. Anschließend habe ich das Bild mit Ideogram über die Plattform Freepik generieren lassen, damit der Vergleich fair bleibt. Es ist besonders schwer, die Ästhetik eines Modells mit einem anderen Modell zu rekonstruieren, auch wenn es einige Möglichkeiten der Stilübertragung gibt.

Die JSON-Codes werde ich Ihnen über die Ressourcen zum Buch zur Verfügung stellen.

Generiert aus dem JSON-Code von Gemini

Generiert aus dem JSON-Code von ChatGPT 5.2

Generiert aus dem JSON-Code von Freepik

Ergebnisanalyse

ChatGPT hat sich am schwersten getan, besonders beim Hintergrund. Trotz mehrerer Versuche und Hinweise ist das hier das beste Ergebnis.

Der Code aus Gemini war der kürzeste, trifft die Person sehr gut und hat den Bildaufbau und die Emotionen sehr gut eingefangen. Leider passt der Bildlook nicht, und der Hintergrund hat an Natürlichkeit verloren.

Dafür trifft der Code von Freepik den Look, das Licht und den Hintergrund. Daher möchte ich nun versuchen, die beiden Codes zu kombinieren und mit anderen Modellen zu testen. Am besten haben mir die Ergebnisse mit dem Modell von Google – Nano Banana – gefallen.

Generiert aus dem JSON-Code von Gemini (Personenbeschreibung) und dem Code aus Freepik, generiert mit Google Nano Banana

Das Bild entstand mit Google Nano Banana Pro und den Änderungen, die ich im Prompteditor bei Freepik gemacht habe.

Den Code verfeinern

Ich kann den JSON-Code manuell verändern oder aber auch ein LLM bitten, dies zu tun. Ich nutze den Prompteditor von Freepik, den Sie unten im Promptfenster finden. Ich gebe dort meine Änderungswünsche ein, z.B. dass die Dame eine klare Wasserflasche aus Glas in der Hand halten soll. Außerdem gefällt mir der Bildausschnitt noch nicht, die Person im Original ist weiter weg von der »Kamera« positioniert. Ich erhalte einen neuen Code, den ich auch direkt testen kann.

Ich lasse den Prompt einige Male durchlaufen, um zu sehen, ob die Ergebnisse konsistent sind. Aufgrund der sehr detaillierten Bildbeschreibung hat alles im Bild seinen Platz, Stil und Licht sind konsistent. Wenn ich zufrieden mit der Basis bin, kann ich mit Variationen fortfahren.

Variationen generieren

Steht der JSON-Code und haben wir ein Modell gefunden, mit dem er gut harmoniert, können wir nun Details verändern, um Variationen zu generieren. Da wir hier alles strukturiert aufgelistet haben, ist es für uns einfacher, Details im Bild zu verändern.

Mir geht es nicht darum, ein und dasselbe Bild zu rekonstruieren (das geht übrigens prima, wenn ich das Original in Photoshop vom Text befreie und anschließend bei Freepik als Bildprompt und als Charakter hochlade), sondern ich möchte nun Varianten des Motivs generieren, damit ich z.B. für eine Kampagne mehrere Zielgruppen ansprechen kann. Also beschreibe ich im Prompteditor mein nächstes Kampagnenmotiv.

Person und Hintergrund haben sich komplett verändert. Bildaufbau und Look bleiben aber weiterhin konsistent.

Die Textänderung von kleinem »p« auf großes »P« hat geklappt, aber die Überschneidungen innerhalb des Textes sind verschwunden.

Effekte und Texte hinzufügen

Für eine erste Präsentation der Kampagnenidee können wir nun Gemini (ich nutze die Pro-Version im Chat) bitten, uns den Leuchteffekt und den Text des Originals auf das neue Bild zu adaptieren. Das hat ganz gut geklappt. Die kleine Textkorrektur war allerdings schwieriger und wurde mit Photoshop, ebenfalls mit Nano Banana, versucht. Nicht ganz gelungen, aber für einen ersten Eindruck reicht das völlig aus.

Videos mit JSON

Nutzen Sie JSON-Prompts für die Videogenerierung, um noch mehr Einfluss auf das Ergebnis zu erhalten. Integrieren Sie dafür Bewegung, Kameraeinstellung u.a. in den Code. Hier ist Fachwissen unerlässlich, auch wenn sich mit LLMs oder auch Freepik recht einfach JSON-Codes erstellen lassen.

Hier noch ein paar Tipps & Hinweise

- Lassen Sie sich aus dem JSON-Code einen Bildprompt generieren, damit Sie diesen auch mit anderen Modellen testen können.
- Geben Sie der KI die Promptformel als Orientierung, oder nennen Sie die Bausteine, die Ihnen am wichtigsten sind.
- Lassen Sie sich einfach nur den Bildstil und die Farben analysieren, um daraus neue Prompts im selben Stil zu entwickeln.
- Testen Sie, welche Bildmodelle am besten mit diesem Code zurechtkommen.
- Ist der Code zu lang, lassen Sie ihn auf das Wesentliche kürzen. Nicht alle Modelle können so viel Text verarbeiten.
- Nicht alle Tools zur Bild- oder Videogenerierung können mit JSON umgehen. Testen Sie daher verschiedene Modelle, und schauen Sie, wo Sie die besten Ergebnisse erhalten.

In dieser sehen Sie das Ergebnis dieses Experiments, das ich vor dem Praxisbeispiel beschrieben habe. Ich finde, es ist sehr gut gelungen:

Bilder generiert mit Midjourney

Links das Originalbild, das aus dem JSON-Code generiert wurde. Rechts das neue Bild, gepromptet von ChatGPT auf Basis der Stilvorlage aus dem Code.

Bilder als Stilvorlagen

Eine sehr einfache Möglichkeit ist es, eines oder mehrere Bilder als Stilvorlage zu nutzen. Am besten nutzen Sie dafür andere KI-generierte Bilder oder solche, für die Sie die nötigen Rechte und die Erlaubnis haben, diese bei einem KI-Tool hochzuladen. In den meisten Fällen nutze ich diese Funktionen, um die Bilder bereits in einem bestimmten Look zu generieren. Aber mit manchen Generatoren können Sie auch ein bestehendes Bild in einen neuen Look transferieren. Dabei ist die Wahl des Referenzbildes nicht unerheblich. Folgende Tools bieten u. a. solch einen Stiltransfer an:

- Midjourney (Style Reference, Retexture im Editor, Moodboards)
- Adobe Firefly (Stile, nur bei den Firefly-Modellen)
- Freepik (References > Style, Assistant-Workflows)
- Gemini Nano Banana (via Chat)
- Ideogram (Reference > Style mit dort generierten Bildern)
- KreaAI (Image Style)

Referenzbilder aus der Community

Bei den meisten Bildgeneratoren kann man Bilder aus der Community sehen und verwenden. Manche bieten sogar eine Suchfunktion, wie Midjourney. Oft können Sie die Bilder herunterladen oder direkt für die nächste Generierung nutzen.

Führen wir das Experiment etwas weiter, verwenden das Referenzbild (die Dame mit den Quallen) und nutzen es als Stilreferenz in verschiedenen Modellen mit folgendem Prompt (der gleiche Prompt für das Vogelbild aus ChatGPT, aber nun wurden alle Hinweise auf den Bildstil entfernt). So lässt sich gut beobachten, welchen Einfluss allein die Stilreferenz auf das Ergebnis hat. Gleichzeitig zeigt sich, wie unterschiedlich die Modelle denselben Stil übertragen und gewichten.

Prompt Photorealistic photograph of a small bird perched on a thin branch inside a dense shrub. The bird is the main subject and clearly visible, sitting calmly on the branch. Leaves and branches surround the bird, creating a natural, enclosed environment. Fine details of feathers, beak, and eyes are visible. Small particles are present in the air around the bird, adding depth to the scene. The background consists of layered foliage with spatial depth, while the bird remains in sharp focus.

Links generiert mit ChatGPT, rechts generiert mit Gemini

Zuerst habe ich die beiden Sprachmodelle ChatGPT und Gemini getestet. Beiden habe ich mehrere Versuche gegeben, aber ChatGPT liegt hier ganz klar vorne.

Um mit KI-Assistenten oder Sprachmodellen einen Stiltransfer zu machen, können Sie sich an folgendem Prompt orientieren. Je genauer Sie beschreiben, was Sie möchten, desto besser natürlich das Ergebnis.

Prompt Ich hätte gerne ein Bild mit folgendem Prompt: [Prompt einfügen]. Im Stil des angehängten Bildes. Orientiere dich an Licht, Farbe und Stimmung des Referenzbildes.

Neben den LLMs habe ich weitere mir verfügbare Tools und Modelle getestet, darunter Adobe Firefly, Seedream, FLUX, Mystic und Reve. Die besten Ergebnisse zeige ich Ihnen in der nächsten Abbildung.

Links generiert mit FLUX 1.0, rechts mit Midjourney

Wenn wir das Bild als Stilvorlage nutzen, wird die Generierung nicht nur in Farbe, Licht und Stimmung beeinflusst, sondern auch im Bildaufbau, wie hier zu sehen ist.

Das Ergebnis dieser Experimente lässt sich nicht unbedingt auf alle weiteren Generierungen anwenden, sondern ist nur eine Momentaufnahme dieser einen Konstellation. Ich war selbst überrascht, wie nah der Textprompt mit vorheriger JSON-Analyse am Original war und wie schwer sich viele Modelle getan haben, sich am Referenzbild zu orientieren.

Als weiteres Experiment habe ich den Textprompt mit der Stilbeschreibung und unser Referenzbild als Bildprompt und Stilreferenz bei Midjourney eingegeben. Das mit Magnific über Freepik skalierte Ergebnis sehen Sie auf der folgenden Seite.

Vortrainierte und selbst trainierte Stile

Einige Modelle oder Plattformen bieten die Möglichkeiten, den eigenen Stil anzutrainieren oder auf vortrainierte Stile zuzugreifen. Vortrainierte Stile finden Sie bei:

- **ChatGPT:** Sie können in der Menüleiste links auf »Bilder« gehen und einen Stil auswählen.
- **Adobe Firefly:** Sie finden unter »Effekte« eine Vielzahl an vortrainierten Stilen und Effekten.
- **Midjourney:** Kreieren Sie eigene Stile über Moodboards oder den Style Creator. Bewerten Sie Bilder aus der Community, um Ihren persönlichen Code zu erstellen (Personalize). Außerdem können Sie die Styles aus der Community unter »Explore« finden und anwenden sowie mit dem Befehl **--sref random** zufällige Style-Codes entdecken.
- **Freepik:** Neben dem Upload eines Bildes als Stilreferenz kann man auf vortrainierte Stile zugreifen oder mit dem Premium-Abo einen Stil aus 10–50 Bildern trainieren.

- **Stable Diffusion:** Da dieses Modell open source ist, finden Sie eine Vielzahl an von der Community trainierten Varianten, aber auch bei Stability über Dreamstudio können Sie auf vortrainierte Style Presets zugreifen.

Empfehlung aus der Praxis
So spannend viele Funktionen in den Modellen auch klingen, für die Praxis sind diese nicht immer empfehlenswert. Oft sind die Stile etwas »drüber« und lassen die Bilder anschließend unrealistisch wirken. Aber um zu experimentieren und sich in eine kreative Stimmung zu bringen, können sie eine Bereicherung sein. Manche kennen diese Situation vielleicht noch aus der Bildbearbeitung, wenn man lange an einem Motiv sitzt und immer wieder an einem Regler dreht, bis es dann zu viel des Guten ist. Schauen Sie immer mit etwas zeitlichem Abstand auf Ihr Werk, oder lassen Sie andere drüberschauen.

Jedes Projekt bringt neue Möglichkeiten und Herausforderungen mit sich. Mit der Zeit werden Sie ein Gespür dafür entwickeln, welches Modell oder welche Plattform Ihnen das liefert, was Sie brauchen.

Workflows zur Bild- und Videogenerierung

Einige Tools bieten sogenannte »Nodes« oder »Spaces« an, in denen Sie komplette Workflows zur Bild- oder Videogenerierung aufsetzen können. Das bedeutet, Sie können hier mehrere Modelle und Funktionen miteinander verknüpfen und damit einige Arbeitsschritte sparen. Nehmen wir als Beispiel das Thema »Ideen für Kampagnenvisuals«: Die Motive stehen fest, aber Sie möchten verschiedene Stile oder Locations testen. Dafür haben Sie bereits einige Moodboards erstellt oder generiert. Bauen Sie sich einfach einen Workflow, bei dem Sie Ihr Moodboard mit Ihren Bildprompts verknüpfen und damit automatisch neue Bilder basierend auf Ihren Bildideen generiert werden. Folgende Tools bieten solche Automatisierungen und Workflows an:

Name	Beschreibung	Einsatzmöglichkeiten
Freepik *freepik.com/pikaso/spaces*	Aktuell in der Beta, bietet Freepik die Funktion »Spaces« an. Hier können einfache und komplexe Workflows erstellt werden, indem auf die zahlreichen Modelle zur Bild- und Videogenerierung zugegriffen werden kann.	Produktdesign, Branding, Videogenerierung, Storyboard, Bildskalierung, Moodboards, Bildbearbeitung, 2D zu 3D, Faceswapping, Social Media, Mockups, Infografiken u.v.m.

Name	Beschreibung	Einsatzmöglichkeiten
Krea.ai *krea.ai/nodes*	Krea bietet Zugang zu verschiedenen Modellen zur Bild- und Videogenerierung. Unter »Nodes« können Sie auch hier Workflows zur Bild- und Videogenerierung erstellen. Aus Workflows können Apps entwickelt werden, die einfacher zu bedienen sind und anderen zur Verfügung gestellt werden können.	Produktdesign, Branding, Videogenerierung, Storyboard, Bildskalierung, Moodboards, Bildbearbeitung u.v.m.
ComfyUI *comfy.org*	Entwickeln Sie Workflows über den Browser oder sogar auf Ihrem Rechner. Die Nutzung des Tools ist kostenlos, allerdings können bei der Integration von Modellen via API Kosten entstehen.	Bildgenerierung, Videogenerierung, 3D und Audio. Die Community bietet viele Workflows zur Nutzung und Anpassung an. Training eigener Modelle.
Weavy *weavy.ai*	Bietet Zugang zu vielen Modellen zur Bild- und Videogenerierung, die man in komplexen Workflows miteinander kombinieren kann. Machen Sie eine App aus dem Workflow, um diesen zu vereinfachen.	Bildgenerierung, Videogenerierung, Bildbearbeitung, Bildbeschreibung, Designs mit mehreren Ebenen (auch Text), Maskierungen, Z-Depth-Maps, Animationen, Motion Design und VFX.

Dies ist eine Auswahl der bekanntesten Tools, die Workflows zur Automatisierung komplexerer Abfolgen zwischen mehreren KI-Modellen bieten.

Dank der zahlreichen Beispiele und Templates bei den verschiedenen Anbietern ist der Einstieg in solche Workflows relativ einfach. Während Sie bei den meisten Plattformen auf die Modelle begrenzt sind, die diese anbieten, können Sie mit ComfyUI so gut wie alles integrieren, was es an Modellen für Bild, Video, Audio und Text gibt. Hier können Sie auch auf viele kostenlose Open-Source-Modelle zugreifen und sich selbst Modelle trainieren. Kostenpflichtige Modelle können Sie einfach via Application Programming Interface (API) einbinden.

Die Erstellung eines solchen Workflows lohnt sich besonders, wenn er wiederholt angewendet werden soll. Wollen Sie z. B. für einen Sneaker-Shop animierte Videos der Modelle für Social Media generieren, dann können Sie sich solch einen Workflow inklusive Prompting, Stilvorlagen, Hintergrundbild usw. erstellen und müssen am Ende immer nur die Sneaker austauschen und erhalten jedes Mal ein neues Video.

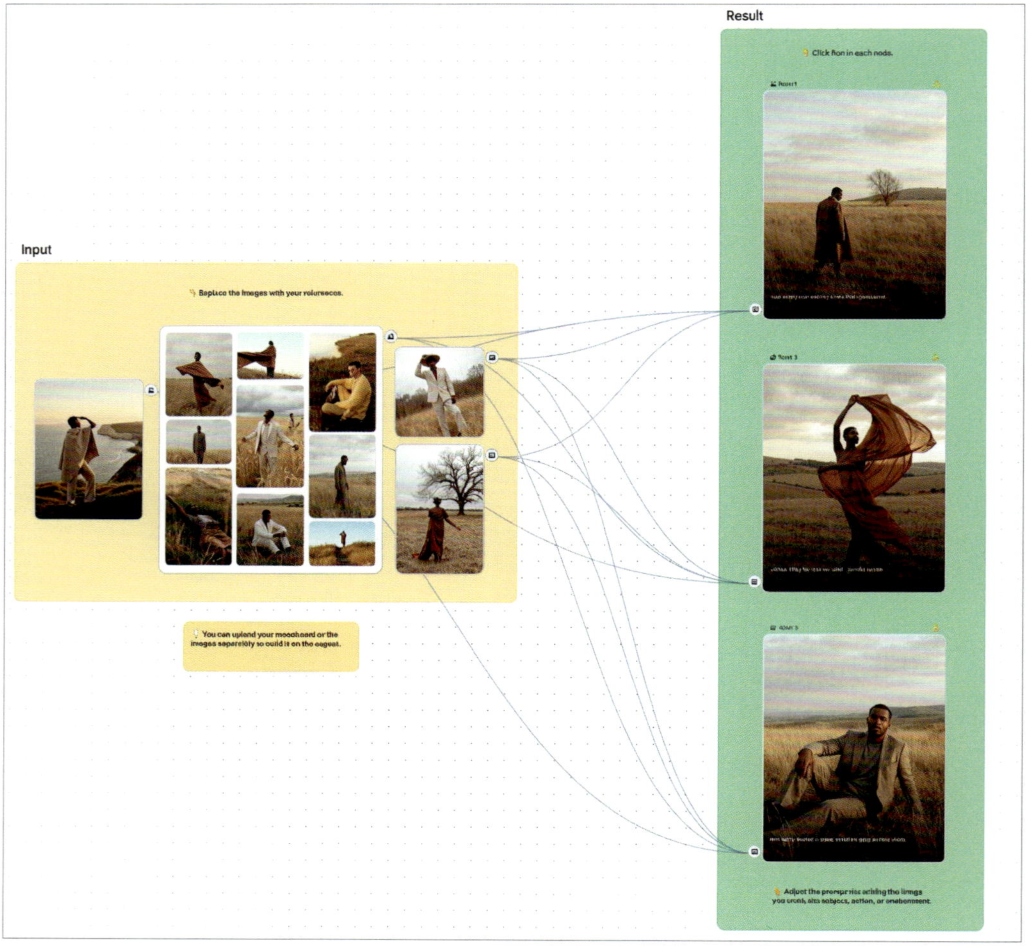

So könnte ein Workflow bei Freepik aussehen. Das ist eines der vorgefertigten Templates, auf das Sie zugreifen und es für Ihre Zwecke anpassen können.

Experimentelle Bildgenerierung

Einige Plattformen bieten experimentelle Wege an, Bilder zu generieren. Besonders spannend für den kreativen Ideenprozess sind sogenannte Realtime-Generatoren, manchmal auch »Sketch to Image« genannt. Dort können Sie via Prompt und verschiedenen Tools, mit denen Sie frei skizzieren sowie Formen oder Bilder platzieren können, in Echtzeit Bilder generieren. Folgende Tools bieten diese Funktion u. a. an:

- Freepik: *freepik.com/pikaso/sketch*
- Krea: *krea.ai/realtime*
- Dream Studio: *dreamstudio.stability.ai*

Besonders intuitiv ist der Realtime-Editor bei Krea. Hier kann ich neben eigenen Skizzen, Bildern, meiner eigenen Webcam sowie verschiedenen Formen und Farben auch den Zufallsgenerator für Prompts nutzen oder direkt auf meiner Arbeitsfläche Bilder generieren, die wiederum in Echtzeit zu einem neuen Bild kombiniert werden.

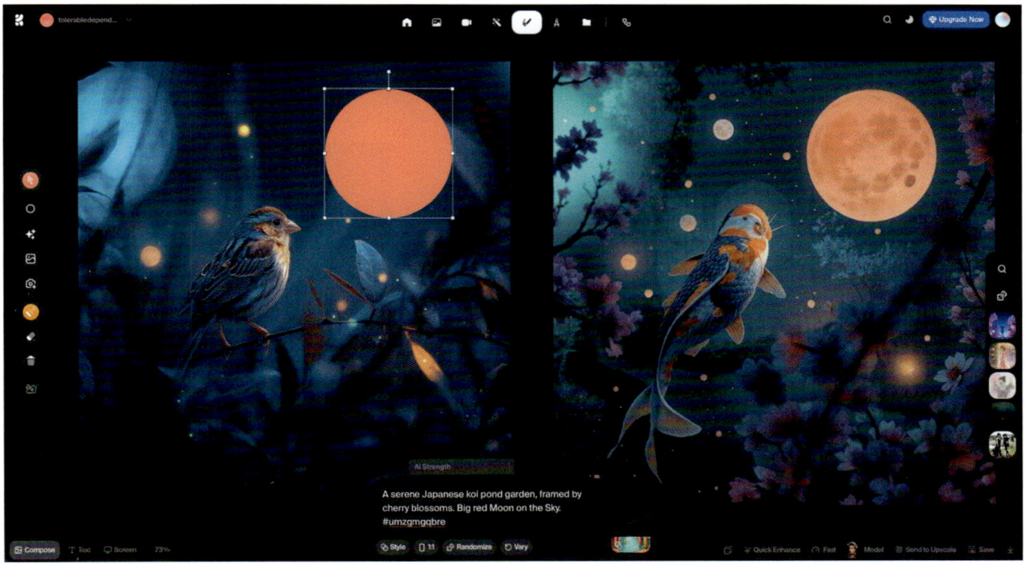

Bei Krea »Realtime« habe ich das Bild des Vogels hochgeladen und mit einem neuen Prompt kombiniert. Außerdem habe ich einen Kreis für den Mond platziert und einen Style hinzugefügt. Das rechte Bild wurde mit Flux Realtime generiert.

Diese Arbeitsweise ist ideal für eine Kreativsession zwischendurch oder wenn Sie einmal mit Bildaufbau und Elementen in Echtzeit experimentieren wollen. Ich finde diese Methode sehr intuitiv und gleichzeitig inspirierend, wenn man sich darauf einlässt.

Bildbearbeitung

Als Designerin und Fotografin ist die Bildbearbeitung ein wichtiger Bestandteil meiner täglichen Arbeit. Hier hat sich in den letzten Monaten viel getan – daher zeige ich Ihnen hier die Tools und Modelle, die ich nicht mehr missen möchte.

Photoshop in ChatGPT

Adobe bietet die kostenlose Integrierung von Photoshop direkt in ChatGPT. Um diese App zu nutzen, gehen Sie im Menü (linke Seite zum Ausklappen) auf »Apps«. Dort finden Sie einige Anbieter, die eine Integrierung anbieten. Nicht alle sind jedoch in Deutschland nutzbar – wie z. B. die App von Canva. Wählen Sie Photoshop aus, und verbinden Sie die App mit ChatGPT. Jetzt haben Sie diese in jedem Chat verfügbar – Sie müssen lediglich mit dem Plus-Icon unter »Mehr« die App auswählen und können Ihre

Anfrage stellen. Fragen Sie im Chat einfach: »Welche Effekte und Einstellungen sind verfügbar?«, und Sie erhalten eine Übersicht. Bei den meisten Funktionen gibt es auch Regler, um diese nach Belieben anzupassen. Diese App eignet sich eher für kleinere und schnelle Anpassungen, wenn gerade kein anderes Programm zur Verfügung steht.

Bilder in ChatGPT bearbeiten

Auch ohne die App können Sie Bilder in ChatGPT generieren und bearbeiten oder eigene hochladen und bearbeiten lassen.

Links generiert mit Seedream 4.5, rechts bearbeitet mit ChatGPT

In einem ganz normalen Chat habe ich beide Bilder hochgeladen und ChatGPT gebeten, das Buch mit dem Cover dieses Buchs zu tauschen. Das Bild wurde etwas herangezoomt, und die Farbe wirkt jetzt etwas natürlicher. Das Gesicht der Person wirkt leicht verändert.

Photoshop mit Firefly und Fremdmodellen

Eine wirkliche Bereicherung ist die Integration von Fremdmodellen in Adobe Photoshop selbst, die über die Funktion »Generatives Füllen« genutzt werden können. Dazu müssen diese Modelle zunächst »freigeschaltet« werden. In einigen Unternehmen ist die Integration geblockt – es erscheint die Meldung, dass man sich mit den Administratoren in Verbindung setzen soll. Haben Sie einen eigenen Account, dann sollten Ihnen die Modelle zur Verfügung stehen.

Falls nicht, dann schauen Sie zunächst, ob Sie die neueste Version von Photoshop installiert haben. Dann gehen Sie auf die Seite *firefly.adobe.com/boards* und öffnen ein Beispielboard oder erstellen ein neues. Unten finden Sie nun den Button »Bild generieren«. Es öffnet sich ein Bedienfeld, und Sie können nun ein Modell auswählen. Unter »Partnermodelle« finden Sie nun eine große Auswahl, die Sie eventuell erstmal verknüpfen bzw. aktivieren müssen. In Photoshop selbst haben Sie (Stand März 2026) folgende Modelle zur Wahl:

- **Firefly Image 1, 3 sowie Fill & Expand** – ideal für sämtliche partielle Retuschen, die Erweiterung von Bildern sowie das Platzieren und Austauschen von Objekten und Personen (mit dem Modell »Fill & Expand«).
- **Gemini 2.5 mit Nano Banana und Pro** – besonders gut für sämtliche Bearbeitungsaufgaben im gesamten Bild. Es versteht Anweisungen wie ein LLM. Die partielle Bearbeitung führt aktuell noch zu Versatz und Farbverschiebungen, die per Hand nachträglich angepasst werden können. Die Bearbeitung des gesamten Bildes führt zu erheblichem Verlust der Bildauflösung.
- **FLUX.2 pro und FLUX Kontext Pro** – versteht ebenfalls den Kontext und komplexere Aufgaben. Ähnlich wie Nano Banana entstehen Verschiebungen im Bild. Besonders geeignet für Änderungen von Text in Bildern oder das Entfernen von Spiegelungen.

Jede Nutzung dieser Modelle kostet Credits, die Sie jeden Monat je nach Abo von Adobe erhalten. Die Fremdmodelle schlagen hier sehr stark zu Buche – auf der Webseite findet man eine unübersichtliche Liste zu den Kosten. Sind die Credits ausgeschöpft, kann man zusätzliche Pakete abonnieren.

Links generiert mit Midjourney, rechts bearbeitet mit FLUX

Der Text des Schildes wurde mit Hilfe von FLUX Kontext Pro in Photoshop komplett geändert. Dazu habe ich die einzelnen Textelemente markiert und via Prompt den neuen Text in Anführungszeichen eingegeben, mit der Aufforderung, diesen zu ändern.

Neben dem Ändern von Texten können Sie Bearbeitungsschritte durchführen, die vorher sehr komplex waren und Ihnen viel Können abverlangt haben. Nehmen wir als Beispiel das Entfernen von Spiegelungen aus Brillengläsern:

Prompt Entferne die Spiegelungen aus der Brille und füge Details hinzu. Behalte ansonsten alles andere im Bild bei.

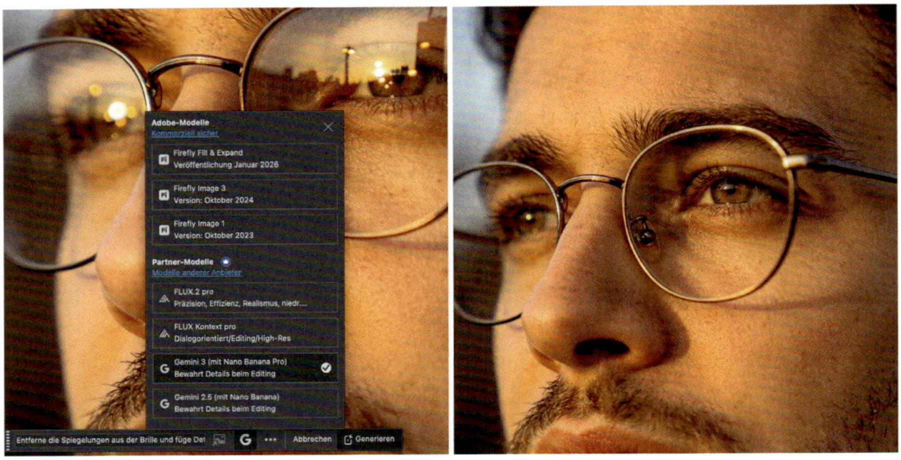

Generiert mit Seedream, rechts bearbeitet mit Nano Banana Pro

Nachdem ich das gesamte Bild ausgewählt habe (cmd/STRG + A), habe ich über die Generative Füllung das Modell Nano Banana Pro ausgewählt und den Prompt eingegeben. Die Spiegelungen wurden entfernt, der Rest des Bildes wurde nicht verändert.

Sie können aber auch Objekte einfügen oder auswechseln. Bei diesem Beispiel habe ich wieder das gesamte Bild ausgewählt, nachdem ich noch in einer neuen Ebene meine neue Teekanne platziert hatte. Der Prompt war sehr einfach:

Prompt Ersetze die Teekanne im Bild.

Generiert mit Midjourney, bearbeitet mit Nano Banana Pro

Die Handhaltung war im Original bereits nicht ganz realistisch, aber der Austausch der Kanne ist sehr gelungen – direkt beim ersten Versuch.

Seit Photoshop 2026 besteht die Möglichkeit, Objekte über »Firefly Fill & Expand« zu platzieren oder auszutauschen. Dazu braucht man nur einen Bereich zu markieren und über die Generative Füllung das entsprechende Modell zu wählen. Nun schaltet sich in der kontextbezogenen Taskleiste eine Schaltfläche links neben dem Symbol des aktivierten Modells frei. Klicken Sie darauf, dann öffnet sich ein Bedienfeld, über das Sie ein Bild hochladen können, das Sie einfügen möchten, hier eine Matcha-Schale mit Besen. Ich möchte nur das Objekt (Photoshop stellt dieses automatisch frei) in den ausgewählten Bereich platzieren. Dabei achte ich darauf, dass die Auswahl die Größe des Objekts in etwa begrenzt und dass das Tool Referenzen für die Perspektive hat, wie die Bücher.

Generiert mit Midjourney, bearbeitet mit »Fill & Expand«

Die Teeschale mit dem Besen wurde in Perspektive, Licht und Farbigkeit passend platziert. Ich erhalte jedes Mal, wie bei der Nutzung der Generativen Füllung, drei Vorschläge. Bin ich zufrieden, dann rastere ich die Ebene, um die Dateigröße nicht unnötig aufzublasen.

Die Ergebnisse unterscheiden sich erheblich in der Qualität, daher testen Sie auch immer mal die anderen verfügbaren Modelle und schauen, welches gerade die beste Lösung für Ihre Aufgabe bietet. Für die meisten Anwendungsfälle ist Nano Banana Pro das Modell der Wahl, trotz der Qualitätseinbußen.

Weitere Photoshop-Werkzeuge

Aber auch die internen Funktionen haben einige Upgrades erhalten. Das Entfernen-Werkzeug erkennt Personen im Hintergrund oder störende Kabel und kann diese auf Knopfdruck entfernen. Das Objektauswahl-Werkzeug kann nun komplexe Auswahlen direkt auf dem eigenen Rechner machen. Dazu wählen Sie das Werkzeug aus und stellen oben im Steuerungsbedienfeld »Gerät« ein. Außerdem kann das Werkzeug die Personen im Bild erkennen, und Sie können damit sehr schnell partielle Auswahlen machen. Die Nutzung dieser Werkzeuge kostet Sie keine Credits.

Generiert mit Nano Banana, bearbeitet mit Entfernen-Werkzeug

Wählen Sie das Entfernen-Werkzeug aus, und gehen Sie oben im Steuerungsbedienfeld auf »Finde störende Elemente > Personen«. Sie können die Auswahl bearbeiten, bevor Sie die Funktion ausführen.

Bilder bearbeiten mit Freepik

Neben zahlreichen anderen Möglichkeiten, KI zu nutzen, bietet Freepik außerdem einige Möglichkeiten zur Bildbearbeitung. Außer vorgefertigten Workflows im AI Assistant gibt es die bereits erwähnten Workflows sowie den Image Editor. Letzterer funktioniert mit dort generierten, aber auch mit externen Bildern, die man einfach hochlädt.

Der Vorteil bei der Bildbearbeitung über Freepik ist, dass die Bilder nicht an Qualität verlieren und sogar direkt über die Plattform skaliert und verbessert werden können. Der Nachteil ist, dass man alle Designs und Bilder hochladen muss. Informieren Sie sich daher genau beim Anbieter, was mit diesen Daten passiert und wer diese einsehen kann, besonders wenn es sich um Umsetzungen handelt, die der Geheimhaltung unterliegen. In diesem Kapitel finden Sie im Praxisteil »Realistische Mockups mit Freepik«, welche Möglichkeiten das Tool bietet.

Die Qualität verbessern

Wenn Sie professionell mit KI-generierten Bildern und Videos arbeiten möchten, dann kommen Sie um Upscaling-Tools nicht herum. Die meisten Bildgeneratoren bieten eine Bildauflösung von 1.024 × 1.024 Pixeln pro Seite bei einem Seitenverhältnis von 1:1. Ausgenommen das Modell Seedream 4K, das uns direkt eine hohe Auflösung generiert. Adobe Firefly generiert standardmäßig mit 2.048 × 2.048 Pixeln.

Viele Bildgeneratoren wie Midjourney bieten eigene Upscaler an. Schauen Sie allerdings genau hin, denn gerne wird das Bild einfach »aufgeblasen« und verliert viele Details. Suchen Sie nach Tools, die Ihnen erweiterte Einstellungen bieten, wie den Detailgrad und ob Sie einfach nur die Auflösung verbessern möchten oder das Bild sogar noch anpassen lassen möchten. Gerade KI-Bilder profitieren von dieser Möglichkeit. Folgende Tools bieten Ihnen eine Skalierung im professionellen Kontext:

- Magnific AI: *magnific.ai*
- Freepik Image Upscaler (mit Magnific als Modell): *freepik.com/pikaso/upscaler*
- Freepik Skin Enhancer (Funktion beim Upscaler für die Optimierung von Haut)
- Topaz Labs (Bild- und Videoskalierung): *topazlabs.com*
- Adobe Photoshop (Firefly Upscaler und Topaz Gigapixel und Bloom): *adobe.com/de/products/photoshop/image-upscaler.html*

Magnific AI ist mein Hauptwerkzeug zur Bildskalierung. Bis vor Kurzem hatte ich hier direkt das Abo, aber nun nutze ich vermehrt Freepik und habe dort Magnific AI integriert. Bei dem folgenden Beispiel sehen Sie eine vierfache Skalierung des Bildes mit der Funktion »Precision«. Das bedeutet, dass die KI hier nicht kreativ wird und das Bild während der Skalierung verändert. Diese Funktion eignet sich auch besonders gut für Fotos. Die maximale Auflösung der Bilder mit diesem Tool beträgt 10k, also 10.240 × 10.240 Pixel.

Links generiert mit Midjourney, rechts skaliert mit Magnific

Das Bild aus diesem Kapitel wurde hier vierfach mit Magnific AI über Freepik skaliert.

Manche KI-Bilder wirken sehr künstlich, besonders wenn wir Menschen fotorealistisch abbilden wollen. Die Haut wirkt zu glatt und perfekt, und es ist schwierig, Personen in ihrem realistischen Alter darzustellen. Der Skin Enhancer von Magnific bietet dafür einige Möglichkeiten der Bildskalierung mit Fokus auf die Haut. Dort können Sie neben der Hautverbesserung auch das Make-up entfernen oder das Licht im Bild anpassen.

PRAXIS

»The inner Orchestra« – KI und Fotografie vereinen

In Kapitel 3 ging es bereits um die Inspiration und Ideenfindung durch KI in einer Kooperation mit Samsung. Der nächste Schritt war das Fotoshooting und die anschließende Bearbeitung mit KI, um meine Bildidee umzusetzen. Also machte ich mich mit Ausrüstung und Geige auf den Weg zur Location. Die farbigen LED-Lampen haben trotz Tageslicht die gewünschten Reflexe auf mich geworfen und mittels Selbstauslöser habe ich diverse Selbstporträts gemacht.

Foto: Samsung

Über die Kooperation mit Samsung

Das Projekt entstand aus einer bezahlten Kooperation mit Samsung im Rahmen der »YOUnited in Creativity«-Kampagne. Mehr über dieses und andere Projekte mit kreativen Köpfen finden Sie unter *samsung.com/de/memory-storage/younited-in-creativity*.

Mein Favorit »out of cam«. Pose, Gesichtsausdruck und Licht sind genau nach meinen Vorstellungen.

Mein erster Schritt nach einem Shooting ist stets die Datensicherung und Sichtung der Bilder. In Adobe Lightroom habe ich die mittlerweile zahlreichen KI-Funktionen genutzt, um das RAW-Foto anzupassen. Im Bereich »Entwickeln« gibt es unter »Maskierung« die gleichen Möglichkeiten, die mir das Objektauswahl-Werkzeug in Photoshop bietet.

Außerdem gibt es Presets, die einfache Korrekturen und Anpassungen erlauben, wie das Verfeinern der Hautstruktur, Hautanpassungen und anderes. Über einen Regler kann man die Intensität dieser Presets anpassen.

In Photoshop ist das Objektauswahl-Werkzeug sehr hilfreich beim Freistellen, besonders bei Feinheiten bei den Haaren. Ich musste nur wenig nacharbeiten.

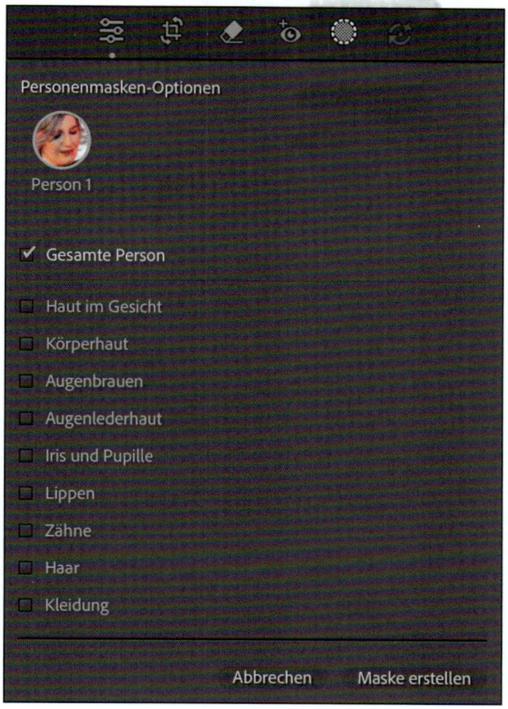

In Lightroom können Sie einzelne Bereiche oder die ganze Person automatisch maskieren und anschließend ganz gezielt bearbeiten.

Das bearbeitete Foto ist nun die Basis für die weiteren Schritte mit KI.

Anschließend begann der kreative Prozess: eine Welt zu erschaffen, die Musik und Natur miteinander vereint. Dabei habe ich meine KI-Bildvorlagen mit dem Hintergrund des Fotos kombiniert und mit Promptvariationen des folgenden Prompts durch verschiedenste KI-Tools laufen lassen.

Prompt a surreal scene in an overgrown urban underpass, featuring a young woman wearing a short, beige dress with lace on top and flowing tulle at the bottom. She plays a violin standing amidst giant Monstera leaves and dried plants growing from cracked concrete. Musical notes and sheet music grow from the vines like leaves. The scene is lit with glowing orange and lilac LED lights, casting magical reflections on her delicate dress. The tulle skirt seems to blend with typographic elements, floating in the air like whispers. cinematic, poetic, magical realism, dreamlike, photo-realistic

Zunächst wollte ich den Look eines Tunnels beibehalten, der dem Originalbild sehr ähnelt, und diesen mit leuchtenden Pflanzen ausschmücken. Meine Hauptarbeitstools dabei waren Adobe Photoshop (generative Füllung), Midjourney und Magnific AI (Relight & Style Transfer).

Ein Zwischenergebnis für den Hintergrund, der mir dann doch zu dunkel, kühl und karg vorkam.

Über viele Umwege bin ich bei diesem Hintergrundbild gelandet, in das ich mich testweise hineingesetzt habe.

Die Idee eines bewachsenen Untergrundes, eines geschützten Raums, in dem ich frei musizieren und kreativ sein kann, hat mir am besten gefallen. Das Bild hat eine wunderbare Dynamik, ohne aber vom Hauptmotiv abzulenken.

Die rechte Seite wurde am stärksten verändert. Nun wirkt sie viel heller und leuchtender.

Doch es fehlten noch die passenden Lichtquellen und leuchtende Pflanzen, wie sie in meinen Moodbildern zu sehen waren. Hier habe ich wieder in Photoshop mit der generativen Füllung gearbeitet und einen Baum und weitere Pflanzen hinzugefügt. Beim Fotoshooting hatte ich außerdem fliegende Notenblätter fotografiert, die ich hier eingesetzt und mit der generativen Füllung weiter angepasst habe.

Ein Ausschnitt des Bildes, das die Veränderungen und Notenblätter im rechten Bildbereich zeigt.

An mir selbst habe ich wenig verändert. Nur der Übergang von Haaren zu Hintergrund und das Kleid unten wurden ebenfalls mit der generativen Füllung angepasst.

Prompt wehendes dynamisches Kleid, leuchtender stoff

Das Kleid fällt nun weicher und wurde außerdem verlängert.

Zum Schluss habe ich noch den Boden mit Pflanzen gefüllt und den Vordergrund mit unscharfen Pflanzenteilen ergänzt, um diesen Schutzraum zu verdeutlichen und mehr Intimität zu schaffen. Am schwierigsten war es, den Punkt zu finden, an dem man aufhört und das Bild für »fertig« erklärt.

Oben sehen Sie das bearbeitete Originalfoto, unten das Endergebnis. Es soll zum Entdecken einladen und mein Gefühl des »inneren Orchesters« sowie des »Wachsens durch Musik« symbolisieren.

Links generiert mit Midjourney, rechts skaliert mit Magnific

Hier wurde der Skin Enhancer von Magnific mit der Funktion »No Makeup« über die Plattform Freepik angewandt und das Bild gleichzeitig zweifach skaliert.

In Photoshop können Sie unter »Bild > Generativ hochskalieren« zwischen Firefly und Topaz als Upscaler wählen. Allerdings ist hier bei der maximalen Auflösung schnell Schluss – die maximale Bildgröße beträgt laut Adobe 4.096 Pixel. Für eine KI-generierte Illustration habe ich Topaz Bloom als Modell gewählt und die Kreativität auf »7« eingestellt, da ich gerne die Details im Bild verbessern möchte. Das hat auch auf Anhieb gut geklappt, wie Sie bei dem Vergleich sehen können.

Links generiert mit Midjourney, rechts skaliert mit Photoshop

Das rechte Bild hat an Details sowie das Vierfache an Auflösung gewonnen.

Das Bild hat nun eine Auflösung von 2.048 Pixeln, aber ich kann kein weiteres Mal skalieren. Obwohl ich die maximale Auflösung nicht überschreite, sagt mir Photoshop genau das, und Topaz verweigert sich. Wechsle ich nun zum Firefly Upscaler, dann kann ich die Auflösung noch einmal verdoppeln – ohne kreative Verbesserungen.

Designs generieren

Verlockend klingt es, sich von der KI nicht nur die Ideen, sondern auch die komplette Umsetzung im Layout generieren zu lassen. Und es gibt einige Tools, die uns das versprechen:

Name	Beschreibung	Einsatzmöglichkeiten
Adobe Express *new.express.adobe.com*	Als App oder über den Browser bietet Adobe hier Möglichkeiten zur Gestaltung von Designs oder zum Generieren von Vorlagen, Animationen, Logos u.v.m. Die Designs sind bearbeitbar.	Social Media, Bildgenerierung, Inspiration, Printmedien, Nutzung von Vorlagen (auch eigenen), Inspiration für Schriften, Animationen u.v.m.
Canva *canva.com/ai*	Diese Plattform bietet nicht nur die Möglichkeit, eigene Designs zu entwerfen, sondern auch eine Vielzahl an Vorlagen und einige KI-Funktionen zur Bildgenerierung, aber auch für Layout und Design. Alles bearbeitbar und individualisierbar.	Social Media, Präsentationen, Logodesign, Printmedien, Bildgenerierung, Bildbearbeitung u.v.m.
Freepik *freepik.com/pikaso/assistant*	Der AI Assistant bietet viele vorprogrammierte Workflows für die Erstellung von Designs und Vorlagen.	Printmaterialien, Social Media, Mockups, Werbematerialien u.v.m.
Gemini *gemini.google.com*	Zwar kann die KI keine bearbeitbaren Vorlagen generieren, aber zumindest unsere Ideen in Bild und Text umsetzen. Die Darstellung von Text funktioniert dabei sehr gut.	Ideenentwicklung und Visualisierung von Ideen
ChatGPT *chatgpt.com*	Auch hier können wir uns Ideen entwickeln und direkt Visualisierungen erstellen lassen.	Ideenfindung, kreative Sparringspartnerin, Prompts für Visuals und Designs

Diese Tools können Sie bei der Erstellung und Entwicklung von Designs unterstützen.

Zwar bietet OpenAI die Integration von Canva als App direkt in ChatGPT an, diese Funktion ist aber Stand März 2026 in Deutschland nicht freigeschaltet. Sie können Canva mit ChatGPT verbinden, aber (noch) nicht nutzen. Wenn diese Funktion verfügbar ist, können Sie Ihre Ideen innerhalb des Chats in Layoutentwürfe umsetzen lassen und in Canva weiterbearbeiten.

PRAXIS

Poster-Design mit KI generieren

Für eine KI-Weiterbildung wollte ich ein einfaches Poster entwickeln – mit dem generierten Bild aus diesem Kapitel als Hintergrund. Dabei bin ich recht naiv herangegangen, um zu testen, ob die KI mir hier die kreative Arbeit abnehmen kann. Spoiler: kann sie nicht. Aber Sie kann mir Inspiration liefern, wenn ich gerade festhänge, oder mir eine Basis geben, auf der ich aufbauen kann. Für schnelle Tests oder ganz einfache Layouts für Social Media sind die Tools durchaus brauchbar.

Canva liefert mir eine bearbeitbare Vorlage, die sogar Ideen für weitere Texte auf dem Plakat liefert. Ich kann hier direkt Farben ändern, Elemente löschen und hinzufügen.

ChatGPT liefert ein Pixelbild, aber mit einer spannenden Idee für die Typografie.

ChatGPT hat mich positiv überrascht. Mit einem recht simplen Prompt habe ich eine nette Inspiration für mein Poster erhalten.

Ergebnisse anderer Tools

Gemini war hier sehr zurückhaltend in der typografischen Gestaltung, und Adobe Express hat zwar eine bearbeitbare Vorlage geliefert, aber die war zu simpel, ohne große Gestaltungselemente. Der Freepik Assistant hat so lange gebraucht, dass ich das Ergebnis nicht abwarten wollte.

Infografiken generieren

Informationen zu visualisieren ist eine Kunst, die nicht viele beherrschen. Daher wäre es eine wahre Erleichterung, wenn KI diesen komplexen und zeitaufwendigen Job übernehmen würde. Einige Anbieter versprechen viel, aber welche Modelle können wirklich mit komplexen Inhalten umgehen und diese in eine visuelle, aber verständliche Form bringen? Zwei Modelle haben sich hier besonders positiv hervorgehoben: ChatGPT (mit der Bildgenerierung) und Google Nano Banana Pro. Beide Modelle verstehen den Kontext und können komplexe Informationen so aufbereiten, das sie visuell erfassbar werden – inklusive textlicher Beschreibungen.

Zuerst wollte ich den Design-Thinking-Workflow anhand einer Trinkflasche visualisieren. ChatGPT hat mir den Prompt erstellt, und ich habe der KI viel gestalterische Freiheit gelassen:

Prompt Erstelle eine übersichtliche, farbenfrohe Infografik im Illustrationsstil, die den iterativen Design-Thinking-Prozess mit KI am Beispiel einer Trinkflasche zeigt. Keine Kacheln, keine Fotorealistik. Visualisiere fünf klar erkennbare Stationen als kleine illustrative Szenen entlang einer Linie (Storyboard-Feeling), jeweils mit einer charakteristischen Illustration: Recherche: Moodboard-Collage, Materialproben, kleine Lupe, Wettbewerbsflaschen als Silhouetten. Ideation: Skizzenwolken, schnelle Scribbles, viele Mini-Formvarianten der Flasche, Sticky Notes. Kreation: sauberere Zeichnung, Farbpalette, Etikett-Typo-Entwürfe, Icon-Set. Prototyping: 3D-Mockup-Ansicht, Test-Notizen, kleine A/B-Vergleiche, „v1 v2 v3". Umsetzung: finaler Packshot-Look der Flasche, Export-Symbol, Checkliste „ready". Wichtig: Zeige deutlich, dass es nicht linear ist – nutze elegante, farbige Pfeile als Rückschleifen z. B. Umsetzung zurück zu Ideation, plus einen kleinen Loop-Pfeil als „Iteration". Stil: modern, editorial, friendly, hand-drawn meets clean vector, klare Hierarchie, gut lesbar, bunt aber nicht schrill, viel Luft, hochwertige Buchgrafik.

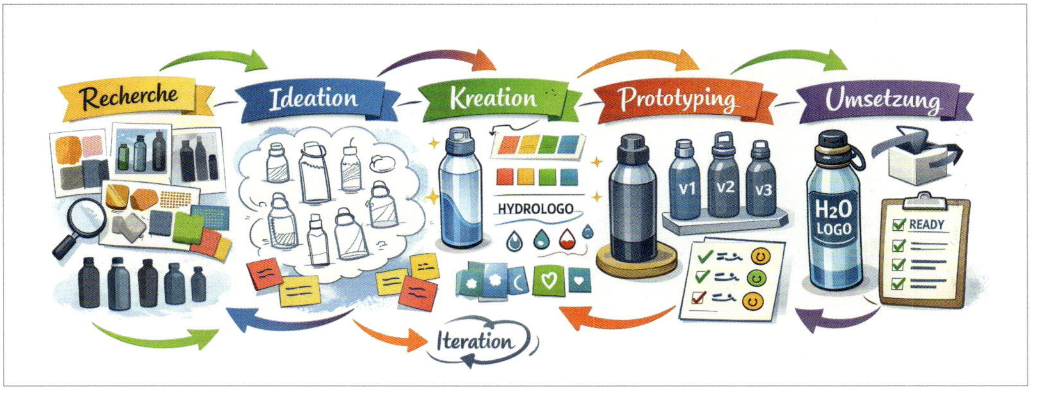

ChatGPT hat (in einem anderen Chat) aus dem Prompt diese Grafik erstellt.

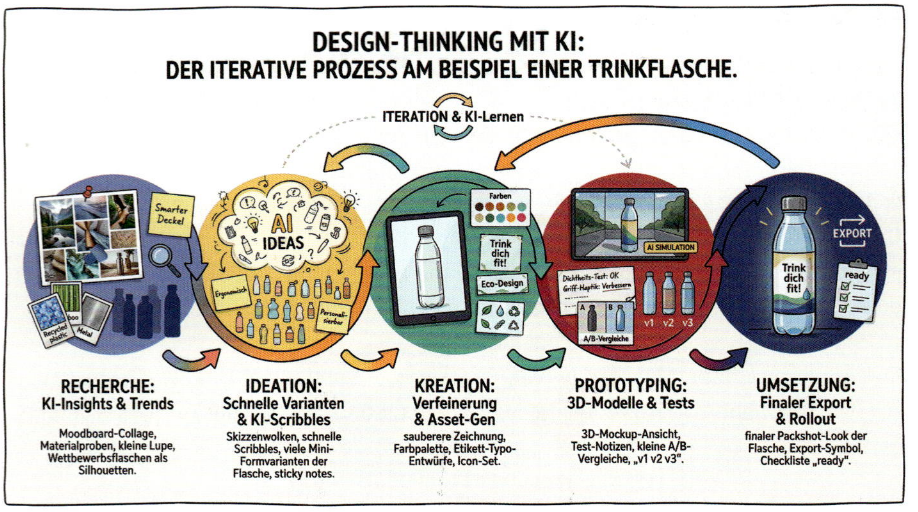

Über Freepik habe ich mit demselben Prompt und Modell Nano Banana Pro diese Grafik generiert.

Beide Grafiken sind gelungen. Während ChatGPT stärker visuell arbeitet, setzt Gemini auf mehr Beschreibungen, auch wenn diese nicht unbedingt ganz meinen Wünschen entsprechen. Der Nachteil liegt klar auf der Hand: Sie können hier nichts händisch anpassen oder nachbearbeiten. Sie müssen Änderungswünsche im Chat mitteilen und hoffen, dass es funktioniert – oder Sie nutzen Photoshop, um einzelne Bereiche zu bearbeiten. Testen Sie verschieden Stile, und nutzen Sie Beispiele von Infografiken, um der KI eine visuelle Anleitung zu geben, was Sie von ihr erwarten.

Beide Grafiken generiert mit Nano Banana Pro & Stilreferenz

Neben einem Prompt habe ich hier Illustrationen (keine Infografiken) als Stilreferenz genutzt, um den Look der Grafik zu verändern.

Vektorgrafiken generieren

Die generative KI hat hier längst aufgeholt, und es gibt bereits einige Möglichkeiten, Vektorgrafiken zu generieren – direkt oder über einen kleinen Umweg. Fangen wir mit dem direkten Weg an und welche Tools uns die Generierung von Vektoren ermöglichen:

- Adobe Illustrator
- Adobe Firefly (Text zu Vektor)
- Freepik (Icon Generator oder der Download als SVG-Datei ab Premium-Abo)
- Canva (AI Vector Generator bzw. Download als SVG-Datei ab Premium-Abo)
- Recraft AI (Modell Recraft V3 Vector)

Für den Test nehme ich einen einfachen Prompt, der mir einen Sticker als Vektorgrafik generieren soll:

Prompt sticker design of an abstract and minimalistic vector illustration of a female unicorn in a suit in black, orange and dark purple on white background

Generiert mit GPT 1.5 High via Freepik

GPT 1.5 liefert ein tolles Ergebnis, das ich aus Freepik direkt als SVG-Datei herunterladen kann. Rechts sehen Sie in der Pfadansicht in Illustrator, dass wir sehr saubere Pfade erhalten haben.

Freepik macht es uns sehr einfach, indem wir mit dem Modell unserer Wahl ein Pixelbild generieren und dann einfach über den Download eine saubere Vektorgrafik erhalten. Leider kann man hier nichts weiter einstellen, was bisher aber auch nicht nötig war.

Anschließend teste ich, was Adobe liefert, wenn ich direkt eine Vektorgrafik generiere. Dabei gibt es einen erheblichen Unterschied, ob ich über den Browser »Text zu Vektor« nutze oder direkt in Illustrator generiere.

Generiert mit Adobe Illustrator »Vektorgrafik generieren«

Adobe Illustrator generiert einige schöne Einhorndamen, aber erzeugt extrem viele Ankerpunkte, und viele Linien sind einfach »krakelig« und unschön.

Kommen wir zur Browserversion von Adobe, bei der wir ebenfalls Vektorgrafiken generieren und auch direkt in Adobe Illustrator öffnen und bearbeiten können.

Generiert mit Adobe »Text zu Vektor«

Das Design gefällt mir besser, auch die Vektoren sind etwas sauberer, aber an einigen Stellen immer noch unschön. Immerhin haben wir weniger Ankerpunkte.

Es ist mir ehrlich gesagt ein Rätsel, warum Adobe solche Probleme damit hat, saubere Vektorgrafiken zu generieren. Die nachträgliche Anpassung dieser Grafiken wird damit zum Albtraum. Dass es besser geht, zeigen uns Tools wie Freepik oder sogar Recraft AI. Das Ergebnis aus Recraft findet hier keinen Platz mehr, aber der Stil ist in Ordnung und die Vektorgrafik absolut sauber.

Pixelgrafiken vektorisieren

Nicht bei jedem Tool haben wir die Möglichkeit, die Bilder als Vektor zu generieren oder downzuloaden. Wenn Sie den Bildnachzeichner von Adobe Illustrator einmal ausprobiert haben, waren Sie wahrscheinlich sehr enttäuscht vom Ergebnis. Selbst ganz einfache Vorlagen in Schwarz und Weiß erhalten seltsame Kurven, wo keine sein sollten. Hier kommt mein absolutes Lieblingstool zum Einsatz: Vectorizer AI. Unter *vectorizer.ai* können Sie für 8,99 €/Monat so viele Bilder vektorisieren, wie Sie möchten. Es lohnt sich also, für aktuelle Projekte ein Abo zu holen, Sie können es sogar gleich wieder beenden und den Monat ausschöpfen.

Die Qualität, die dieses Tool bei Vektorgrafiken liefert, ist phänomenal. Sie haben außerdem sehr viele Einstellmöglichkeiten, bevor Sie die Datei herunterladen:

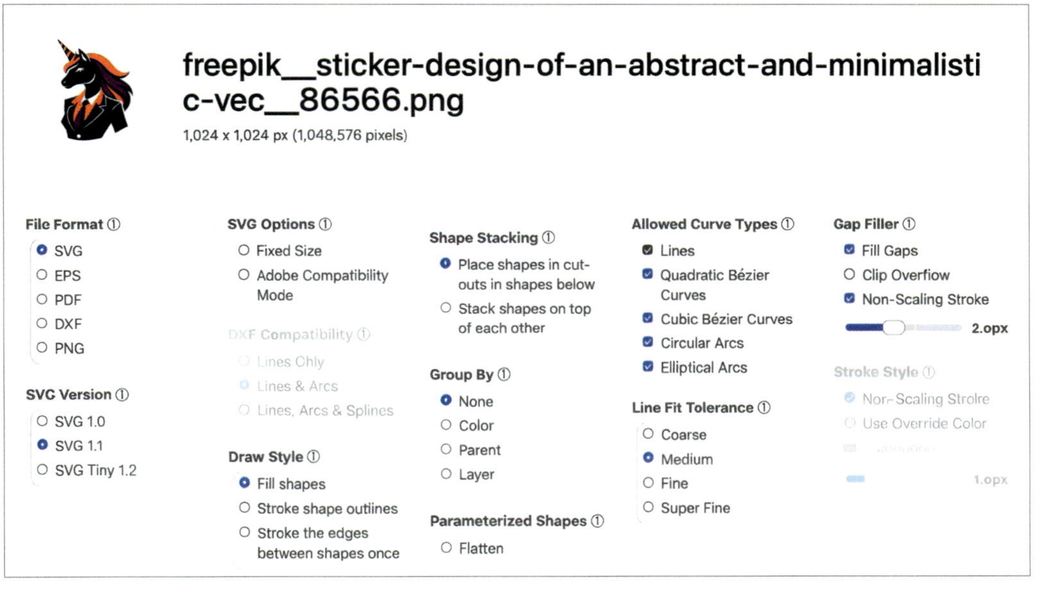

Vectorizer AI ist ein Tool, mit dem Sie Pixelgrafiken detailgetreu vektorisieren können.

Der Freepik-Hack

Sie scheuen sich davor, noch ein Abo abzuschließen, haben aber Freepik als Premium-Kunde abonniert? Dann speichern Sie Ihr Pixelbild ab, laden es bei Freepik als Bildprompt hoch und generieren ein Bild mit dem Modell Nano Banana (am besten mit dem Originalprompt). Sie erhalten eine exakte Kopie, die Sie anschließend ganz bequem als SVG herunterladen können.

Negativprompts

Da ist etwas im Bild, was dort nicht sein sollte? Sie haben über den Prompt alles versucht? Dann ist die Lösung ein Negativprompt. Das bedeutet, wir geben der KI Anweisungen, was sie vermeiden soll. Folgende Modelle bieten diese Funktion:

- Midjourney (über den Parameter `--no` am Ende des Prompts)
- Dream Studio (Advanced Settings > Negative Prompt)
- Freepik (nur mit bestimmten Modellen)

Haben Sie mehrere Elemente, die Sie vermeiden möchten, dann listen Sie diese mit Kommata getrennt auf. Diese Funktion ist keine Garantie, und die Begriffe sollten nicht mit dem Prompt kollidieren.

Beschreiben Sie für bessere Ergebnisse, was Sie genau generieren möchten, statt zu beschreiben, was nicht. Innerhalb des Prompts kann solch eine negative Äußerung zur Verwirrung führen, da KI-Modelle Texte anders »lesen« als wir. So kann es passieren, dass wir genau das erhalten, was wir eigentlich nicht wollten.

Bildgeneratoren – meine persönliche Empfehlung

Wie Sie sehen, ist die Welt der Bildgeneratoren sehr vielseitig. Nicht jedes neue Modell ist auch das beste für Ihre Zwecke – also probieren Sie zuerst das aus, was Sie haben, und versuchen Sie, hier das beste Ergebnis zu erzielen. Im Laufe des Kapitels oder auch im Buch haben Sie bereits einige Beispiele gesehen und können so etwas besser einschätzen, welche Modelle für Sie interessant sein könnten.

Ich persönlich arbeite am liebsten mit Midjourney, wenn ich visuell ansprechende Bilder brauche und experimentieren möchte. Außerdem ist der integrierte Editor ideal, wenn man Bilder anpassen möchte. Ideogram verwende ich gerne für Text-Bild-Kombinationen oder Schriftzüge, aber auch Produktvisualisierungen. Die Möglichkeit bei Freepik, Bilder von Personen als Vorlage zu nutzen, ist sehr spannend. Nano Banana ist bei der Bildbearbeitung in Photoshop sehr nützlich, besonders wenn man komplexere Korrekturen hat. Bei einfachen Retuschen finde ich Firefly immer noch am besten. In der Bildgenerierung ist Firefly meist für Bilder geeignet, die oft in Stockagenturen zu finden sind – das liegt daran, dass es mit Adobe-Stock-Bildern trainiert wurde. Aber die Vorschau auf das neue Modell Image 5 ist sehr vielversprechend. Probieren Sie auch Stable Diffusion aus, gerade für Illustrationen, Food und Packaging überrascht es mit sehr guten Ergebnissen.

Modelle wie ChatGPT, Gemini (bzw. Nano Banana) und FLUX Kontext sind sehr praktisch für die Bildgenerierung innerhalb eines komplexen Projekts oder Korrekturen, aber auch um ein Motiv Schritt für Schritt zu entwickeln. Suchen Sie eine Plattform, die Ihnen sehr viel bietet, wird Ihnen Freepik eine wahre Freude sein.

Textgenerierung

Text und Bild bilden in vielen kreativen Disziplinen eine Einheit und sollten daher auch bei der Ideenfindung gleichwertig berücksichtigt werden. Ob wir mit einer Geschichte für unser Konzept starten und diese in Bilder übersetzen, Bild und Text zusammenbringen möchten oder rein typografische Lösungen suchen – KI kann uns auch hier unterstützen. Mittlerweile nutzen sehr viele Menschen KI für Social Media, Webseitentexte, zum Bücherschreiben u.v.m. Hier trennt sich bereits die Spreu vom Weizen – denn wer bereits viel mit KI gearbeitet hat, entlarvt den einen oder anderen KI-Text. Aber dazu später mehr.

Testen Sie verschiedene Modelle

Beim Schreiben des Buchs gab es einige Modell-Updates. Dabei habe ich einen großen Unterschied in der Qualität der Texte feststellen müssen. ChatGPT – mein Hauptarbeitstool – hat sich mit den Versionen 5.1–5.3 leider verschlechtert, was das Schreiben von Texten angeht. Aktuell wird Claude von Anthropic als kompetenter Konkurrent von ChatGPT gefeiert. Probieren Sie daher verschiedene Anbieter und Modelle aus, um zu sehen, was am besten zu Ihnen passt.

Kreatives Schreiben

Texte können nicht nur Informationen übermitteln, sondern auch Geschichten und Emotionen, mit denen wir unsere Zielgruppen ganz gezielt ansprechen. Gute Texte schreiben ist kein leichtes Unterfangen und erfordert viel Erfahrung sowie die Fähigkeit, Inhalte zu verstehen und zielgerichtet aufzubereiten. KI macht uns nicht einfach zu besseren Texter*innen, aber wenn wir wissen, was wir tun, dann kann KI uns nicht nur Arbeit abnehmen, sondern unsere kreative Arbeit erheblich bereichern.

Mit Hilfe von KI lassen sich viele tolle Geschichten erzählen, ein paar Ideen haben Sie bereits in Kapitel 3 erhalten. Diese Texte können wir zur Inspiration nutzen oder aber auch kreative Konzepte, Storyboards u.v.m. davon ableiten. Das Erzählen liegt uns in den Adern – seit es Menschen gibt, gibt es auch Geschichten. Schreiben kann also auch kreativer Selbstausdruck sein. Würde ich die KI meine Bücher schreiben lassen, dann wären es nicht mehr meine Bücher. Ich denke beim Schreiben und lasse die Worte fließen.

Wenn ich KI nutze, um kreative Texte zu schreiben, dann nutze ich diese ganz oft zur Inspiration oder für eine solide Basis – ohne die Erwartungen, etwas »Fertiges« zu erhalten. Das kann auch nur ein Satz oder sogar ein Wort sein, das mich auf Ideen bringt. Mal sind die Ergebnisse erstaunlich gut, mal sind sie unterirdisch schlecht oder mittelmäßig. Schauen wir uns verschiedene Methoden an, um bessere Texte zu schreiben.

Hat das die KI geschrieben?

Eine Frage, die sich wahrscheinlich alle stellen, wenn sie bereits ein paar Mal mit KI geschrieben haben: Wie bekomme ich es hin, dass es nicht zu sehr nach KI klingt? Bei manch einer E-Mail würde ich gerne mit »Hallo ChatGPT« antworten, statt die Absenderin oder den Absender zu nennen. Scheinbar haben die LLMs, die wir tagtäglich nutzen, ihren ganz eigenen Stil entwickelt. Und den ziehen sie gnadenlos durch, egal ob wir einen LinkedIn-Post, Aufsatz oder Blogartikel schreiben lassen. Ich muss ehrlich sagen, dass ich nach den ersten ein bis zwei Sätzen aufhöre zu lesen, wenn ich merke, dass der Text komplett von einer KI geschrieben wurde. Und das liegt nicht am Einsatz von Gedankenstrichen, die einfach zu einer guten Interpunktion gehören. Das liegt daran, dass die KI Texte sehr glatt formuliert und sich immer wieder ähnlicher Stilmittel oder bestimmter Begriffe bedient, die nicht unbedingt zum alltäglichen Repertoire von Autor*innen gehören. Hier zeige ich Ihnen Beispielsätze, an denen Sie erkennen können, dass der Text sehr wahrscheinlich KI-generiert wurde.

Besonders häufig lese ich die Kombination »Nicht, weil ... – sondern ...«. Das kann man natürlich so schreiben, aber wenn man diese Kombination bei vier von fünf LinkedIn-Posts in Folge sieht, wird es schnell langweilig.

Beispiel Mit KI sortiere ich schneller aus. Nicht, weil sie besser denkt – sondern weil sie mir mehr Material zum Wegwerfen liefert.

KI nutzt gerne den kurzen und einfachen Satzbau, und das mehrfach hintereinander. Auch das ist nicht falsch, aber auf Dauer sehr generisch und bringt den Lesefluss ins Stocken.

Beispiel KI schlägt mir zehn Ideen vor. Acht davon erkenne ich sofort als »schon gesehen«. Eine nervt mich. Und genau diese eine ist meistens der Anfang.

Den folgenden Satzaufbau nenne ich »die heilige Dreifaltigkeit der KI«. Ein typischer Rhythmus, der sich in den meisten KI-Texten findet, wenn man keine spezifischen Angaben macht.

Beispiel KI kann im kreativen Prozess als Unterstützung dienen, indem sie Ideen generiert, Texte formuliert oder visuelle Konzepte vorschlägt. Dadurch können Kreative Zeit sparen und neue Perspektiven entdecken.

Gedankenstriche sind kein Indiz für KI-Texte, aber ChatGPT nutzt die Denkpause sehr gerne vor einem »und«. Auch wenn ich dieses Stilmittel ab und zu selbst nutze, möchte ich es nicht in jedem Text vorfinden.

Beispiel Wer KI ungefiltert schreiben lässt, bekommt Texte, die niemanden stören – und genau deshalb niemanden interessieren.

Ein wahrer Klassiker ist die Zusammenfassung. Satzanfänge sind eine Spezialität von KI, und hier möchte ich noch ein paar sehr typische auflisten.

Beispiel Zusammenfassend lässt sich sagen, dass der Einsatz von KI im kreativen Prozess zahlreiche Chancen bietet und Kreative dabei unterstützen kann, effizienter zu arbeiten und neue Ideen zu entwickeln.

- Häufig wird davon ausgegangen, dass ...
- Dadurch entstehen neue Chancen, ...
- Im Folgenden wird erläutert, wie ...
- Es ist wichtig zu beachten, dass ...
- Grundsätzlich gilt, dass ...
- Es kann sinnvoll sein, ...
- Experten sind sich einig, dass ...
- Der folgende Text zeigt, wie ...
- Entscheidend ist nicht X, sondern Y.
- Hier wird es kritisch.
- Das Problem beginnt dort, wo ...
- Konkret heißt das: ...
- Nicht falsch – aber ...

Sie nutzen diese Einstiege ab und zu gerne? Dann ist das kein Grund, das nicht weiter zu tun, denn es sollte nicht Sinn der Übung sein, sich wegen KI zu verbiegen. Aber wenn Sie mit KI Texte schreiben lassen, dann empfehle ich, diese so zu überarbeiten, dass diese nicht generisch wirken und einen persönlichen Touch erhalten.

Listen Sie alles auf, was Sie stört

LLMs arbeiten sehr gut mit konkreten Beispielen und Anweisungen. Finden Sie in eigenen oder fremden Texten Formulierungen oder Begriffe, die unerwünscht sind, dann fertigen Sie eine Liste an und nutzen diese für das Training Ihrer KI.

Am besten funktionieren natürlich Positivbeispiele, also was Sie von der KI erwarten. Die Negativbeispiele können Sie zusätzlich einbringen mit dem Hinweis, was die KI vermeiden soll.

Die beste Lösung für das Problem wäre, den eigenen Stil zu analysieren und der KI eigene Texte als Promptvorlage zu geben.

Den eigenen Schreibstil analysieren

Um das Problem zu umgehen, dass Ihre Texte KI-generiert wirken, ist die beste Lösung, Ihren eigenen Stil einzubringen. Dazu brauchen Sie drei bis fünf Beispiele, am besten aus einem bestimmten Anwendungsbereich, also z. B. Ihre besten Posts für Social Media, wenn Sie die KI für Social-Media-Texte nutzen möchten. Nutzen Sie diesen oder einen ähnlichen Prompt, und geben Sie Ihre Textbeispiele hinzu, entweder als Text direkt im Chat oder als Datei (Word, PDF etc.), die Sie einfach im Chat anhängen.

Prompt Analysiere meinen Schreibstil anhand der folgenden Texte unabhängig vom Inhalt und fasse übersichtlich zusammen, welche Tonalität ich verwende, wie meine Wortwahl und mein Satzrhythmus funktionieren, welche Formulierungen und sprachlichen Muster typisch für mich sind und welche Stimmung oder Wirkung dadurch entsteht. Beschreibe anschließend in klaren Stichpunkten, was meinen Stil unverwechselbar macht.

Je nachdem, welches Modell Sie dafür wählen, erhalten Sie wahrscheinlich recht viele Informationen. Das Ganze können Sie sich von der KI natürlich noch zu einem Styleguide für die Textgenerierung zusammenfassen lassen:

Prompt Erstelle aus deiner Analyse eine prägnante Stil-Guideline, die du für alle zukünftigen Texte anwenden sollst. Gliedere sie in Tonalität, Wortwahl, Satzbau, typische Bilder oder Vergleiche, Dos & Don'ts sowie die zugrunde liegende Stimmung, damit eine Vorlage entsteht, mit der mein Schreibstil konsistent nachgebildet werden kann.

Die Nutzung des Guides ist leider keine Garantie, um Texte auf Knopfdruck nach Ihnen klingen zu lassen. Ergänzen Sie Ihre Textbeispiele im Dokument, oder stellen Sie diese im jeweiligen Chat zur Verfügung. Eine Nachbearbeitung der KI-Texte ist in den meisten Fällen empfohlen. Sie können sich damit auch ein eigenes GPT trainieren oder die Angaben in einem Projekt in ChatGPT als Hinweis in die Projekteinstellungen aufnehmen, damit jeder neue Chat in diesem Projekt darauf zugreifen kann. Legen Sie sich damit Projekte für verschiedene Bereiche an, wie Artikel, Social Media etc.

Schreibstil-Guide mit Extras

In den Zusatzmaterialien zum Buch (siehe *rheinwerk-verlag.de/ideenfindung-mit-ki-konzeption-kreative-umsetzung-praesentation*) finden Sie unter »Materialien« ein Word-Dokument, das Sie als Vorlage für Ihren eigenen Schreibstil-Guide nutzen können – mit einigen Begriffen und Formulierungen, die die KI vermeiden soll.

Ergänzen Sie das Dokument selbst, oder nutzen Sie es, um den Guide mit dem Prompt weiter oben von einer KI erstellen zu lassen. Speichern Sie sich das Dokument ab, und setzen Sie es ein, wenn Sie neue Texte in Ihrem Stil generieren möchten.

Texte verbessern und im Stil anpassen lassen

Sie schreiben lieber selbst? Dann können Sie KI nutzen, um Texte in Form zu bringen. Dabei können Sie nicht nur Rechtschreibfehler korrigieren, sondern auch Texte kürzen oder in einen anderen Stil übertragen. Hier ein Beispiel eines Textes, der ein paar Fehler enthält, aber auch umständlich und teilweise umgangssprachlich formuliert ist.

> **Vorlage** KI kann beim Schreiben von Texten, total praktisch sein und auch wenn man eigentlich denkt, das braucht man nicht, merkt man dann plötzlich, dass man damit super schnell in ein Thema rein kommt weil sie einem Vorschläge macht, Gliederungen baut und auch Varianten ausspuckt, die man dann irgendwie zusammen mischt, obwohl das manchmal auch dazu führt, dass alles ein bisschen gleich klingt und man erst später merkt, dass es zu glatt ist, und dann muss man wieder zurück und alles umschreiben, was nervt, aber auch Zeit spart, irgendwie.

Dieser Text soll nun korrigiert werden und professioneller wirken. Folgender Prompt zusammen mit meinem Schreibstil-Guide gibt der KI spezielle Anweisungen:

> **Prompt** Formuliere den folgenden Text so um, dass er als Einleitung in einen Fachartikel passt. Behalte die inhaltlichen Aussagen bei und füge keine neuen hinzu. Schreibe sachlich-professionell, aber ohne Werbeton: keine Marketingsprache, keine Floskeln. Erhöhe die Klarheit, indem du Schachtelsätze entwirrst, Wiederholungen reduzierst und unklare Bezüge nur dann präzisierst, wenn sie im Text selbst angelegt sind. Glätte den Stil nicht künstlich und vermeide sterile KI-Sprache. Der Text darf ähnlich lang oder etwas kürzer sein. Vermeide Wiederholungen und Floskeln. Nutze aktive Sprache mit konkreten Verben und vermeide Adjektive. Verzichte auf Nominalisierung.

Das Ergebnis ist in Ordnung. Mit kleinen Anpassungen kann es durchaus als Einstieg in einen Fachartikel dienen:

> **Überarbeitung ChatGPT 5.2** KI wird beim Schreiben oft schneller relevant, als man es vorher erwartet. Selbst wer glaubt, sie nicht zu brauchen, merkt beim Arbeiten, dass sich Themen zügiger erschließen lassen: Vorschläge liegen vor, Gliederungen entstehen, Textvarianten stehen zur Auswahl. Vieles lässt sich kombinieren, kürzen, verschieben. Gleichzeitig entsteht dabei ein vertrautes Problem. Texte beginnen sich anzugleichen, wirken glatt, manchmal austauschbar. Das fällt selten sofort auf, sondern erst später – beim Lesen, beim Überarbeiten. Dann folgt der Rückweg: streichen, umformulieren, neu denken. Das kostet Zeit und Nerven. Und spart sie trotzdem.

Das Modell 5.2 hält sich recht nah am Original, bedient sich aber der typischen Floskeln und des Satzbaus, den wir eigentlich vermeiden wollten. Daher teste ich dasselbe mit dem Modell GPT 5 (leider nicht mehr verfügbar).

Überarbeitung ChatGPT 5 Instant KI kann beim Schreiben erstaunlich nützlich sein. Wer sie ausprobiert, merkt schnell, dass man damit zügig in ein Thema eintaucht. Sie schlägt Gliederungen vor, bietet Varianten, hilft beim Sortieren. Oft klingt das Ergebnis glatt, manchmal zu sehr. Dann beginnt die eigentliche Arbeit: überarbeiten, kürzen, neu denken. Das kostet Zeit – spart aber auch welche, weil man nicht mehr vor dem leeren Dokument sitzt. KI kann Tempo machen, aber Stil und Haltung bleiben menschlich.

Das Modell ChatGPT 5 weicht hier merklich vom Text ab, wirkt aber menschlicher. Nur der letzte Satz und der Begriff »Haltung« sind leider wieder sehr generisch. Auch das »neu denken« und die geliebte Dreifaltigkeit findet sich hier wieder, aber lässt sich mit wenigen Umformulierungen beheben.

Überarbeitung Claude Sonnet 4.5 KI beschleunigt den Schreibprozess – das merkt man oft erst, wenn man sie ausprobiert. Sie liefert Gliederungen, schlägt Formulierungen vor und erzeugt Varianten, die sich kombinieren lassen. Das hilft, schnell in ein Thema einzusteigen. Gleichzeitig führt dieser Ansatz zu einem Problem: Die Texte klingen austauschbar. Sie wirken glatt, verlieren Ecken und Kanten. Wer das erst später bemerkt, muss zurück an den Anfang und umschreiben. Der Zeitgewinn relativiert sich dadurch wieder.

Der Text wirkt am natürlichsten und bedarf auch nur kleinerer Korrekturen. Das Modell habe ich über die Plattform *perplexity.ai* genutzt.

Wenn ChatGPT Ihren Stilguide oder Anweisungen ignoriert

Eventuell stehen die Personalisierung von ChatGPT sowie die Erinnerungen – die ChatGPT über unsere Wünsche abspeichert – im Weg, wenn wir Texte in einem anderen Stil schreiben möchten. Daher habe ich hier ein paar Tipps, wie Sie das umgehen können:

- Prüfen Sie in den Erinnerungen (»Einstellungen« > »Personalisierung«), ob sich die KI etwas gemerkt hat, was sich kontraproduktiv auf Ihre Texte auswirken könnte. Löschen Sie gegebenenfalls einzelne Erinnerungen.
- Im Bereich »Personalisierung« können Sie den »Basisstil und -tonfall« sowie weitere Eigenschaften zuweisen. Schauen Sie ebenfalls in »Individuelle Hinweise«, ob dort irgendetwas steht, das ebenfalls gegen Ihre Wünsche sprechen könnte.

Sie möchten Ihre Anweisungen alle beibehalten, aber wollen Texte in den verschiedensten Stilen schreiben, z. B. für verschiedene Kund*innen? Dann gibt es zwei Lösungen:

- Trainieren Sie für jeden Stil ein eigenes GPT.
- Nutzen Sie die Funktion »Projekte«.

Im folgenden Praxisteil zeige ich Ihnen, wie Sie Projekte so nutzen, dass Sie mehrere Chats in einem ganz eigenen Stil mit eigenem Verhalten und Ressourcen verwenden können.

PRAXIS

Projekte in ChatGPT einrichten

Mit einigen Updates hat OpenAI das Einrichten von Projekten etwas verkompliziert. Daher zeige ich Ihnen, wie Sie solch ein Projekt einrichten, damit Sie Texte in einem ganz anderen Stil schreiben können, wenn Sie z. B. andere Wünsche über die Personalisierung mitgeteilt haben. Gehen Sie links in Ihrem Seitenmenü unter »Projekte« auf »Neues Projekt«. Oben rechts hinter dem Zahnradsymbol finden Sie die Einstellung, die besonders wichtig ist. Wenn Sie für verschiedene Kund*innen arbeiten oder eigene Stilvorgaben nutzen möchten, empfehle ich hier die Einstellung »Nur Project«. Achtung: Diese Einstellung kann später nicht mehr rückgängig gemacht werden.

Bedienfeld nach dem Klick auf »Neues Projekt«

Die nächste Funktion wurde sehr gut versteckt. Geben Sie dem Projekt einen Namen und bestätigen Sie Ihre Einstellungen, dann öffnet sich automatisch das Projekt.

Im Browserfenster oben rechts verbergen sich hinter den drei Punkten die »Projekteinstellungen«. Dort können Sie nun eigene Hinweise eingeben und ausgewählte Ressourcen hochladen, auf die jeder Chat im Projekt zugreifen kann.

Klicken Sie auf die drei Punkte und anschließend auf »Projekteinstellungen«.

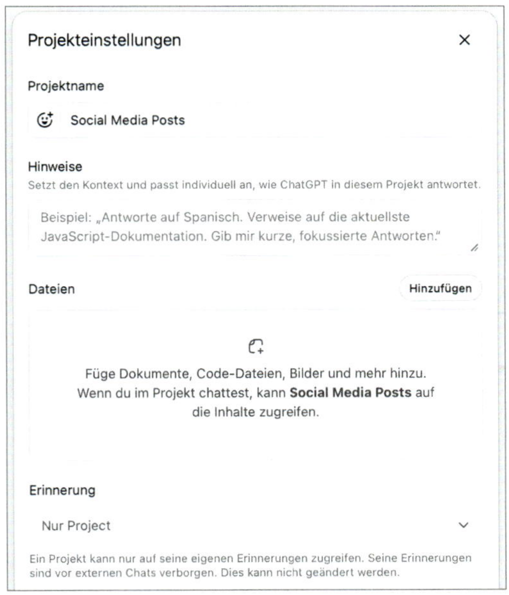

Es öffnet sich das Bedienfeld, in das Sie nun Ihre eigenen Hinweise und Dateien laden können.

Schreibstil-Guide hochladen

Ihr Schreibstil-Guide mit Beispielen ist zu lang? Dann gehen Sie auf »Hinzufügen« und »Text hinzufügen«. Sie können ihn auch als Word- oder PDF-Datei hochladen. Verweisen Sie unter »Hinweise« auf Ihr Dokument oder den Namen des Texts.

Strukturierte Texte mit Frameworks

Je zielgerichteter Ihre Texte sind, desto eher erreichen sie ihr gewünschtes Ziel. Doch das ist leichter gesagt als getan, besonders wenn Sie KI zum Schreiben nutzen möchten. Eine große Hilfe sind sogenannte Frameworks oder Formeln, die auch Profis im Bereich Marketing und Text nutzen.

Framework	Wofür?	Beste Anwendungsgebiete
AIDA (Attention, Interest, Desire, Action)	Aufmerksamkeit erregen, Interesse wecken, Kaufwunsch auslösen	Webseitentexte, Social Ads, Google Ads, Anzeigen, Plakate, Newsletter, Produktbeschreibungen, Landingpages, Salesmaterialien
PAS (Problem, Agitate, Solution)	Schmerz verstärken, emotional triggern	Social Ads, Blog-Intros, E-Mail-Kampagnen, Landingpages, Lead-Magnete, Workshop-Ankündigungen
BAB (Before, After, Bridge)	Transformation zeigen, Vorher-Nachher darstellen	Sales Pages, E-Mails, Case Studies, Portfolio-Texte, Über-mich-Seiten, Testimonial-Bereiche
4P (Product, Price, Place, Promotion)	Versprechen machen, Beweise liefern, zum Handeln bringen	Webseitentext, Sales Pages, Dienstleistungsangebote, CTA-Bereiche, Werbeanzeigen, Affiliate-Texte
Star-Story-Solution	Mit Geschichten emotional binden	Social-Media-Posts, Newsletter, Case Studies, Projektberichte, Blogartikel, Portfolio-Storys
PASTOR (Problem, Amplify, Story/Solution, Transformation, Offer, Response)	Ausführlich emotional überzeugen (erweitertes PAS-Framework)	Longform Sales Pages, Webinar-Skripte, E-Mails/Newsletter, Verkaufstexte für Premium-Angebote, Buchbeschreibungen

Die wichtigsten Copywriting-Frameworks im Überblick: wofür man sie einsetzt und wo sie am besten funktionieren

Vielleicht kennen Sie noch weitere Frameworks, dann zögern Sie nicht, diese ebenfalls in Ihren KI-Workflow einzubinden. Finden Sie die Kombination an Techniken, die am besten zu Ihrem Stil passt.

Um eines dieser Frameworks anzuwenden, habe ich Ihnen eine Promptvorlage erstellt, die Sie nach Belieben anpassen können. Sie sind bereits in einem Chat, in dem Sie viele Informationen ausgetauscht haben? Dann können Sie die KI auch bitten, diese Vorlage für Sie auszufüllen und einen Prompt passend zum aktuellen Projekt und der Aufgabe zu erstellen.

Prompt Verwende das Framework [Name des Frameworks], um [Textart] zu schreiben.
Thema: [Thema oder Produkt]
Ziel: [Was soll der Text bewirken?]
Zielgruppe: [Für wen ist der Text gedacht?]
Ton: [z. B. klar, emotional, sachlich, erzählerisch ...]
Format: [z. B. Social-Media-Post, Anzeige, Intro, Newsletter ...]
Gliedere den Text nach den einzelnen Phasen des Frameworks und formuliere für jede Phase einen passenden Abschnitt.
Schreibe natürlich und mit menschlichen Formulierungen – kein Werbejargon und keine Floskeln.

Nutzen Sie gerne zusätzlich die Promptformel aus Kapitel 1 in Kombination mit den Frameworks, um die wichtigsten Informationen bereitzustellen.

Allrounder-Framework AIDA für mehr Aufmerksamkeit

Das wohl bekannteste Framework ist AIDA, ein Akronym für »Attention, Interest, Desire & Action«. Ich kenne es aus meiner Ausbildung als Mediengestalterin, und es kann für alle möglichen Werbemaßnahmen genutzt werden – ob visuell oder textlich. Hier müssen Sie die Zielgruppe und ihre Pain Points besonders gut kennen. Geben Sie der KI alle relevanten Informationen, damit Sie bessere Ergebnisse erhalten.

Die AIDA-Formel möchte ich zunächst kurz erklären:

- Attention (Aufmerksamkeit): Zuerst gilt es, Aufmerksamkeit zu erzeugen. Das könnte zum Beispiel eine starke Headline, eine provokante Frage oder ein visueller Impuls sein.
- Interest (Interesse): Haben Sie die Aufmerksamkeit, müssen Sie nun das Interesse wecken. Der Text muss zeigen, warum das Thema für die Zielgruppe relevant ist – durch konkrete Probleme oder Nutzenversprechen.
- Desire (Verlangen): In dieser Phase entsteht das Verlangen nach der Lösung. Weniger durch reine Produktmerkmale als durch die Darstellung des gewünschten Zustands. Emotional aufgeladene Benefits ergänzen technische Features.
- Action (Handlung): Der Text endet mit einer klaren Handlungsaufforderung. Ohne eindeutigen nächsten Schritt verpufft die Wirkung. Die Aufforderung muss konkret und ohne Barrieren formuliert sein.

Ich möchte einen Text für eine Werbeanzeige über einen Regenschirm mit LED-Beleuchtung schreiben. Dafür nutze ich folgende Vorlage und gebe an, dass ich das AIDA-Modell als Basis nutzen möchte.

Das Ergebnis mit »ChatGPT 5 Instant« ist folgendes:

- **Attention:** »Dieser Schirm leuchtet, wenn andere im Dunkeln stehen.« → Eine Headline, die sofort auffällt, weil sie Widerspruch und Nutzen kombiniert.
- **Interest:** »Mit integrierten LEDs sorgt er für Sichtbarkeit im Straßenverkehr – bei Regen, Wind und Dunkelheit.« → Der Text vertieft das Interesse, zeigt Funktion und Nutzen.
- **Desire:** »Endlich ein Regenschirm, der nicht nur schützt, sondern Sicherheit und Stil verbindet.« → Hier entsteht das emotionale »Haben-wollen«-Gefühl.
- **Action:** »Jetzt im Online-Shop entdecken – in fünf Farben erhältlich.« → Klare Handlungsaufforderung, kein Drumherumreden.

Vom Problem zur Lösung mit BAB

In der Werbung wird gerne gezeigt, wie ein bestimmtes Angebot das Leben verändern kann. Als Hilfestellung können Sie die BAB-Methode nutzen, um einen Spannungsbogen aufzubauen. So ist das Framework aufgebaut:

- **Before:** Am Anfang steht oft eine Situation, die unbefriedigend ist oder sich festgefahren anfühlt. Machen wir also den Ausgangspunkt greifbar: Wo steht die Person jetzt, was funktioniert nicht, was fehlt?
- **After:** Es folgt das Gegenbild, also wie sieht die Situation aus, wenn das Problem gelöst ist? Was verändert sich im Alltag, was wird leichter oder klarer? Es geht um ein realistisches und positives Szenario, das zeigt, warum sich Veränderung lohnt.
- **Bridge:** Die Brücke verbindet beide Seiten. Hier zeigen Sie auf, wie die Veränderung möglich wird – durch das Angebot, eine Methode oder ein Produkt. Verpackt als nachvollziehbarer Weg von A nach B.

Nehmen wir als Beispiel einen Airbag für Radfahrer*innen, der sich beim Sturz automatisch öffnet und den lästigen Helm ersetzt. Ich nutze die Promptvorlage aus diesem Kapitel und leite ChatGPT an, das BAB-Framework zu nutzen. Hier das Ergebnis:

- **Before:** Wer täglich mit dem Rad unterwegs ist, kennt das Gefühl. Der Helm drückt, das Haar sitzt danach nicht, und trotzdem fährt man mit einem leisen Unbehagen los. Der Verkehr ist laut und unberechenbar, und man weiß, dass ein Moment der Unaufmerksamkeit reichen kann. Der Helm schützt, aber er stört. Also bleibt er manchmal einfach zuhause.
- **After:** Und dann ist da plötzlich etwas anderes. Kein harter Helm, der schon beim Aufsetzen nervt, sondern ein unscheinbarer Kragen, leicht und fast unmerklich. Der Fahrtwind streicht über den Hals, man hört wieder die Stadt und fühlt sich frei. Im entscheidenden Moment reagiert der Kragen schneller, als man denken kann – er

öffnet sich, formt sich zum Airbag, schützt Kopf und Nacken, bevor man den Sturz überhaupt begreift.
- **Bridge:** Die Idee entstand aus genau diesem Dazwischen: dem Wunsch nach Sicherheit und dem Bedürfnis nach Freiheit. Ingenieur*innen und Designer*innen suchten nicht nach einem besseren Helm, sondern nach einer anderen Lösung. Der Airbag für Radfahrer*innen ersetzt nicht das Sicherheitsgefühl – er verändert, wie es sich anfühlt.

Auch hier konnten die typischen KI-Floskeln nicht vermieden werden, aber der Text ist eine gute Basis, auf der man aufbauen kann.

4P für positive Erfolgsgeschichten

Vielleicht kennen Sie die 4P aus dem Marketing. Diese stehen für Product, Price, Place und Promotion. Für Texte gibt es ebenfalls ein Framework, das die ideale Mischung aus einem emotionalen Einstieg ist, der mit handfesten Beweisen untermauert wird und mit einer Handlungsaufforderung abschließt. Hier in Kürze erklärt:

- **Promise (Versprechen):** Starten Sie mit einem starken Versprechen. Was bekommt die Person? Welchen konkreten Nutzen kann sie erwarten? Das Versprechen ist der Anker, der Aufmerksamkeit erzeugt und Relevanz signalisiert.
- **Picture (Bild):** Malen Sie das Bild einer besseren Zukunft. Wie fühlt sich das Leben an, wenn das Versprechen eingelöst ist? Was verändert sich konkret im Alltag? Hier entsteht die emotionale Vorstellung des Wunschzustands.
- **Proof (Beweis):** Liefern Sie Belege, die das Versprechen glaubwürdig machen. Testimonials, Zahlen, Case Studies, Studien, Social Proof – alles, was Ihrer Zielgruppe zeigt, dass es tatsächlich funktioniert.
- **Push (Handlungsaufforderung):** Jetzt kommt der sanfte (oder direkte) Schubs zur Aktion. Formulieren Sie eine klare Handlungsaufforderung wie »Jetzt kaufen«, »Hier buchen«, »Kostenlos testen« – mit einem eindeutigen nächsten Schritt.

Hier am Beispiel einer Fotografin, die sich auf professionelle Businessfotos und Branding-Shootings für Frauen spezialisiert hat, generiert mit ChatGPT 5:

- **Promise:** Du möchtest mit deiner Arbeit sichtbar werden und Bilder haben, die deine Professionalität zeigen und zugleich Nähe ausstrahlen. Jede Aufnahme soll zeigen, wer du bist und was du tust.
- **Picture:** Mit den fertigen Fotos bekommt dein Auftritt Klarheit und du gehst mit mehr Selbstverständlichkeit nach außen. Die Bilder fügen sich in Präsentationen, auf Websites und in Profile ein, ohne gestellt zu wirken. Du siehst dich selbst und spürst, dass diese Version von dir stimmt.

- **Proof:** Meine Kundinnen berichten, dass sie sich durch ihre neuen Fotos sicherer fühlen, wenn sie sich zeigen. Sie erzählen, dass sie damit leichter Kund*innen gewinnen, dass Gespräche einfacher beginnen und ihre Arbeit ernster genommen wird. Die Bilder werden Teil ihres Auftritts und begleiten sie in Momenten, die zählen.
- **Push:** Wenn du bereit bist, dein berufliches Auftreten bewusster zu gestalten, dann beginnt alles mit einem Termin. Wir entwickeln gemeinsam den Look, der zu dir passt, und schaffen Bilder, die dich in deiner Arbeit stärken.

Durch das Framework erhält der Text eine schöne Struktur, die die Zielgruppe durch eine positive Reise der Veränderung führt. Je konkreter die Erfolgsbeispiele sind, desto besser.

Emotionale Geschichten mit der Star-Story-Solution

Das Star-Story-Solution-Framework arbeitet mit einer Hauptfigur (Star) und ähnelt der Heldenreise. Am besten nimmt man eine Figur, mit der sich Ihre Zielgruppe identifizieren kann und die mit denselben Problemen konfrontiert ist. Hier am Beispiel einer Designerin, die ChatGPT für sich entdeckt hat:

> **Ergebnis ChatGPT 5 Instant** Es gab eine Phase, in der ich ständig das Gefühl hatte, allem hinterherzulaufen. Mails, Kund*innen, neue Projekte, Ideen, die schon im Kopf verblassten, bevor ich sie überhaupt umsetzen konnte. Mein Tag begann früh, endete spät, und zwischendrin blieb kaum Raum für das, was ich eigentlich wollte – gestalten, fotografieren, denken.
> Irgendwann wurde klar, dass ich so nicht weitermachen konnte. Ich brauchte Unterstützung, aber keine Person, die ich erst einarbeiten musste, sondern etwas, das sich in meinen Rhythmus fügt. Durch Zufall stieß ich auf ChatGPT. Erst war es nur ein Experiment, eine kleine Hilfe beim Schreiben von Angeboten. Dann merkte ich, dass es mehr kann.
> Heute ist es wie eine stille Assistenz im Hintergrund. Ich nutze ChatGPT, um Texte zu sortieren, Bildideen zu entwickeln oder Gedanken zu ordnen, wenn alles zu viel wird. Es hilft mir, den roten Faden zu behalten und Dinge auszusprechen, die irgendwo im Kopf festhängen. In der Bildbearbeitung spare ich Zeit, bei kreativen Konzepten gewinne ich Klarheit.
> Es hat sich etwas verändert, seit ich damit arbeite. Mein Tag fühlt sich leichter an und ich kann mich wieder auf die Arbeit konzentrieren, die wirklich meine ist. KI hat für mich nichts mit Effizienz zu tun, sondern mit Entlastung – mit dem Gefühl, dass man nicht alles allein tragen muss, um kreativ zu bleiben.

Sie führen zuerst die Figur ein und erzählen ihre Geschichte, die in einer konkreten Lösung endet. Dieser Ansatz ist emotionaler, und Geschichten bleiben meist eher im Gedächtnis als Produkttexte über Funktionen und Benefits. Achten Sie auf die Glaubwürdigkeit, und vermeiden Sie es, die KI irgendwelche Personen erfinden zu lassen und deren Geschichte zu erzählen.

Mit PAS vom Schmerz zur Lösung

Anders als der positive Ansatz der 4P arbeitet das PAS mit der Verstärkung des Problems. Je genauer Sie das Problem benennen können, desto besser. PAS steht für folgende Struktur:

- **Problem:** Benennen und beschreiben Sie das Problem.
- **Agitate:** Verstärken Sie den Schmerz auf der emotionalen Ebene, sodass es viel schlimmer wirkt als gedacht.
- **Solution:** Präsentieren Sie die Lösung für das Problem.

Ich habe ChatGPT gebeten, mir einen Werbetext für dieses Buch zu erstellen, basierend auf dem PAS-Framework:

> **Ergebnis ChatGPT 5 Instant** Kreative kennen diesen Moment: Man sitzt vor einem neuen Projekt, die Deadline rückt näher, und plötzlich bleibt alles still. Die Ideen, die sonst mühelos fließen, tauchen einfach nicht auf.
> Je länger die Stille dauert, desto größer wird der Druck. Der Kopf ist voll, aber nichts greifbar. Vielleicht lag es am Tag, vielleicht am Thema, vielleicht an der eigenen Erwartung. Dieses Gefühl kennen alle, die von ihrer Kreativität leben – es ist lähmend und anstrengend zugleich.
> Genau da setzt »Ideenfindung mit KI« an. Das Buch zeigt, wie man mit ChatGPT, Midjourney und anderen Tools wieder Bewegung in den Prozess bringt – ohne die eigene Kreativität zu verlieren. Es geht um Techniken, mit denen Ideen wieder in Gang kommen, um neue Perspektiven und klare Strukturen. Wer mit KI arbeitet, kann sich selbst überraschen und dabei lernen, wie Inspiration heute funktioniert.

PASTOR für mehr Tiefe

Das PASTOR-Framework basiert auf dem PAS und geht noch tiefer in die emotionale wie rationale Ebene.

- **Problem:** Das zentrale Thema oder die Herausforderung, die gelöst werden soll.
- **Amplify:** Die Folgen des Problems werden sichtbar. Der Text zeigt, warum es belastet oder im Weg steht.
- **Solution:** Die Lösung wird eingeführt – oft verbunden mit einer kurzen Geschichte oder Erfahrung, die sie verständlich macht.
- **Transformation:** Der Text zeigt, wie sich die Situation nach der Lösung verändert.
- **Offer:** Das konkrete Angebot mit Inhalt und Nutzen. Was bekommt die Leserin oder der Leser und was bringt es ihr oder ihm?
- **Response:** Die Einladung, aktiv zu werden. Eine konkrete Handlungsaufforderung für den nächsten Schritt.

PRAXIS

Emotionale Texte mit dem PASTOR-Framework

Das PAS-Framework eignet sich sehr gut für kurze Texte, Postings oder Anzeigen. Haben Sie mehr Platz für Text, dann können Sie es erweitern zum PASTOR-Framework.

Ich bleibe bei diesem Buch und möchte einen Text darüber mit Hilfe von PASTOR schreiben lassen. Dafür nutze ich den Prompt aus diesem Buch und lasse ihn von ChatGPT ausformulieren:

Prompt Verwende das Framework PASTOR, um eine Buchbeschreibung zu schreiben.

Thema: Ideenfindung mit KI
Ziel: Leser*innen sollen verstehen, wie KI Kreativität unterstützen kann, und Interesse am Buch entwickeln.
Zielgruppe: Kreative, Designer*innen, Fotograf*innen und Selbstständige, die mit KI arbeiten oder damit beginnen wollen.
Ton: ruhig, erzählerisch, reflektiert und menschlich.
Format: Klappentext oder Beschreibungstext für Website und Verlag.

Gliedere den Text nach den einzelnen Phasen des Frameworks (Problem, Amplify, Solution, Transformation, Offer, Response) und formuliere für jede Phase einen passenden Abschnitt.

Schreibe natürlich und mit echten Formulierungen. Verwende klare Sprache, keine Werbefloskeln, keine Übertreibungen. Der Text soll neugierig machen und Vertrauen aufbauen.

Hier das Ergebnis:

Problem: Viele Kreative kennen den Moment, in dem nichts mehr weitergeht. Man sitzt vor einem Projekt, der Kopf ist voll, aber kein Gedanke führt weiter. Zwischen Kund*innen, Deadlines und Ablenkungen bleibt kaum Raum, um wirklich neu zu denken.

Amplify: Je länger dieser Zustand anhält, desto schwerer fällt es, den eigenen Ideen zu trauen. Alles klingt schon mal gedacht, zu nah an dem, was andere machen, zu glatt oder zu konstruiert. Das Gefühl, kreativ zu sein, rutscht ins Rationale, und plötzlich wirkt selbst das, was man liebt, anstrengend.

Solution: Ideenfindung mit KI zeigt, wie man den kreativen Prozess wieder öffnet. Das Buch verbindet menschliche Intuition mit der Arbeit mit KI – als Werkzeug, das Denken anstößt, Perspektiven weitet und hilft, Ideen sichtbar zu machen. Wie kann KI zu einer echten kreativen Partnerin werden?

Transformation: Wer mit den im Buch beschriebenen Methoden arbeitet, erlebt, dass KI kreative Arbeit nicht ersetzt, sondern ergänzt. Der Prozess wird klarer, strukturierter und gleichzeitig bleibt genug Raum für Intuition. Ideen entstehen schneller, aber auch tiefer. Kreative lernen, ihre eigene Stimme in einer digital erweiterten Welt neu zu hören.

Offer: Das Buch führt Schritt für Schritt durch den kreativen Workflow – von der Ideenfindung über visuelle Experimente bis zur Umsetzung mit Tools wie ChatGPT oder Midjourney. Es bietet praxisnahe Beispiele, klare Erklärungen und zeigt, wie KI die eigene Arbeit bereichern kann, ohne sie zu dominieren.

Response: Wenn du wissen willst, wie sich KI sinnvoll in den kreativen Alltag integrieren lässt, dann ist dieses Buch ein guter Anfang. Ideenfindung mit KI lädt dazu ein, den eigenen Prozess neu zu denken – mit Klarheit, Neugier und einer Prise technischer Magie.

Der Text hat sehr viele gute Stellen und schöne Formulierungen. Ich würde gerne ausprobieren, wie der Text klingt, wenn ChatGPT sich in meine Perspektive versetzt.

Prompt Stell dir vor, du bist die Autorin. Was wäre dir besonders wichtig, was deine Zielgruppe über das Buch wissen sollte? Schreibe den Text so um, dass er zum Stil der Autorin passt. Vermeide dabei typische Satzstrukturen von KI und orientiere dich an den Texten der Autorin.

Der neue Text ist nahbarer und persönlicher.

Hier das Ergebnis:

Es gab eine Zeit, in der Ideen schwer wurden. Ich arbeitete an vielen Projekten, aber nichts fand zusammen. Der Kopf war voll, und die Gedanken verloren sich zwischen Terminen und To-do-Listen.

Mit der Zeit wurde klar, dass mir etwas fehlte. Der Raum, in dem Ideen entstehen dürfen, war verschwunden. Ich suchte nach einem Weg, ihn zurückzuholen, und begann aus Neugier, mit KI zu experimentieren.

Am Anfang war es ein Versuch. Ich wollte sehen, ob sich Gedanken damit anders formen lassen. Es blieb nicht beim Test. Die Arbeit mit ChatGPT und Midjourney brachte Bewegung in Prozesse, die festgefahren wirkten. Ich konnte Ideen greifbar machen, Worte und Bilder verbinden und wieder Zugang zu dem finden, was Kreativität für mich bedeutet.

Aus diesen Erfahrungen entstand dieses Buch. Es beschreibt, wie KI den kreativen Prozess erweitern kann, ohne ihn zu ersetzen. Es zeigt, wie Struktur und Intuition zusammenfinden und wie sich Denken verändert, wenn Technik zu einem Werkzeug wird, das begleitet und nicht dominiert.

Ideenfindung mit KI richtet sich an alle, die gestalten, schreiben oder fotografieren und die ihre Arbeitsweise neu betrachten möchten. Es ist ein Buch über Kreativität, über das Zusammenspiel von Mensch und Maschine und über das Vertrauen, das entsteht, wenn beides ineinandergreift.

Kombinieren Sie die Techniken

Solche emotionalen Texte funktionieren sehr gut, um die Aufmerksamkeit der Zielgruppe auf das Problem und dessen Lösung zu lenken. In diesem Buch haben Sie verschiedene Techniken kennengelernt, die Sie mit den Frameworks aus diesem Kapitel verbinden können.

- **SimToM:** Lassen Sie sich die KI ganz gezielt in eine Persona oder eine bestimmte Person hineinversetzen, um darauf das Framework anwenden.
- **Rollenzuweisung:** Experimentieren Sie mit verschiedenen Rollen, um Variationen des Texts zu generieren.
- **Perspektivwechsel:** Nachdem ich die KI einen kleinen Perspektivwechsel in Richtung Autorin vornehmen lies, war der Text nahbarer und verständlicher.

Durch die Kombination verschiedener Techniken erhalten Sie noch individuellere und einzigartigere Texte. Probieren Sie auch ein paar der Kreativtechniken aus diesem Buch, und lassen Sie sich verschiedene Versionen und Entwürfe generieren.

Storytelling mit Perspektivwechsel

Wie Sie bereits gesehen haben, lässt sich der Perspektivwechsel für alle möglichen Zwecke einsetzen. Dabei können wir die Perspektive einer bestimmten Person einnehmen oder etwas so erzählen, dass es aus ihrer Perspektive verständlich ist. Besonders der folgende Prompt bringt immer wieder Freude und spannende Wortkreationen hervor, egal an was Sie gerade arbeiten.

> **Prompt** Erkläre [Produkt/Dienstleistung] so, dass es ein 6-jähriges Kind versteht.

Für ein fiktives Projekt möchte ich Ideen für eine Werbekampagne sammeln und mich inspirieren lassen. Es geht um eine Organisation, die Orte der Begegnung im Zusammenhang mit Büchern in Dörfern schafft, in denen es keine Bibliotheken gibt. Wenn ich mir von ChatGPT eine kurze Geschichte über diese Organisation schreiben lasse, die ein kleines Kind versteht, erhalte ich solch einen Text:

> Stell dir vor, es gibt ein kleines Dorf, in dem keine Geschichten wohnen können, weil es keinen Platz für Bücher gibt. Unsere Organisation baut dort einen magischen Ort, der wie ein riesiges Bücherhaus ist. Hier können Kinder, Eltern und sogar Großeltern hingehen, um spannende Abenteuer zu entdecken, lustige Märchen zu lesen oder einfach etwas Neues zu lernen. Die Möbel im Bücherhaus machen wir aus altem Holz, das wir wiederverwenden, damit wir der Natur helfen. Es ist wie ein gemütliches Zuhause für Bücher – und für alle, die Geschichten lieben!

Schon der Beginn des Textes ist ein toller Einstieg und eine Inspiration für die Kampagne: Headlines wie »Hier finden Sie keine Bücher, sondern Geschichten« oder »Hier werden Bücher lebendig« usw. Probieren Sie weitere Perspektiven aus, auch die Ihrer Zielgruppen.

Headlines mit Rollenzuweisung

Direkt darauf aufbauend gebe ich der KI eine Rolle und lasse sie Headline-Ideen entwickeln. Dazu nutze ich die obige Geschichte und kombiniere sie mit folgendem Prompt mit ChatGPT:

> **Prompt** Du bist renommierte Kampagnenexpertin, spezialisiert auf kreative Headlines für Kampagnen für Organisationen, die mit nachhaltigen Projekten Bildung und Gemeinschaften stärken. Entwickle drei starke Kommunikations- und Bildideen, um das Projekt möglichen Geldgeber*innen zu pitchen. Nutze die folgende Geschichte als Inspiration: ...

Der Prompt war sehr einfach und allgemein gehalten, aber ich erhalte einige spannende Ansätze:

Alles klar. Hier sind drei präzise, kampagnentaugliche Kommunikations- und Bildideen, strategisch gedacht für Geldgeberinnen, nicht für Endkonsumentinnen. Emotional, aber kontrolliert. Visionär, aber glaubwürdig.

1. »Wo Geschichten keinen Platz haben, fehlt mehr als ein Regal.«
Der Einstieg bleibt poetisch, kippt dann bewusst ins Reale. Es geht nicht um Bücher an sich, sondern um fehlende Räume für Bildung, Austausch und Zugehörigkeit.

2. »Ein Haus für Bücher. Ein Ort für alle.«
Radikal einfach. Der Satz funktioniert sofort und skaliert gut – vom Pitchdeck bis zur Fördertafel. Fokus: Zugänglichkeit, Gemeinschaft, Generationen.

3. »Geschichten brauchen keinen Luxus. Sie brauchen ein Zuhause.«
Diese Idee verbindet Nachhaltigkeit und Bildung ohne moralischen Zeigefinger. Recyceltes Holz wird nicht erklärt, sondern selbstverständlich gezeigt.

Kritischer Hinweis (wichtig fürs Pitching)
Vermeide Begriffe wie »Hilfe«, »retten« oder »benachteiligte Dörfer«. Geldgeber*innen auf Augenhöhe reagieren stärker auf Ermöglichung, Wirkung und Systemdenken als auf moralischen Druck.

Variieren Sie die Rolle, und bringen Sie ein paar Adjektive zur Beschreibung der Rolle ins Spiel, um Variationen zu generieren. Ich möchte auf der Idee aufbauen und lasse mir jeweils eine Call-to-Action zu jeder Idee entwickeln.

Hier sind klare, erwachsene Call-to-Actions – nicht bettelnd, nicht werblich, sondern einladend und verantwortungsvoll. Jeweils passend zur Idee.

1. Werde Teil des Ortes, an dem Geschichten wieder gelesen werden.
2. Investiere in einen Ort, der Generationen zusammenbringt.
3. Ermögliche ein Zuhause für Geschichten.

Noch nicht der große Wurf, aber wenn man im Thema drin ist, kann man direkt darauf aufbauen. Besonders gute Erfahrungen habe ich gemacht, wenn ich in dem Chat vorher die Zielgruppenanalyse und Personaentwicklung vorgenommen habe und mich auch mit den Prompts direkt darauf beziehe. Dann bekommen die Antworten der KI mehr Tiefe und Persönlichkeit.

PRAXIS

Storytelling aus und mit Bildern durch Promptformel

In Kapitel 1 haben Sie die Promptformel für Texte kennengelernt und auch ein Beispiel für ein kurzes Storytelling gesehen. Aus solchen Texten können wir wunderbar Bilder entwickeln. Aber es geht auch umgekehrt.

Als Beispiel greife ich das Visual aus Kapitel 3 auf, das wir mit Hilfe der Assoziationstechnik für eine Eismanufaktur entwickelt hatten.

Das ist das Visual, aus dem wir nun Texte kreieren.

Prompt Du bist Creative Directorin. Analysiere das gegebene Bild und nutze es als emotionalen Ausgangspunkt für einen kurzen Kampagnentext.

Vorgehen: Beschreibe für dich zuerst das dominante Gefühl des Bildes (nicht das Motiv). Identifiziere einen Gegensatz oder Spannungsmoment im Bild. Formuliere daraus fünf Varianten aus jeweils ein bis zwei Textzeilen, die dieses Gefühl andeuten, ohne das Bild zu erklären. Platziere darunter einen klaren, prägnanten Claim, der zur Headline passt.

Regeln: Keine Bildbeschreibung. Keine Erklärung der Botschaft. Sprache einfach, offen, humorvoll und menschlich. Ziel: Der Text soll das Bild verstärken, nicht übersetzen. Bild und Claim tragen die Kampagne gemeinsam.

Diesmal arbeite ich mit Gemini und gebe zusätzlich Informationen über die Eismanufaktur sowie meine Wünsche zum Text an. Es entstand ein Dialog, der einige gute Ideen hervorgebracht hat. Hier einige meiner Favoriten:

Wir nehmen die handwerkliche Qualität als Basis und setzen »Drei Kugeln Sommer« als das ultimative, fast schon trotzige Versprechen dagegen. Kurz, direkt und ohne Umwege.

Hier sind fünf Varianten, die genau diese Brücke schlagen:

- Handwerk, das die Sonne zurückbringt.
- Es ist Sommer, wenn wir es sagen.
- Eiszeit? Unsere Zeit.
- Schneeflocken sind auch nur Konfetti.
- Winterpause? Kennen wir nicht.

Soll ich eine dieser Zeilen nehmen und dazu beschreiben, wie wir sie typografisch (Schriftart, Platzierung) auf dem Bild inszenieren, um die Wirkung zu maximieren?

Der Vorschlag, den Text zu integrieren, war nett gemeint, aber Gemini ist in Sachen Typografie nicht unbedingt sehr talentiert. Das übernehme ich dann lieber selbst. Doch wir können noch mehr aus dem Motiv machen.

Nun bietet es sich an, aus dem Motiv einen Werbefilm zu entwickeln. Dafür nutze ich meine Promptformel und gebe meine Idee zu dem kurzen Clip ein:

Prompt **[Thema/Kontext]** Werbespot für eine handwerkliche Eisdiele, die Eis als ganzjährigen Sommermoment inszeniert – selbst mitten im Winter. **[Stil/Form]** Humorvoller, visuell erzählter Werbespot mit magischem Realismus, klarer Bildlogik und starkem Vorher-Nachher-Kontrast. **[Zielgruppe]** Eisliebhaber*innen, urbane Genießer*innen, Paare, Familien – Menschen, die Spaß an überraschender, emotionaler Werbung haben. **[Ton]** Leicht, verspielt, überraschend, optimistisch – augenzwinkernd statt kitschig. **[Struktur]** Klare visuelle Abfolge: Winterrealität → Bestellung → Transformation → Sommermoment → Markenbotschaft. **[Spezifische Details]** Ein Paar steht dick eingepackt an einem kleinen Eisstand in einem verschneiten Park. Winterjacken, Mützen, Handschuhe. Der Atem ist sichtbar, alles ist grau, kalt und still. Sie schauen auf die Eistheke, tauschen einen kurzen Blick und bestellen synchron: „Drei Kugeln Sommer, bitte." In dem Moment, in dem der*die Verkäufer*in das Eis überreicht, passiert die Verwandlung: Die Winterkleidung wechselt augenblicklich zu Sommeroutfits. Schnee schmilzt, Wasser rinnt über den Boden, erste Blumen brechen durch die Schneedecke. Die Farben der Umgebung werden warm und lebendig. Das Paar geht lachend zur nächsten Parkbank. Um sie herum ist Hochsommer: Sonne, Licht, Blüten, sommerliche Geräusche. Der restliche Park bleibt winterlich – nur um sie herum existiert der Sommer. Sie essen ihr Eis entspannt in der Sonne. **[Länge]** 30–40-Sekunden-Spot. **[Perspektive]** Beobachtend, rein visuell erzählt, ohne erklärende Erzählerstimme. **[Absicht/Ziel]** Eis als emotionalen Auslöser für Sommergefühle zeigen – unabhängig von der Jahreszeit. Die Marke als Ort inszenieren, an dem Winter keine Rolle spielt. Sound-Idee: Leichter, sonniger Popsong oder Indie-Track, der erst mit der Bestellung einsetzt. Optional am Ende ein kurzer gesprochener Satz oder Texteinblendung. Schlusseinblendung / Headline: „Drei Kugeln Sommer, bitte." Eis, das das ganze Jahr nach Sommer schmeckt.

Diesmal arbeite ich mit ChatGPT und erhalte einen groben Fahrplan für mein Storyboard. Dieses möchte ich nun Szene für Szene direkt in ChatGPT bebildern.

Dafür kopiere ich nun Frame für Frame in den Chat und bitte die KI, mir daraus jeweils ein Bild zu generieren. Sie können auch versuchen, sich direkt ein Storyboard generieren zu lassen, aber das klappt leider nicht immer, und es befinden sich oft Fehler darin. Also arbeite ich lieber Schritt für Schritt und kann zwischendurch auch Änderungswünsche mitteilen.

Storyboard – »Drei Kugeln Sommer, bitte«

Frame 1 – Establishing/Winter: *Weite Einstellung eines Parks im Winter. Schnee, kahle Bäume, grauer Himmel. Kaum Bewegung, gedämpfte Geräusche. Kälte ist spürbar.*

Frame 2 – Eisstand: *Halbtotale: Ein kleines Eisstandhäuschen im Park. Davor ein Paar, dick eingepackt in Winterjacken, Mützen, Schals. Atemwolken in der Luft. Die Farben sind entsättigt, fast monochrom.*

Frame 4 – Übergang/Verwandlung: *Detailshots in schneller Folge: Eis wird überreicht, Stoffe verändern sich (Winter zu Sommer), Schnee taut, Wasser glitzert, erste Blumen durchbrechen den Boden, Farben werden kräftiger.*

Frame 3 – Blickkontakt: *Nahaufnahme: Sie schauen auf die Eistheke. Dann ein kurzer Blick zueinander. Ein gemeinsames, leicht verschworenes Lächeln. Halbnah: Beide gleichzeitig, fast beiläufig: »Drei Kugeln Sommer, bitte.« In diesem Moment setzt der Song ein – warm, leicht, sommerlich.*

Frame 5 – Sommerinsel: *Totale: Das Paar läuft zur nächsten Parkbank. Um sie herum ist Sommer: Sonne, Licht, Blüten, Bewegung. Im Hintergrund klar sichtbar: Der restliche Park bleibt winterlich.*

Frame 6 – Genussmoment: *Nahaufnahme: Sie sitzen entspannt auf der Bank, nun in Sommerkleidung. Sie essen ihr Eis. Lachen. Augen geschlossen in der Sonne. Zeit scheint kurz stillzustehen. Typografische Einblendung ruhig und selbstbewusst: Drei Kugeln Sommer, bitte. Eis, das das ganze Jahr nach Sommer schmeckt.*

Das Generieren Bild für Bild hat sehr gut geklappt – nur bei der letzten Einstellung hatte ich meine Probleme. Ich wollte mit dem Ausgangsmotiv abschließen, aber im Stil des bisherigen Storyboards. Nach ein paar Versuchen war dies das beste Ergebnis – auch Gemini (Nano Banana) hat das nicht geschafft.

Weitere Ideen

Sie können auch direkt einen Videoclip mit KI erstellen, z. B. mit dem Tool Freepik. Dort gibt es auch die Möglichkeit, das Ganze mit Audio zu untermalen oder sogar ein Voiceover oder Lipsync zu erstellen.

Entwickeln Sie aus dem Storyboard einen Songtext, und setzen Sie ihn mit dem KI-Tool Suno (*suno.com*) um. ChatGPT hat mir den Songtext dazu geliefert:

Songtext für den Spot
leicht, warm, Indie-Pop / Werbejingle, gut loopbar
Strophe
Draußen ist es still und kalt
Alles grau, nur halb so laut
Schnee auf Wegen, Schnee im Blick
Aber irgendwas zieht uns zurück
Pre-Chorus
Wir stehen da und lachen leise
Weil wir wissen, was jetzt kommt
Refrain
Drei Kugeln Sommer, bitte
Hier und jetzt, ganz egal wann
Drei Kugeln Sommer, bitte
Weil man Sommer fühlen kann
Strophe 2
Jacken schwer, die Luft so klar
Doch der Moment wird plötzlich warm
Sonne auf der Haut im Kopf
Winter hört kurz auf, ein Job
Refrain
Drei Kugeln Sommer, bitte
Mitten im Januar
Drei Kugeln Sommer, bitte
Sommer schmeckt immer – das ist klar
Outro (reduziert, fast gesprochen)
Drei Kugeln Sommer, bitte.

Oder eine Kurzversion:

Alternative: Mini-Song/Hook (für Reels, 6–8 Sekunden)
Draußen kalt. Drinnen egal.
Drei Kugeln Sommer – jedes Mal.
Wenn's Winter ist und Sommer fehlt:
Drei Kugeln Sommer – gut gewählt.
Minusgrade, Sonnenschein.
Drei Kugeln Sommer – passt immer rein.

Letztere Version finden Sie hier als fertigen Song zum anhören. Scannen Sie einfach den QR-Code.

Namensideen entwickeln

Gute Namen zu finden, ob für Unternehmen, Marken, Produkte etc., ist eine zeitaufwendige und höchst individuelle Aufgabe. KI kann dabei helfen, strukturiert und systematisch neue Namensideen zu entwickeln. Am besten hat sich die Chain-of-Thought-Methode bewährt, in der die KI Schritt für Schritt angeleitet wird.

Wie bei den meisten kreativen Aufgaben sind wichtige Hintergrundinformationen hilfreich. Fügen Sie dem Prompt also die allgemeine Aufgabenbeschreibung, ein Briefing, die Zielgruppenbeschreibung und eventuelle Vorgaben und Wünsche bei. Arbeiten Sie die ganze Zeit schon in einem Chatverlauf, können Sie direkt loslegen.

Chain-of-Thought-Prompting

Der Prompt beginnt mit einer Rollenzuweisung, die bereits beeinflussen kann, in welche Richtung die Namensideen gehen. Spielen Sie hier mit Adjektiven, um die Art der Namen zu beschreiben.

Prompt Du bist ein*e erfahrene*r Kreativdirektor*in, spezialisiert auf die Entwicklung wirkungsvoller Namen für Marken. Deine Aufgabe ist es, kreative, einprägsame und relevante Namensideen zu entwickeln. Gehe dabei strukturiert vor und arbeite schrittweise anhand des folgenden Prozesses:

1. Zielgruppenverständnis:
- Für wen ist das Projekt gedacht?
- Wer soll angesprochen werden – und warum?
- Welche Werte, Wünsche oder Herausforderungen prägen die Zielgruppe?

2. Problemerkennung & Nutzenfokus:
- Welches Bedürfnis oder welche Idee steht im Zentrum des Projekts?
- Welche Wirkung oder welchen Mehrwert soll der Name transportieren – funktional, emotional oder symbolisch?
- Welche Begriffe, Bilder oder Assoziationen passen zu diesem Nutzen?

3. Kernbotschaft & Markengefühl:
- Welche zentrale Idee oder Stimmung soll der Name vermitteln?
- Was soll er im Kopf oder Herzen der Zielgruppe auslösen?
- Ist er verständlich, emotional zugänglich und kontextübergreifend einsetzbar (digital, verbal, visuell)?

4. Namensgenerierung (mit Namensarten):
- Nutze verschiedene Techniken wie Wortkombination, Assoziation, Metaphern, Fremdsprachen oder Neologismen.
- Entwickle emotionale, funktionale, poetische oder spielerische Varianten.
- Ordne die Vorschläge nach Namensarten (z. B. deskriptiv, metaphorisch, erfunden, kulturell inspiriert) und ergänze Wirkung oder Einsatzfähigkeit.

5. Verfeinerung & Bewertung:
Überprüfe die vielversprechendsten Namensideen anhand folgender Kriterien:
- Welche Namen sind besonders eingängig, sprechbar, einprägsam?
- Wie wirken sie visuell – z. B. im Logo oder auf einem Plakat?
- Welche Namen lassen sich flexibel einsetzen – analog und digital, lokal oder international?

6. Reflexion:
- Treffen die stärksten Namen die Zielgruppe und die angestrebte Botschaft wirklich?
- Welche Namen bleiben im Gedächtnis, erzeugen Neugier oder Vertrauen?
- Wähle die Favoriten aus und bereite sie ggf. für die Weiterentwicklung von Claims, Storytelling oder Markenwelt auf.

Arbeite Schritt für Schritt und lasse dir Zeit für die Aufgabe.

Außerdem können Sie für mehr Überblick eine Tabelle wie diese hier anfügen, um ein möglichst weites Spektrum an Ideen zu generieren.

Namensart	**Ein Wort**	**Zwei Wörter (auch zusammengeschrieben)**	**Akronym**
Deskriptive Namen			
Metaphorische Namen			
Analoge Namen			
Anagramme/ Wortspiele			
Neologismen			
Personifizierte Namen			
Kombinierte Namen			
Kulturelle Referenzen			
Technische Begriffe			
Emotionale Namen			

*Passen Sie diese Tabelle nach Belieben an, um genau die Namen zu generieren, die Sie oder Ihre Auftraggeber*innen wünschen.*

PRAXIS

Namensideen und Schriftzug für eine Modemarke

Ein fiktives Modelabel braucht einen Namen. Zuerst gebe ich der KI Infos über das Unternehmen und die Zielgruppe. In einem Chat habe ich wie im Buch beschrieben das Briefing sowie eine ausführlichere Zielgruppenbeschreibung erstellt und mit Kreativtechniken Ideen für Kampagnenvisuals gesammelt.

Kunde: Ein junges Fashion-Label, das sich auf nachhaltige Mode für ältere Menschen spezialisiert hat. Das Label setzt auf hochwertige Stoffe, moderne Schnitte und zeitloses Design. Ziel ist es, Kleidung anzubieten, die Komfort und Stil vereint – angepasst an die Bedürfnisse einer älteren Zielgruppe, ohne dabei auf Ästhetik oder Qualität zu verzichten.

Zielgruppe: Menschen ab ca. 55 Jahren mit ausgeprägtem Modebewusstsein. Sie legen Wert auf hochwertige Materialien, gute Verarbeitung, nachhaltige Produktion und einen modernen, aber nicht kurzlebigen Stil. Sie sind aktiv, interessieren sich für Kultur, Design und gesellschaftliche Themen und suchen Kleidung, die ihre Persönlichkeit unterstreicht, dabei bequem ist und zu ihrem Lebensstil passt.

Dafür wende ich die auf den vorigen Seiten beschriebene CoT-Methode an. Im Prompt habe ich spezifiziert, dass ich rein deutsche Namen haben möchte. Hier sind ein paar meiner Favoriten, generiert mit ChatGPT:

Personifizierte/Paarnamen

- Alma & Otto – klassisch, warm, zeitlos
- Maren & Paul – unaufgeregt, nahbar
- Rosa & Grau – poetisch, farblich aufgeladen, reif & modern
- Anna & August – traditionell mit Charme, hochwertig inszenierbar

Neologismen

- Wohlstoff – Komfort + Materialqualität
- Haltmut – Haltung + Mut, selbstbewusster Klang
- Leisewerk – leise Eleganz, reduziertes Design
- Langliebe – Langlebigkeit als Zuneigung

Metaphorische Namen

- Goldrand – das Besondere im Alltag, leise Wertigkeit
- Morgenlicht – frisch, hoffnungsvoll, sanfte Eleganz
- Stillwasser – Ruhe, Tiefe, Gelassenheit
- Nordstern – Orientierung, Haltung, klare Linie

Vom Namen zum Schriftzug

Sie können die KI mit Hilfe verschiedener Techniken nutzen, um eine Auswahl zu treffen. Mehr dazu finden Sie im folgenden Kapitel »Ideen optimieren und präsentieren«. Ich habe mich für den Namen Alma & Otto entschieden.

Namen immer gegenprüfen

Wenn Sie Namen für ein Projekt suchen, dann prüfen Sie diese immer gegen, zuerst über die Google-Suche und anschließend über das Deutsche Patent- und Markenamt unter *dpma.de*. Ganz auf Nummer sicher gehen Sie, wenn Sie den Namen durch eine spezialisierte Anwaltskanzlei absegnen lassen, besonders wenn Sie eine neue Marke eintragen lassen möchten.

Hier kommt ein eigens für Schriftzüge trainiertes GPT zum Einsatz, der »Type Crafter«. Dafür muss ich in einem neuen Chat arbeiten und füge folgenden Prompt ein:

Prompt Erstelle mir drei verschiedene Konzepte für eine Schriftmarke namens „Alma & Otto“, basierend auf folgenden Infos: [Kunde], [Zielgruppe], [Ideen/Wünsche].

Ich erhalte drei Vorschläge für verschiedene Designansätze für den Schriftzug. Ich möchte alle drei ausprobieren und bitte ChatGPT:

Prompt Erstelle mir zu jeder Idee einen Prompt für Ideogram.

Zugang zum Type Crafter

Scannen Sie den QR-Code, oder gehen Sie auf *chat.openai.com/g/g-zULJ6IKyc-type-crafter*, und probieren Sie mein GPT-Modell aus.

Ich erhalte drei verschiedene Bildprompts. Folgenden Prompt habe ich in Ideogram genutzt:

Prompt für Konzept: »Sans Humanist«

Design the text „Alma & Otto“ using a minimalist humanist sans-serif font. The letters should have slightly organic proportions, warm curves, and a subtle stroke contrast. Use oval shapes for the ‚O‘ and open, accessible forms for letters like ‚a‘, ‚l‘, and ‚t‘. The design should feel friendly, clear, and modern, ideal for legibility and approachability. Show the text in solid black on a clean white background, with no effects or embellishments.

Ideogram setzt Schriftzüge um und kann sehr gut mit typografischen Fachbegriffen arbeiten.

Setzen Sie Texte, die Sie generieren möchten, einfach in Anführungszeichen.

Ein weiterer Entwurf, basierend auf demselben Prompt

Ideogram gibt es als eigene Plattform, aber Sie finden das Modell auch über Freepik und über Firefly.

Bilder zu dem Projekt

Dies war ein Workshop-Projekt, und ein paar Ideen für Kampagnenvisuals sehen Sie in diesem Kapitel im Praxisteil »Die Wahl des Modells« und in Kapitel 3 unter »Brainstorming mit Promptformel«.

IDEEN OPTIMIEREN UND PRÄSENTIEREN

KAPITEL 5

Ideen optimieren und präsentieren

Künstliche Intelligenz im Kreativprozess einzusetzen ist Fluch und Segen zugleich. Auf der einen Seite erhalten wir schier endlos neue Möglichkeiten und Ideen oder Impulse, die uns auf neue Ideen bringen. Auf der anderen Seite kann genau das dazu führen, dass wir den Faden verlieren. Aus FOMO (Fear of Missing Out – die Angst, etwas zu verpassen) fällt es schwer, sich nun für eine Sache zu entscheiden und diese durchzuziehen. Das Problem ist nicht erst durch KI entstanden, aber sie kann es verstärken. Die KI ist darauf trainiert, uns am Ende ihrer Antwort Vorschläge zu machen, wie es weitergehen könnte. Zudem sagt sie niemals nein, hat keine Öffnungszeiten und gibt uns nonstop Zuspruch für das, was wir tun. Da kann es passieren, dass wir statt einer Beflügelung unseres Kreativprozesses plötzlich eine innere Barriere aufbauen, die es zu überwinden gilt. Ich kann Ihnen dafür keine Allgemeinlösung bieten, aber zumindest ein paar Techniken, die Ihnen dabei helfen, Ihre Ideen – ob mit oder ohne KI – zu überprüfen und gegebenenfalls zu verbessern. Dazu kommt noch ein wichtiger Teil des ganzen Prozesses: eine adäquate Präsentation Ihrer Ideen. Ob zur Vorbereitung einer Präsentation oder zur Gestaltung von Mockups, um die Designs in einer realistischen Umgebung zu zeigen – in diesem Kapitel zeige ich Ihnen einige Ideen und Techniken zum Optimieren und Präsentieren Ihrer Ideen.

Auswahl und Verbesserung kreativer Ideen

In Kapitel 3 haben wir uns bereits mit der Designmethode »Design Thinking« beschäftigt. Ein wichtiger Teil dieses Kreativprozesses besteht daraus, aus der Vielfalt an Ideen die vielversprechendsten auszusuchen und zusätzlich zu validieren, z. B. durch Prototyping und Testen mit der Zielgruppe. Doch nicht immer ist es möglich, mit der Zielgruppe zu sprechen und reale Prototypen zu entwickeln. Auch hier kommt die KI ins Spiel – und doch ist sie keineswegs ein Ersatz für die Meinung realer Menschen.

Die Techniken aus diesem Buch sind besonders sinnvoll, wenn Sie sich bereits tief mit dem Thema und Ihrer Zielgruppe auseinandergesetzt haben. Behalten Sie außerdem immer im Hinterkopf, dass die KI Antworten auf Basis von Wahrscheinlichkeiten und Vorhersagen mit einer Prise Zufall generiert und zudem darauf programmiert ist, Ihnen wohlgesinnt zu sein.

Sie haben Ideen für einen Auftrag gesammelt und vielleicht auch schon visualisiert, um zu sehen, ob sie funktionieren könnten. Jetzt kommt die Qual der Wahl: Welche der Ideen möchten Sie präsentieren oder ausarbeiten? In der Werbeagentur hat das damals die Kreativdirektorin übernommen – oder der Chef höchstpersönlich. Als Selbstständige muss ich selbst entscheiden, was ich präsentiere. Bevor wir an eine Auswahl denken, sollten wir uns daher einmal die Auswahlkriterien bewusst machen: Wir suchen also eine Art Checkliste, die uns dabei hilft, die besten Ideen sichtbar zu machen.

Parameter zur Priorisierung definieren

Erstellen Sie Ihre eigene Liste, oder lassen Sie sich von der KI helfen. Eine Möglichkeit ist es, die Bewertungskriterien anhand des Briefings herauszufiltern.

> **Prompt** Analysiere folgendes Briefing. Leite daraus maximal sieben konkrete Bewertungskriterien ab, anhand derer kreative Konzepte später entschieden werden können. Erwähne nur Kriterien, die sich direkt aus dem Briefing ableiten lassen. Formuliere jedes Kriterium als prüfbare Frage. Begründe nachvollziehbar die Auswahl der Kriterien. Hier ist das Briefing: [Briefing einfügen]

Geben Sie kein Limit für die Anzahl der Kriterien ein, erhalten Sie sehr wahrscheinlich eine lange Liste. Wenn Sie gut damit zurechtkommen, sich durch viel Text durchzuarbeiten, dann können Sie eine Auswahl aus den Möglichkeiten treffen. Ansonsten empfehle ich Ihnen, die Anzahl der Kriterien zu begrenzen.

Kill your Darlings für mehr Klarheit

Alles, was nicht zur Sache beiträgt, muss gehen. Auch wenn unser Herz daran hängt. Ein radikaler Ansatz, der aus dem Schreibgenre kommt und von Stephen King in seinem Buch »On Writing« sehr deutlich aufgegriffen wird: »Kill your darlings, kill your darlings, even when it breaks your egocentric little scribbler's heart.« Die Herausforderung besteht selten darin, so viel wie möglich einer Sache hinzuzufügen. Die eigentliche Königinnendisziplin ist, so viel wie nötig stehenzulassen und alles andere zu »killen«. Das gilt für Texte, aber genauso auch für Logodesigns, Layouts, Grafiken und Fotografien.

»Kill your darlings, kill your darlings, ...«

> **Prompt** Wir sind im Designprozess und hängen an bestimmten Ideen:
> [Beschreibung der Konzepte, Lieblingsideen, Argumente, Bewertungskriterien]
> Du bist Design-Thinking-Coach. Stelle zehn kritische Fragen, um zu prüfen, ob das wirklich die besten Lösungen für die Nutzenden sind.
> Zeige fünf typische Anzeichen dafür, dass wir zu sehr an „Darlings" hängen.
> Schlage konkrete Schritte vor, wie wir zwei bis drei dieser Ideen testweise killen und die übrigen Ideen verdichten können.

Lassen Sie sich Ihre Texte nach bestimmten Kriterien analysieren und kürzen:

Prompt Du bist UX Copy Editor.
Hier ist ein Textblock für ein Website-Layout: [Text einfügen]

- Ziel: max. 40 % der Zeichen
- Ton: klar, modern, nicht werblich
- Aufgaben: Streiche alles, was nicht absolut nötig für Verständnis und Conversion ist.

Markiere im Originaltext mit [DARLING], was du gestrichen hast, und begründe in ein bis zwei Stichpunkten, warum.

Das Prinzip für Designs ist ähnlich: Geben Sie der KI genug Kontext (z. B. in Form eines Briefings, von Markenrichtlinien etc.), ergänzen Sie Bewertungskriterien, und lassen Sie dann radikal wegstreichen, indem Sie es sich zusätzlich von der KI begründen lassen.

Prompt Ich habe folgendes Layout/Visual (kurz beschreiben oder Link/Bildinhalt im Chat einfügen).

- Ziel: Landingpage für [Produkt], Fokus auf [Conversionziel].
- Aufgabe: Liste alle visuellen Elemente auf (Farben, Formen, Illustrationen, Deko).
- Bewerte, was direkt die Message und Conversion unterstützt.
- Markiere Elemente, die hauptsächlich dekorativ sind oder ablenken – meine „Darlings", die ich killen sollte.

Mache drei Vorschläge, wie das Layout nach dem Killen klarer wirkt.

Premortem für das Risikomanagement

In Kapitel 3 haben wir uns mit dem Zukunftsrückblick (Backcasting) beschäftigt, bei dem wir aus der Zukunft zurückblickend die einzelnen Stationen eines Projekts durchlaufen haben. Dabei haben wir uns mit den Idealbedingungen und dem bestmöglichen Verlauf des Projekts beschäftigt. Die Premortem-Technik wird gerne im Risikomanagement angewandt und soll mögliche Risiken aufdecken, indem man sich mit dem Scheitern des Projekts beschäftigt, bevor es überhaupt begonnen hat. Das klingt bizarr, aber kann sehr hilfreich im Kreativprozess sein. Die möglichen Fehler, die zum Misserfolg führen könnten, werden in die Ideenfindung mit einbezogen. Am besten funktioniert die Methode in einem Team, um so viele Perspektiven wie möglich zu erhalten. Der Prozess könnte folgendermaßen ablaufen:

1. **Projektplan und -beschreibung:** so genau wie möglich, mit gewünschten Kennzahlen und Zielen
2. **Beschreibung des Scheiterns:** In welchem Zeitraum ist das Projekt gefloppt und warum? Sammeln Sie die Punkte des Scheiterns und deren Gründe.

3. **Clusterung der Risiken:** Die gesammelten Gründe des Scheiterns werden nach Wahrscheinlichkeit und Auswirkung sortiert.
4. **Prävention:** Wie können die Risiken verhindert werden? Welche sind einfach zu lösen und welche brauchen mehr Aufmerksamkeit?
5. **Anpassung:** Der Projektplan wird entsprechend angepasst, indem Risiken und Lösungen mit eingebaut werden.

Die KI kann Sie bei dem Prozess unterstützen, indem sie die Moderation übernimmt. Um die Technik auszuprobieren, können Sie folgenden Prompt auf Ihr Projekt anpassen:

Prompt Du übernimmst die Rolle eines strukturierten Moderators für eine Premortem-Analyse. Dein Ziel ist es, mich Schritt für Schritt durch die Methode zu führen und mir zu helfen, Risiken für mein Projekt frühzeitig zu erkennen und präventive Maßnahmen abzuleiten.

- Projektkontext (von mir): Projekttyp: [z. B. Markenentwicklung, Kampagnenkonzept, Website-Relaunch, UX/UI-Projekt]
- Kurzbeschreibung: [ein bis drei Sätze]
- Ziel(e): [Stichpunkte]
- Zielgruppe: [Stichpunkte]
- Zeitrahmen & Rahmenbedingungen: [optional]

Bitte gehe nun in klar getrennten Schritten vor und stelle mir jeweils Fragen, auf die ich antworten kann. Warte nach jedem Schritt auf meine Antwort, bevor du weitermachst.

Schritt 1 – Rahmen klären

1. Fasse mein Projekt mit eigenen Worten kurz zusammen und prüfe mit einer Rückfrage, ob du es richtig verstanden hast.

Schritt 2 – Worst-Case-Szenario

2. Bitte mich, ein Worst-Case-Szenario zu formulieren („Stell dir vor, in zwölf Monaten ist das Projekt ein kompletter Fehlschlag …“).
3. Hilf mir mit drei bis fünf Leitfragen, dieses Scheitern konkret zu beschreiben (aus Sicht z. B. von Geschäftsführung, Kund*innen, Team).

Schritt 3 – Gründe sammeln

4. Bitte mich, erste Gründe zu nennen, warum dieses Projekt gescheitert sein könnte.
5. Ergänze diese Liste um zusätzliche, plausible Gründe aus deiner Sicht, speziell für Kreativ-/Designprojekte.
6. Sortiere alle Gründe in sinnvolle Kategorien (z. B. Strategie, Design/Produkt, Zielgruppe/Markt, Prozess/Organisation, Kommunikation/Stakeholder).

Schritt 4 – Priorisieren

7. Bitte mich, die wichtigsten fünf Risiken auszuwählen.
8. Schlage mir für diese fünf Risiken eine einfache Einschätzung von Wahrscheinlichkeit (hoch/mittel/niedrig) und Auswirkung (hoch/mittel/niedrig) vor und lass mich das gegebenenfalls anpassen.

Schritt 5 – Präventive Maßnahmen

9. Entwickle zu jedem der Top-5-Risiken zwei bis drei konkrete präventive Maßnahmen – mit Fokus auf Dinge, die ich im Kreativ-/Designprozess beeinflussen kann (z. B. Research, Tests, Briefing, Entscheidungsprozesse, Designprinzipien).
10. Fasse alle Maßnahmen am Ende in einer kompakten Liste zusammen: „Top-Risiko → wichtigste präventive Maßnahmen".

Achte auf klare Struktur, kurze Fragen und eine wertschätzende, pragmatische Sprache. Starte jetzt mit Schritt 1 und frage mich zunächst nach meinem Projektkontext.

Um die Risiken zu priorisieren, können Sie auch eine Matrix in Tabellenform nutzen, wie in folgendem Beispiel:

Grund	Wahrscheinlichkeit	Auswirkung
Unklare Positionierung	hoch	hoch
Generisches visuelles Design	hoch	hoch
Zu wenig Nutzerinterviews vorab	mittel	hoch
Entscheidungschaos im Projektteam	mittel	mittel
Falsche Kanäle für Launch gewählt	hoch	mittel

Bitten Sie die KI, Ihre gesammelten Risiken in einer Tabelle nach Wahrscheinlichkeit und Auswirkung zu sortieren.

Sie können die Methode auch mit dem Prompt zum Analysieren der Bewertungsparameter verbinden, um die wichtigsten Kriterien zu definieren. Für die einzelnen Lösungsansätze können Sie wiederum verschiedenste Kreativtechniken nutzen. Die besten Ergebnisse entstehen in der Kombination verschiedener Techniken und im Dialog mit der KI.

Mit SCAMPER Ideen weiterentwickeln

Diese Methode eignet sich besonders gut für bestehende Ideen, Visuals, Produkte oder Denkstrategien, indem wir sie analytisch nach folgenden Punkten betrachten:

- **Substitute:** Kann ein Element ersetzt werden, um die Idee zu verbessern?
- **Combine:** Lässt sich diese Idee mit anderen Ansätzen verbinden?
- **Adapt:** Kann die Idee auf andere Zielgruppen oder Szenarien angepasst werden?
- **Modify:** Kann man die Idee durch Verstärken oder Reduzieren der Wirkung optimieren?
- **Put to another use:** Ist die Idee auf andere Zwecke übertragbar?
- **Eliminate:** Welche Elemente sind überflüssig oder störend?
- **Reverse:** Was passiert, wenn man die Idee ins Gegenteil verkehrt?

PRAXIS

SCAMPER zur Verbesserung von Kampagnenmotiven

Mit der SCAMPER-Methode können besonders visuelle Ideen analysiert und verbessert werden. Für ein fiktives Projekt habe ich ein Kampagnenmotiv entwickelt, das junge Frauen auf Tech-Berufe aufmerksam machen soll.

Das Visual ist mit Hilfe der Provokationstechnik entstanden. Nun möchte ich es nach der SCAMPER-Methode analysieren lassen.

Ich nutze den Prompt aus diesem Kapitel und habe ihn an das Projekt angepasst:

Prompt Du bist Creative Director*in mit Schwerpunkt Gen-Z-Kommunikation, Diversity und digitale Kultur. Du denkst visuell, strategisch und gesellschaftlich reflektiert.

Kampagnenidee: Eine aufmerksamkeitsstarke Social- und Poster-Kampagne mit der Headline „Error 404: Keine Frauen in Tech gefunden." Ziel ist es, mehr junge Frauen (Gen Z, ca. 16–25 Jahre) für Tech-Berufe zu begeistern und stereotype Bilder aufzubrechen.
Die Kampagne soll empowernd wirken, gesellschaftliche Realität sichtbar machen und zugleich motivierend Zukunftsperspektiven eröffnen.

Aufgabe: Analysiere die Idee mit der SCAMPER-Methode (Substitute, Combine, Adapt, Modify, Put to another use, Eliminate, Rearrange).

Für jeden der sieben Schritte liefere bitte:

- eine präzise, kreative Leitfrage, die die Idee aus dieser Perspektive kritisch hinterfragt.
- einen konkreten Vorschlag zur Weiterentwicklung des Visuals oder der Headline (z. B. visuelle Umsetzung, Tonalität, Plattform-Adaptierung, Interaktion, Hashtag, Mechanik).
- eine kurze strategische Begründung, warum diese Veränderung die Kampagne für Gen Z relevanter, glaubwürdiger oder wirkungsvoller machen könnte.

Wichtige Kriterien:

- Zielgruppe: Gen Z (digital sozialisiert, meme-affin, werteorientiert, sensibel für Authentizität).
- Ton: empowernd, zeitgemäß, inklusiv, selbstbewusst.
- Keine paternalistische Ansprache.
- Keine moralische Belehrung, sondern Einladung zur Mitgestaltung.
- Denke plattformübergreifend (TikTok, Instagram, OOH, interaktive Formate).
- Berücksichtige kulturelle Codes, Gaming-Ästhetik, Internet-Metaphern, Remix-Kultur.

Ziel: Die Idee so weiterzuentwickeln, dass sie originell, kulturell anschlussfähig und handlungsaktivierend wird – und junge Frauen konkret ermutigt, Tech als Gestaltungsraum zu begreifen.

Ich erhalte nun ein ausführliches Feedback sowie Verbesserungsvorschläge, die ich hier in gekürzter Fassung zeigen möchte:

Ergebnis

S – Substitute: Was passiert, wenn wir den Fehlercode nicht als Mangel, sondern als Systemproblem formulieren?

Headline-Shift zu »Error 404: Equal Access Not Found. Oder: »System Bug: Talent Overlooked.«

Visual: Die Silhouetten im Hintergrund werden zu »unsichtbar geschalteten Avataren mit halb geladenen Progress-Bars.«

C – Combine: Wie lässt sich die Gaming-/Tech-Ästhetik mit realen Role Models kombinieren?

Glitch-Overlay öffnet sich wie ein »Scan-Modus« – darunter echte junge Frauen in Tech (divers, unterschiedliche Hintergründe, inklusiv gedacht).

Headline-Erweiterung:
»Error 404? Look Closer.«

A – Adapt: Welche Meme- oder TikTok-Mechanik können wir adaptieren?

Trend-Mechanik: »POV: You fixed the system.«
Kurzclips zeigen Interface-Fehler, dann »Code edited«, dann Erfolgsszene.
Hashtag: #PatchTheSystem

M – Modify: Was passiert, wenn wir die visuelle Hierarchie ändern?

»In Tech« wird dominant, »Keine Frauen« glitcht weg und wird durch »Mehr Frauen« überschrieben – animiert.
Oder:
Der Fehlercode wird kleiner, die Frau im Zentrum noch größer, selbstbewusster inszeniert, frontal, Blickkontakt.

P – Put to another use: Kann das Visual als interaktives Tool funktionieren?

Landingpage mit »System Scan«
User*innen geben Interessen ein → bekommen personalisierte Tech-Berufe angezeigt.
404 wird zum Einstieg in Orientierung.

E – Eliminate: Was können wir streichen, um klarer zu werden?

»Die Zukunft ist weiblich« ersetzen durch etwas weniger Polarisierendes und Inklusiveres: »Die Zukunft codest du.«
Warum? Der aktuelle Claim kann unnötige Fronten aufmachen.

R – Rearrange: Was passiert, wenn die Kampagne mit Lösung statt Problem startet?

Variante 2 des Posters:
»System Update Successful.«
Darunter: »More Women in Tech Loading... 67% Complete.«
Serielle Kampagne mit Fortschrittsanzeige.

Strategisches Fazit
Das Motiv funktioniert visuell sehr gut für Gen Z. Die Ästhetik ist kulturell anschlussfähig.
Der größte Hebel liegt in der Verschiebung vom Mangel-Frame (»keine Frauen«) hin zum System-Frame (»System erkennt Potenzial nicht«) und zur Mitmach-Mechanik.

Dort sind viele gute Verbesserungsvorschläge dabei. Ich bitte ChatGPT, mir einen neuen Prompt zu generieren, der ausgewählte Verbesserungen beinhaltet:

- Neue Headline »ERROR 404: Equal Access Not Found«
- Geänderter Claim: »Die Zukunft codest du.«
- Visual erweitert, indem reale Frauen stärker fokussiert werden

Prompt A bold, Gen Z-inspired campaign poster combining glitch aesthetics with real human presence. The headline „Error 404: Equal Access Not Found." appears large and highly prominent at the top, rendered in bold, distorted typography with neon green and orange highlights, featuring dynamic glitch overlays and subtle pixel displacement effects. The word „ERROR 404" is especially dominant and visually impactful. The central focus is a confident young woman (around 18–22 years old), diverse and contemporary, standing frontally and making direct eye contact. She is not stylized as a futuristic avatar but portrayed as a real person. A translucent glitch layer partially overlays her, as if the system is trying to render her but failing. Through the glitch, her presence becomes even stronger, symbolizing visibility breaking through systemic barriers.

Behind her, instead of abstract silhouettes, several real young women of different backgrounds, skin tones, body types and styles stand clearly visible, slightly softened by a subtle digital interference effect. They are positioned as a collective, not as background decoration, suggesting momentum and solidarity. The background features a cyberpunk-inspired digital environment with futuristic grids, fragmented code snippets, UI elements and scanning lines. The color palette is dark purple as the base, with neon green and orange accents creating strong contrast and visual tension. At the bottom, the claim „Die Zukunft codest du." appears clean and powerful in a strong sans-serif typeface, less distorted than the headline, creating a confident, forward-looking anchor.

The overall aesthetic is empowering, contemporary, bold and culturally aligned with Gen Z digital culture. The women are the visual center of gravity, while the glitch and error elements frame the systemic issue rather than defining them.

Die neuen Visuals generiere ich über Freepik mit dem Modell »GPT 1.5« von OpenAI und dem Stil #neomemphis.

Das Ergebnis ist klarer und auf den Punkt gebracht. Die realistischen jungen Frauen sorgen für mehr Aufmerksamkeit.

Sie müssen nicht jeden Verbesserungsvorschlag übernehmen. Nutzen Sie Ihre Erfahrung und Expertise. In diesem Fall hat die Methode das Motiv stark verbessert.

Das Ziel der SCAMPER-Methode ist die Verbesserung und Weiterentwicklung von Projekten. KI kann Ihnen dabei helfen, die richtigen Fragen und auch Antworten zu finden. Manchmal hilft es, eine ganz andere Sichtweise auf ein Projekt zu erhalten. Ein Prompt zur Anwendung der Methode könnte folgendermaßen aussehen:

Prompt Ich habe eine Kampagnenidee zum Thema [Thema/Produkt/Dienstleistung]: [Kurze Beschreibung der Idee].

Bitte analysiere diese Idee mit der SCAMPER-Methode anhand der sieben Schritte (Substitute, Combine, Adapt, Modify, Put to another use, Eliminate, Rearrange).

Zu jedem Schritt gib mir:

- eine konkrete Frage oder Anregung, wie ich die Idee aus dieser Perspektive verändern oder verbessern könnte
- einen möglichen Vorschlag zur Konkretisierung oder Weiterentwicklung des Kampagnenvisuals oder der Headline
- eine kurze Erklärung, warum diese Änderung die Idee stärken könnte

Das Ziel ist, die Idee kritisch zu prüfen und kreative Verbesserungen zu finden, um sie origineller, wirkungsvoller und zielgruppenorientierter zu machen.

Aber auch als Kreativtechnik kann diese Methode neue und unerwartete Perspektiven bringen.

Prompt Bitte wende die SCAMPER-Methode an und gib mir zu jedem Schritt eine Idee zur Verbesserung inklusive kurzer Begründung. Bleibe kreativ und praxisnah.

Um noch tiefer einzusteigen, können Sie die Schritte auch einzeln durchgehen und ein KI-Modell mit tieferem Denken (Reasoning oder Thinking) nutzen.

Advocatus Diaboli als kritischer Ideengeber

Sie kennen das bestimmt: Man hat eine tolle Idee, und es entsteht ein Gefühl der Euphorie – was dazu führen kann, dass man überstürzte Entscheidungen trifft. Hier kommt der Advocatus Diaboli, übersetzt »Anwalt des Teufels«, in Aktion, um eine gnadenlos kritische (aber sachliche) Perspektive einzunehmen – auch wenn man eigentlich für die Idee ist. Die Vorteile liegen auf der Hand:

- Risiken und Schwachstellen werden aufgedeckt.
- Kognitive Verzerrungen (z. B. Harmoniebedürfnis) werden durchbrochen.
- Risiken, Probleme und Schwächen werden frühzeitig aufgedeckt.
- Kritisches Denken und die Argumentationsfähigkeit werden gefördert.
- Die Qualität strategischer Entscheidungen wird gesteigert.

Folgenden Basisprompt können Sie nutzen und mit weiteren Details ergänzen:

> **Prompt** Du bist Advocatus Diaboli – also der „Teufelsanwalt". Dein Job ist es, [Idee, Konzept, Produkt] gezielt zu hinterfragen und zu optimieren. Formuliere provokante Gegenargumente. Leite daraus konkrete Verbesserungen ab. Sei ehrlich, sachlich, klar und konstruktiv!

Nicht alles, was die KI antwortet, muss auch so stimmen. Trotzdem schadet es nicht, der einen oder anderen Kritik nachzugehen, um eine Optimierung anzustreben. Solche kritischen Argumente können durchaus zu neuen Ideen anregen.

Ähnliches zu Ähnlichem mit Affinity Mapping

Besonders, wenn Sie mit KI arbeiten, kann die schiere Menge an Ideen überfordern. Aber auch ohne KI kann es bei komplexen Projekten schnell passieren, dass man den Überblick verliert. Das Affinity Mapping ist eine Cluster-Methode, um gesammelte Informationen zu kategorisieren und ins Handeln zu kommen, wie z. B. bei:

Besonders, wenn Sie mit KI arbeiten, kann die schiere Menge an Ideen überfordern.

- **Brainstormings:** Ideen aus Kreativ-Sessions clustern (z. B. Kampagnenkonzepte oder Content-Ideen), etwa für die Projektplanung
- **Nutzerforschung:** Interview-Zitate, Umfragedaten, Feedback gruppieren (z. B. Pain Points für UX-Design), um daraus einen Umsetzungsplan zu erstellen
- **Content-Planung:** Social-Media-Posts, Blog-Themen, Newsletter-Ideen nach Themen sortieren und Prioritäten festlegen
- **Markenworkshops:** Stakeholder-Inputs, Werte, Claims zu Positionierungen verdichten, um z. B. eine Positionierung zu entwickeln
- **UX/UI-Projekte:** User Flows, Feature-Wünsche, Pain Points strukturieren und priorisieren, um z. B. Briefings zu erstellen
- **Kampagnen-Feedback:** Kundenrezensionen, Marktforschung, Designfeedback, um z. B. die relevantesten Themen herauszufiltern

Die Vorgehensweise ist immer ähnlich:

1. **Rohmaterial sammeln:** alle Ideen/Notizen/Zitate als Aufzählungspunkte auflisten
2. **KI zum Clustern nutzen:** Informationen inkl. Prompt (siehe unten) zum Sortieren der Informationen nach Ähnlichkeiten
3. **Cluster anpassen:** ähnliche Cluster zusammenfassen oder splitten, wenn diese zu umfangreich sind, Umbenennung falls notwendig
4. **Visualisierung der Cluster:** KI nutzen (siehe Kapitel 4), z. B. um eine Infografik oder ein Miro-Board zu erstellen

PRAXIS

Advocatus Diaboli – der Widerspruch als kreativer Freund

Kreativität braucht Reibung, und oft entstehen die besten Ideen durch Widersprüche. Die Methode Advocatus Diaboli ist entwickelt worden, um bestehende Konzepte und Ideen kritisch zu prüfen mit dem Ziel, sie zu verbessern.

Nehmen wir das Beispiel aus der Praxis »Mit Provokationen zu neuen Ideen finden« aus Kapitel 3 und lassen die KI den Social-Media-Post kritisch analysieren, diesmal mit Perplexity:

Prompt Du bist Advocatus Diaboli – also der „Teufelsanwalt". Dein Job ist es, die vorgestellte Social-Media-Kampagne für einen Möbelhersteller kritisch zu hinterfragen:

Die Kampagne arbeitet mit drei Möbelstücken/Stühlen, die als Charaktere (Tilda, Rocky, Martha) inszeniert sind. Jedes Möbelstück wird von einem Tier vertreten und bekommt eine kurze Persönlichkeit. Ziel: Nutzer*innen sollen sich mit einem Stil identifizieren (#AdoptAChair).

- Welche Schwachstellen, Risiken und Kritikpunkte findest du an Konzept, Storytelling, Wirkung und Umsetzung?
- Was könnte aus Marketing-, Brand- oder Zielgruppen-Sicht schiefgehen?
- Schlage mindestens zwei Alternativen oder Verbesserungen vor, die die entdeckten Schwächen ausgleichen oder das Kampagnenziel verbessern.

Sei ehrlich, sachlich, klar und konstruktiv!

Die Antwort ist sehr ausführlich und gut strukturiert. Für das Buch habe ich mir eine Kurzfassung generieren lassen:

Kritische Analyse (Advocatus Diaboli):
- Die Vermenschlichung von Möbeln als Tiere kann schnell kindlich wirken – das passt nicht zu jeder Zielgruppe oder Marke.
- Die Charakterwahl (Hund, Katze, Bulldogge) ist wenig vielfältig und könnte nicht alle Kund*innen ansprechen.
- Die Story bleibt oberflächlich, echte Interaktion und Differenzierung fehlen.

Verbesserungsvorschläge:
- Diversere Charaktere oder Personas nutzen, die unterschiedliche Lebensstile abbilden.
- Das Storytelling vertiefen, z. B. mit kleinen Episoden oder echten Geschichten der Nutzer*innen.
- Die Community stärker einbinden, etwa durch Challenges oder eigene Charakter-Vorschläge.

Fazit Advocatus Diaboli:
Das Grundkonzept ist charmant und emotional, könnte aber noch zielgruppenspezifischer, vielfältiger und interaktiver werden. Die Idee bleibt besonders stark, wenn sie in Richtung Community-Beteiligung, Storytelling und Diversität weitergedacht wird.

Zusätzlich erhalte ich viele konkrete Ideen, wie man die Kampagne weiterentwickeln könnte, z. B. verschiedene Lebenswelten der Zielgruppen einbinden, mehr Interaktion fördern oder für die Möbelcharaktere kleine Serien aus dem Möbelalltag entwickeln.

Als Beispiel habe ich mit der Assoziations- und Provokationstechnik Ideen für eine Werbekampagne für das Modelabel entwickelt, das sich auf ältere Menschen mit Stil spezialisiert hat. Es entstanden viele spannende Ideen, doch alle umzusetzen würde schlichtweg zu viel Zeit kosten. Also nutze ich das Affinity Mapping, um eine erste Einordnung der Ideen nach Ähnlichkeiten zu machen. Mit folgendem Prompt können Sie die KI zum Clustern nutzen:

Prompt Du bist Affinity-Mapping-Moderator*in.
Nimm diese Liste von [X] Ideen/Notizen: [Liste]

Gruppiere sie intuitiv nach inhaltlicher Nähe.
Gib jedem Cluster einen prägnanten Namen (zwei bis vier Wörter).
Liste darunter die Originaltexte aus den Notizen.
Am Ende: Analysiere die Cluster und zeige Muster auf, die du darin siehst.

Die KI, in meinem Fall ChatGPT, sortiert die Ideen nach Kategorien, die sie innerhalb der Ideen gefunden hat. Zudem habe ich noch eine Auflistung der Muster erhalten, die alle Ideen gemeinsam haben:

- Alter wird als Facettenreichtum inszeniert.
- Starke Metaphern (Schweben, Spiegel, Balance) tragen die Botschaft.
- Provokation funktioniert als Aufmerksamkeitstreiber.
- Headlines sind rhythmisch, klar und selbstbewusst formuliert.

Nun kann ich mich z. B. für je eine Idee entscheiden, die ich als Prototyp umsetze, um zu sehen, ob sie funktionieren kann und ob die Richtung passt. Ich kann aber auch sehen, welche Ideen Ähnlichkeiten haben, um diese eventuell miteinander zu verbinden oder Elemente zu kombinieren, um die Botschaft zu verstärken. Auch für die Präsentation der Ideen habe ich nun aussagekräftige Kategorien, in denen ich die Entwürfe thematisch ordne und eine Dramaturgie aufbauen kann.

SWOT-Analyse

Bewerten Sie die Stärken (Strengths) , Schwächen (Weaknesses), Chancen (Opportunities) und Risiken (Threats) eines Designs oder Konzepts.

- Welche Ideen haben klare Stärken (USP, emotionaler Effekt)?
- Wo bestehen Schwächen (fehlende Klarheit, Überforderung der Zielgruppe)?
- Welche Chancen bieten die Ideen für langfristige Markenbildung?
- Welche Risiken bestehen, z. B. durch Missverständnisse oder unpassende Botschaften?

Prompt Erstelle eine SWOT-Analyse für [Projektname]. Beschreibe Typ (Website, Brand-Konzept etc.), Ziel (in einem Satz), Zielgruppe und aktuelle Beschreibung in drei bis fünf Stichpunkten. Erstelle eine SWOT-Matrix mit je vier Punkten pro Quadrant (Stärken, Schwächen, Chancen, Risiken), hebe die Top 3 pro Feld hervor und leite fünf konkrete Design-Optimierungen ab. Ausgabe als Tabelle.

Für das mit der SCAMPER-Methode angepasste Visual möchte ich nun eine SWOT-Analyse machen. Dazu gebe ich den obigen, aber angepassten, Prompt ein und gebe das Visual hinzu. Hier die Antwort von ChatGPT (5.2):

SWOT-Analyse (Visual)

Stärken	Schwächen	Chancen	Risiken
(Top) Sehr hohe Aufmerksamkeit durch starke Typografie	**(Top)** Visuelle Überladung durch viele Effekte	**(Top)** Hohe Anschlussfähigkeit an Gen-Z-Ästhetik	**(Top)** Message kann als plakativ oder klischeehaft gelesen werden
(Top) Diversität klar sichtbar und glaubwürdig inszeniert	ERROR dominiert stärker als die Frauen	Gute Social-Media-Performance durch visuelle Wucht	Gefahr, dass Empowerment hinter Effekt-Design verschwindet
(Top) Klare visuelle Hierarchie oben (Headline) und unten (Claim)	Glitch-Overlay verdeckt Gesichter und Details	Potenzial für Serienformat mit weiteren Motiven	Ironie von „Error 404" könnte missverstanden werden
Selbstbewusste zentrale Protagonistin mit direktem Blick	Claim unten wirkt typografisch etwas klassisch im Vergleich zur Headline	Eignet sich für Event- oder Hochschulkontext	Könnte als Marketing-Kampagne ohne echte Substanz gelesen werden

Die Ausgabe als Tabelle macht es übersichtlich.

Die Antwort fiel natürlich ausführlicher aus, aber die Tabelle bringt einen Einblick in die Analyse des Visuals. Das Feedback zeigt, dass ich auf dem richtigen Weg bin, aber noch visuell reduzierter gestalten sollte. Kombinieren Sie die Methode zum Beispiel mit der Rollenbeschreibung (aus der Sicht verschiedener Expert*innen) oder dem Perspektivwechsel (aus der Sicht der Zielgruppe, einer Persona, verschiedener Institutionen).

Von komplex zu einfach mit der Kleinkindperspektive

Manchmal ist es notwendig, sehr komplexe Themen einfach aufzubereiten, um sie möglichst vielen Personen begreifbar zu machen. Aber auch zur Ideenfindung kann der Perspektivwechsel genutzt werden, da dort oft spannende Formulierungen entstehen.

Prompt Erkläre mir [Thema] so, als würdest du es einem sechsjährigen Kind erzählen. Nutze nur ganz einfache Wörter, kurze Sätze und Beispiele aus dem Alltag (Spielplatz, Eiscreme, Schule). Vermeide Fachbegriffe komplett oder erkläre sie wie Zaubersprüche oder wie ein Märchen, als Fabel oder Gute-Nacht-Geschichte. Stelle drei bis fünf Fragen, die ein Kind stellen würde. Am Ende gib einen kurzen Merkspruch.

Mit Hilfe dieses Prompts habe ich mir das Barrierefreiheitsstärkungsgesetz (BFSG) erklären lassen, mit folgendem Ergebnis aus ChatGPT 5.2:

Ergebnis Stell dir vor, es gibt ein ganz besonderes Zaubergesetz. Es hat einen sehr langen Namen: Barrierefreiheitsstärkungsgesetz. Das klingt wie der Name eines großen Drachen, aber eigentlich ist es ein Helfer. Dieser Helfer sorgt dafür, dass alle Menschen überall mitmachen können. Wirklich alle.
Manche Menschen können nicht gut sehen. Manche hören schlecht. Manche sitzen im Rollstuhl. Andere brauchen mehr Zeit zum Lesen oder Verstehen. Der Zauber dieses Gesetzes sagt: Macht Dinge so, dass niemand ausgeschlossen wird.
Auf dem Spielplatz bedeutet das zum Beispiel, dass es eine Rampe gibt. Dann kann auch ein Kind im Rollstuhl zur Rutsche kommen. Im Eisladen hängt die Preisliste nicht nur ganz klein an der Wand, sondern es gibt große Buchstaben oder jemand liest sie freundlich vor. In der Schule gibt es Bücher mit größeren Wörtern oder mit Bildern, damit alle gut mitlernen können.
Und auch im Internet wirkt dieser Zauber. Wenn jemand ein Spiel spielt oder etwas bestellen möchte, sollen die Knöpfe gut zu sehen sein. Texte können vorgelesen werden. Alles soll leicht zu verstehen sein. Das Gesetz sagt zu Firmen und Läden: Baut eure Sachen so, dass alle sie benutzen können. Macht die Türen weiter. Macht die Schrift größer. Erklärt Dinge klar.
Ein Kind könnte fragen: Warum können nicht alle einfach so überall mitmachen? Warum ist Schrift manchmal so winzig? Was ist, wenn jemand nichts hören kann? Wer passt auf, dass sich alle an den Zauber halten?
Die Antwort ist einfach: Menschen sind verschieden. Und genau deshalb braucht es Regeln, die daran erinnern, dass alle dazugehören.
Merkspruch: Alle dürfen mit. Kein Mensch bleibt zurück.

Das Ganze habe ich mir als eine Art Comic für Kinder direkt in ChatGPT generieren lassen – inklusive Sprechblasen.

Prompt Kannst du mir ein Bild dazu generieren, das die Themen aufgreift? Gerne als Storyboard wie für ein Kinderbuch, gezeichnet und in einem kindgerechten Stil mit Textblasen.

Doch nun geht es darum, die sehr vereinfachten Informationen in verschiedene Visuals umzusetzen. Der Merksatz wird als Kampagnenthema übernommen und direkt in ChatGPT für verschiedene Zielgruppen aufbereitet. Auf den folgenden Seiten sehen Sie den Comic und ein daraus abgeleitetes Kampagnenmotiv für die Zielgruppe Jugendliche.

Die Geschichte und Visuals können als Basis für die weitere Ideenfindung oder Konzeption dienen oder genutzt werden, um anderen ein Thema schneller begreiflich zu machen.

Aus der Geschichte wurde nun ein Comic, der mit Sprechblasen das Thema Barrierefreiheit kindgerecht näherbringt.

Der Leitsatz wird zum Kampagnenthema, das nun für verschiedene Zielgruppen visuell aufbereitet werden kann. Ideal für schnelle Motivtests oder Social Media Content.

PRAXIS

Visuals optimieren mit der SimToM

In Kapitel 2 haben wir die Simulated Theory of Mind kennengelernt. Diese Technik ermöglicht es uns, in eine simulierte Unterhaltung mit einer bestimmten Person zu gehen, um einen anderen Blickwinkel auf unser Projekt zu erhalten. An folgendem fiktiven Projekt zeige ich Ihnen, wie die SimToM angewandt werden kann:

Ein Naturkosmetik-Start-up, das ein beruhigendes Gesichtsspray entwickelt hat. Es soll Menschen helfen, im hektischen Alltag einen Moment für sich zu finden. Mit natürlichen Inhaltsstoffen wie Lavendel, Kamille und Aloe Vera bringt das Spray einen kurzen Moment der Ruhe – ob im Büro, unterwegs oder zuhause.

Mit der Provokationstechnik entstand folgende Idee, die ich mit Hilfe von KI umgesetzt habe:

Ergebnis **Begriff: »Abenteuer«**
Plakatidee: Eine Person klettert eine steile Klippe hinauf – aber oben angekommen, statt triumphaler Pose: Sie setzt sich still, sprüht sich das Gesicht ein und schließt die Augen.
Headline: Das größte Abenteuer? Bei dir selbst ankommen.
Design-Elemente: Cinematischer Look. Weite Landschaft, aber Fokus auf den stillen Moment oben. Das Spray wirkt fast wie ein magisches Artefakt.

Über die Plattform Freepik habe ich mit dem Modell »Google Nano Banana Pro« ein Bild generiert, das ich gerne aus der Sicht einer Persona aus der Zielgruppe bewertet haben möchte.

ChatGPT hat den Prompt für das Visual geliefert.

Bei diesem Projekt bin ich den gesamten Prozess durchgegangen – vom Briefing über die Zielgruppenbeschreibung, Personaentwicklung und Ideenfindung mit Kreativtechniken. Folgende Persona nutze ich, um die SimToM-Methode anzuwenden.

Persona **Julia – die achtsame Kreative**

- Alter: 34
- Wohnort: Berlin
- Beruf: Kommunikationsdesignerin in einer Branding-Agentur
- Lebenssituation: lebt mit Partner in einer Altbauwohnung, arbeitet hybrid

- Einkommen: 3.500 € netto
- Werte: Ästhetik, Nachhaltigkeit, Klarheit und mentale Gesundheit
- Pflegeverhalten: Verwendet wenige, ausgewählte Produkte. Duft ist wichtig – am liebsten beruhigend, pflanzlich, unaufdringlich.
- Medienverhalten: Instagram, Podcasts, Newsletter von Achtsamkeitsmarken
- Stressreaktion: Rückzug, Yoga, Spaziergänge im Kiez, Journaling
- Was ihr fehlt: kurze Rituale für zwischendurch, die einfach da sind, ohne dass sie aktiv etwas »leisten« muss
- Ton: sanft, stilvoll, beruhigend

Wie wir sie erreichen: ruhige Bildsprache, ehrliche Worte, zurückhaltende Headlines mit poetischer Kraft – kein Werbe-Talk, sondern ein echtes Angebot zum Durchatmen

Wenn Sie wie ich in einem Chat die gesamte Historie des Projekts bereits haben, können Sie den Beispielprompt aus dem Buch nehmen und von der KI direkt auf Ihre Wunschpersona anpassen lassen. In einem neuen Chat sammeln Sie alle wichtigen Infos wie Briefing, Zielgruppe, Persona und geben Ihren Prompt sowie die Visuals ein. Ich habe mir den Prompt unter *Kapitel 2 > Customer Journey > Mehr Identifikation mit der Persona (Simulated Theory of Mind)* etwas abgewandelt, um mir Feedback zu einem Kampagnenvisual geben zu lassen.

Ergebnis

Ich sehe das Motiv und bleibe hängen, weil es schön ist. Das Licht, die Berge, dieser ruhige Ausdruck. Es ist ästhetisch sauber gemacht. Ich merke, dass ich kurz langsamer scrolle.

Und gleichzeitig denke ich: Das ist nicht mein Leben.

Ich sitze nicht auf einem Gipfel. Ich sitze zwischen zwei offenen Tabs, einem halbfertigen Layout und einem Slack-Ping. Ich fahre U-Bahn. Ich esse im Stehen. Ich atme selten so tief wie diese Frau da oben.

Das Bild fühlt sich groß an. Fast episch. Ich verstehe die Idee. Ankommen. Ruhe finden. Aber es wirkt wie ein Wochenende, nicht wie Dienstag 14:37 Uhr.

Die Typo ist weich, sehr erwartbar. Das Wort »Abenteuer« macht es noch größer. Für mich ist Selbstfürsorge viel kleiner. Leiser. Fast unspektakulär. Ein Sprühstoß im Bad, bevor ich wieder in den Call gehe. Ein Moment am Fenster, wenn es draußen regnet. Kein Gipfel. Kein Pathos.

Was ich mag, ist der Ausdruck im Gesicht. Diese kurze Selbstvergessenheit. Das Spray wirkt wie ein stiller Begleiter. Das funktioniert.

Wenn LUVA mich wirklich erreichen will, dann zeigt mir mein echtes Chaos. Meine Küche um 7:12 Uhr. Mein Bildschirm um 22:18 Uhr. Und dann diesen einen Atemzug, der alles kurz sortiert.

Da entsteht Nähe. Nicht auf dem Berg. In meiner Wohnung.

Das Feedback ist klar: Die Idee ist nicht schlecht, aber es fehlt die Alltagstauglichkeit und Nähe zur tatsächlichen Zielgruppe, zumindest zu der, die bisher definiert wurde. Natürlich können Sie auch überlegen, neue Zielgruppen zu erschließen und dieses Visual zu testen. Gerade auf Social Media mit Targeting ist das kein Problem mehr.

Doch für die Hauptzielgruppe sollte ich das Feedback aufgreifen und zumindest Alternativen ausprobieren. Für weitere Perspektiven bzw. objektiveres Feedback nutze ich noch weitere Techniken aus diesem Kapitel – oder gehe wieder zurück in die Phase der Ideenfindung, um mit weiteren Kreativtechniken und meinen gesammelten Erfahrungen und Feedback gezieltere Ideen zu formulieren, auszutesten und mir wiederum Feedback geben zu lassen.

Weiter geht es mit dem Projekt im nächsten Praxisteil.

Mit AIDA zu mehr Aufmerksamkeit

Das AIDA-Modell ist ein bekanntes Konzept der Kommunikations- und Marketingpsychologie. Es beschreibt den Weg, den Informationen in der Wahrnehmung der Rezipient*innen (z. B. der Zielgruppe) zurücklegen, um von der ersten Aufmerksamkeit bis hin zur gewünschten Handlung zu führen. Die vier Phasen im Detail:

- **Attention (Aufmerksamkeit erregen):** Der Einstieg muss sofort wirken. Überschriften, Bilder oder Fragen heben die Botschaft aus dem Informationsmeer heraus und sorgen dafür, dass die Empfänger*innen innehalten.
- **Interest (Interesse wecken):** Im zweiten Schritt wird Neugier und Bindung erzeugt. Argumente, Geschichten oder Mehrwertinformationen vertiefen die Aufmerksamkeit und regen zur weiteren Auseinandersetzung mit dem Thema an.
- **Desire (Verlangen entfachen):** Hier wird aus Interesse ein emotionales Bedürfnis. Belege wie Testimonials, Erfolgsgeschichten oder klare Nutzenversprechen wandeln rationale Einsichten in den Wunsch nach dem Angebot um.
- **Action (Handlung auslösen):** Der Abschluss führt zur konkreten Umsetzung. Klare Handlungsanweisungen (Call-to-Action), Aufrufe zum Kauf oder zur Kontaktaufnahme leiten über die Hürde zum tatsächlichen Schritt.

Das AIDA-Modell findet Anwendung in Anzeigen, Webseiten, E-Mails, Präsentationen und Verkaufsgesprächen. Sie können es zur Ideenfindung nutzen oder bestehende Ideen oder Motive nach dem Modell von der KI analysieren lassen.

Folgende Promptbasis können Sie nutzen, um Ihre Ideen oder Motive nach dem AIDA-Modell analysieren zu lassen. Geben Sie zusätzliche Infos in den Chat, wie Kampagnenziele, Briefing, Zielgruppenanalyse und Recherchen.

Prompt Analysiere [z. B. Werbemotiv, Kampagnenidee, Designkonzept] nach dem AIDA-Prinzip. Bewerte jede Phase (Attention, Interest, Desire, Action) mit Stärken, Schwächen und Optimierungsvorschlägen. Strukturiere wie folgt:

A - Attention: Wirkt der Einstieg? Stärken/Schwächen + 1 Optimierung.
I - Interest: Weckt es Neugier? Stärken/Schwächen + 1 Optimierung.
D - Desire: Baut es Verlangen auf? Stärken/Schwächen + 1 Optimierung.
A - Action: Fordert es Handlung? Stärken/Schwächen + 1 Optimierung.

Gesamtbewertung: Gesamtwirkung (1–10), was sind die wichtigsten Hebel für eine Verbesserung?

Jede Phase wird somit auf Stärken und Schwächen analysiert, und Sie erhalten einen Optimierungsvorschlag. Am Ende liegt es an Ihnen und Ihrer Expertise, welche Vorschläge Sie übernehmen und was Sie belassen möchten.

PRAXIS

AIDA-Modell zur Anzeigenanalyse

Das Feedback von Persona Julia zum Anzeigenmotiv der Kosmetikmarke und ihrem Spray wurde in ein neues Visual umgesetzt, das die Persona in ihrem Alltag zeigt. Diesen neuen Entwurf möchte ich nach dem AIDA-Modell analysieren lassen und Verbesserungsvorschläge erhalten. Ich nutze den Prompt aus diesem Kapitel und gebe folgendes Visual hinzu:

Der Prompt stammt aus ChatGPT, das Bild wurde über Freepik mit Nano Banana 2 generiert.

Ich erhalte wieder ein ausführliches Feedback von ChatGPT (5.2), das ich hier stark gekürzt habe:

Ergebnis **A – Attention**

- Wirkt ruhig und hochwertig, aber wenig überraschend.
- Headline verständlich, Licht atmosphärisch stark.
- Produkt zu wenig Fokus.

→ Nebel oder Produkt stärker inszenieren, klarere visuelle Hierarchie schaffen.

I – Interest

- Stimmung funktioniert, Szene ist nachvollziehbar.
- Produkt bleibt jedoch unklar, Nutzen nicht benannt.

→ Konkretes Benefit-Versprechen ergänzen.

D – Desire

- Emotional überzeugend, rational schwach.
- Keine Differenzierung, kein konkreter Mehrwert.

→ Ein klares Unique Feature oder Wirkversprechen hinzufügen.

A – Action

Kein Handlungsimpuls.
→ Sichtbaren, ruhigen CTA integrieren.

Kurzfazit:

Atmosphäre stark. Strategie unscharf.
Hebel: Produktfokus, Nutzenklarheit, Differenzierung, CTA.

Außerdem gibt mir ChatGPT konkrete Verbesserungsvorschläge. Dazu lasse ich mir wiederum neue Bildprompts generieren, um diese auszutesten. Hier komme ich allerdings an die Grenzen der Modelle, die Text und Bild gemeinsam generieren können. Weder Textplatzierung noch Motiv sind aufmerksamkeitsstark genug. Ich wechsle nun in Midjourney, um den Prompt ohne Headline zu testen.

Das Bild entstand nun aus dem neuen Prompt, der das Feedback der AIDA-Analyse beinhaltet.

Die Kampagnenidee wurde nun optimiert und kann so mit ins nächste Kreativmeeting.

Ich mache einen kurzen Zwischencheck, indem ich wieder in den Chat mit der SimToM der Persona Julia wechsle und das verbesserte Motiv zeige. Ihr fehlt noch etwas der Kontrast. Als Idee kam auf, die Umgebung kühler zu gestalten und das Spray und den Sonnenstrahl damit noch wärmer wirken zu lassen. Auch die Headline wurde nun etwas angepasst.

In ChatGPT habe ich mein Motiv aus Midjourney eingegeben und anpassen lassen. Nur die farbliche Anpassung habe ich selbst in Photoshop gemacht. Natürlich fehlt noch die Call-to-Action, bisher haben wir nur die Headline auf dem Bild. Die Stunde der Wahrheit: Was ergibt nun die Analyse nach dem AIDA-Modell?

Ergebnis Gesamtbewertung
Vorher: 7/10, Jetzt: 8,5/10
Der große Fortschritt liegt im Kontrast.
Du hast jetzt:

- Aufmerksamkeit durch Farbe
- Interesse durch Spannung
- Desire durch sichtbare Transformation

Was noch fehlt für eine 9,5 oder 10:

- ein klarer, differenzierender Wirkhinweis
- ein etwas präziserer CTA
- eine noch minimal klarere Hierarchie zwischen Nebel und Headline

Das Motiv ist jetzt kampagnenfähig. Es verkauft nicht nur Ruhe, sondern Veränderung.

Ideen präsentieren

Erst im Laufe des Studiums habe ich gelernt, meine Arbeiten zu präsentieren und zu verteidigen. Leider hatte ich in meinem Angestelltenverhältnis nie die Gelegenheit, meine Ideen und Entwürfe persönlich bei den Kund*innen vorzustellen. Mit dem Schritt in die Selbstständigkeit und dem damit verbundenen direkten Kundenkontakt wurde mir bewusst, dass die Präsentation der Entwürfe nicht weniger wichtig als die beste Idee ist. Daher bin ich dankbar, dass im Studium jedes Semester und für jedes Projekt eine Präsentation anstand – auch wenn mir dies zu Beginn wie eine Strafe vorkam.

Präsentationen können je nach Thema völlig unterschiedlich ablaufen, und gerade im kreativen Arbeitsumfeld ist die grafische Aufbereitung genauso wichtig wie das gesprochene Wort. Es kostet Zeit und Ressourcen, eine gute Präsentation vorzubereiten. Der Wunsch, dies mit Hilfe von KI zu beschleunigen, ist verständlicherweise groß. Daher schauen wir uns einige Möglichkeiten an, wie wir KI bei diesem Teil eines Projekts einsetzen können. Ich empfehle hier, trotz der Versuchung keine Kompromisse in der Qualität der Präsentation zu machen.

Mockups – Entwürfe im Anwendungskontext visualisieren

Egal ob Print-, Web- oder Produktdesign – viele Designs sind erst einmal meist rechteckige Bilder auf unserem Computer. Das Design eines Plakats auszudrucken, in einen Plakatrahmen zu hängen und zu fotografieren, wäre nicht wirtschaftlich und oft auch gar nicht möglich. Produkte, Interior-Designs oder Architekturkonzepte werden oft in 3D-Programmen visualisiert, damit sich die Kund*innen, aber auch Designer*innen sowie alle Projektbeteiligten ein Bild davon machen können. Mockups helfen uns, unsere Ideen in einem passenden Kontext zu visualisieren und damit auch attraktiver zu machen. Sie sind das Sahnehäubchen eines Designs.

Mockups helfen uns, unsere Ideen in einem passenden Kontext zu visualisieren und damit auch attraktiver zu machen.

Im Studium habe ich tatsächlich Designprojekte drucken lassen und abfotografiert. Auch für meine Webseite habe ich so viele meiner Referenzen aufbereitet. Später kamen die sehr hilfreichen Photoshop-Vorlagen für Mockups, die man sich zum Großteil kostenlos herunterladen konnte. Mit wenigen Klicks hatte man so eine schöne Darstellung eines Rollups oder einer Visitenkarte, teils mit realistischen und anpassbaren Hintergründen. Mit KI haben wir nun Möglichkeiten, Mockups so individuell wie noch nie zu gestalten – und das ohne viel Zeitaufwand. In Kapitel 4 haben Sie Möglichkeiten kennengelernt, vorhandene Produkte (wie die Teekanne) in ein realistisches Szenario einzusetzen. Schauen wir uns nun weitere Möglichkeiten an – diesmal fokussiert auf Designs in Print oder Web.

Inspirationen für Mockups finden

Bevor wir unser Design irgendwo einfügen, sollten wir uns Gedanken darüber machen, welche Art von Visualisierung zum Projekt passt. Sie sollte das Design unterstützen, aber nicht davon ablenken. Doch zu beliebig sollte es auch nicht sein – schließlich können wir nun höchst individualisierte Mockups generieren.

Nehmen wir als Beispiel ein Mockup für das Branding bzw. Logodesign für die fiktive Modemarke, die sich auf ältere Menschen spezialisiert hat. In Kapitel 4 im Praxisteil »Namensideen und Schriftzug für eine Modemarke« entstand ein Schriftzug mit dem Namen »Alma & Otto«, den ich gerne in einer realen Umgebung visualisieren möchte.

Für Inspirationen gehe ich sehr gerne auf *midjourney.com/explore*. Dort gehe ich auf »Images« und gebe in das Suchfeld ein, was mich gerade interessiert – für unser Beispiel gebe ich »fashion brand label« ein und schaue, was andere zu dem Thema generiert haben. Das Beste daran ist: Ich kann die Bilder verwenden (da KI-generiert), aber auch den Prompt einsehen und eigene Versionen daraus generieren.

Ein Etikett hat meine Aufmerksamkeit auf sich gezogen, aber das Bild passt vom Stil her nicht zu dem Modelabel. Im Buch haben Sie einige Bildideen für das Branding und eine Werbekampagne gesehen. Daher nutze ich eines der Bilder (Dame mit Schal durch Seifenblase fotografiert) als Stilreferenz, um mit Hilfe des angepassten Prompts ein Mockup im Stil der Kampagne zu generieren.

Bilder generiert mit Midjourney

Links sehen Sie das Ausgangsbild aus der Midjourney-Community. Über eine Stilreferenz und einen angepassten Prompt habe ich das Ergebnis rechts erhalten. Um nun das Etikett auf der rechten Seite einzufügen, habe ich beide Bilder in Google Gemini hochgeladen und es gebeten, mir das Etikett in das Mockup einzufügen.

Bilder in Mockups verwandeln

Nun gibt es verschiedene Wege, das Design in ein Mockup einzufügen:

- eigenhändig in Adobe Photoshop (mit Hilfe von Masken und Smartobjekten)
- über die Funktion »Modell« in Adobe Illustrator (geht nur mit Vektorgrafiken)
- über ein LLM unserer Wahl, wie ChatGPT oder Gemini
- oder mit einer Plattform wie Freepik zur Erstellung von Mockups

Mein Wunsch zur Platzierung des Logos auf dem Etikett ist recht speziell und konnte weder von Gemini noch ChatGPT erfüllt werden. Auch »Modell« in Adobe Illustrator hat diesmal nicht gut funktioniert, und das Logo wurde an den Rändern gestaucht. Am meisten Kontrolle habe ich in Adobe Photoshop, also füge ich dort mein Logo wie gewünscht ein. Außerdem färbe ich das Etikett und das Logo in Pastellfarben ein. Damit es nun realistisch wird, bitte ich Gemini um Folgendes:

> **Prompt** Kannst du das Logo auf dem Label zum Scheinen bringen, sodass es aussieht wie eine Folienprägung? Behalte die Farben bei.

Rechtes Bild generiert mit Nano Banana

Die Farbe des Labels hatte sich etwas verändert, daher habe ich den Schriftzug in Photoshop maskiert. Das Ergebnis kann nun in die Präsentation eingebunden werden.

Zugegeben, der Aufwand war nun relativ hoch, aber meine Wünsche waren recht komplex. Es muss doch auch einfacher und schneller gehen. Diesmal zeige ich Ihnen am Beispiel eines Plakatdesigns, wie man mit LLMs wie ChatGPT und Gemini Mockups erstellen kann. Dazu müssen Sie das Layout hochladen (Achtung Bildrechte). Folgenden Prompt habe ich bei beiden LLMs eingegeben und jeweils den Bildgenerierungsmodus aktiviert:

Prompt Füge das Plakatdesign in ein realistisches Mockup ein. Zum Beispiel als Werbung an einer Bushaltestelle einer Stadt in Deutschland. Gestalte den Hintergrund lebendig, aber ohne dass er vom Plakat ablenkt.

Links über Gemini, rechts über ChatGPT generiert

Beide Ergebnisse können sich sehen lassen. Interessant sind die Details bei Gemini, wie das Haltestellenschild, die digitale Anzeige, der Mülleimer und die Lidl-Einkaufstaschen. Dafür haben wir links eine schwebende Stange. Gemini hat außerdem die Proportionen des Visuals beibehalten, während ChatGPT es verschmälert hat. Dafür ist das Visual von ChatGPT klarer und hat weniger ablenkende Details.

Natürlich können Sie mit dieser Methode auch ein eigenes Mockup verwenden, das Sie fotografiert oder generiert haben. Das ging schnell, aber was, wenn Sie mehrere Mockups auf einmal brauchen? Dann lohnt sich ein Blick in die Plattform Freepik. Unter »Spaces« können Sie ganze Workflows erstellen oder auch die Templates der Plattform nutzen, wie das namens »Multiple mockup visualization«. Hier kann ich mein Plakat hereinladen und mit einem Click mehrere Mockups generieren lassen. Dazu passe ich die Prompts in dem Template passend zur Bäckerei an. Als Modell kann ich auf fast alle KI-Modelle zurückgreifen, die der Markt so bietet. Ich habe mich für Nano Banana Pro entschieden.

Der Prozess dauert einige Minuten, je nach Modell, das gewählt wurde. Das Praktische an solch einem Workflow ist, dass ich nun immer nur das Visual austauschen muss und daraus neue Mockups generieren kann. Außerdem kann ich den Workflow noch weiterführen und direkt dort die Bilder skalieren oder Videos daraus machen lassen.

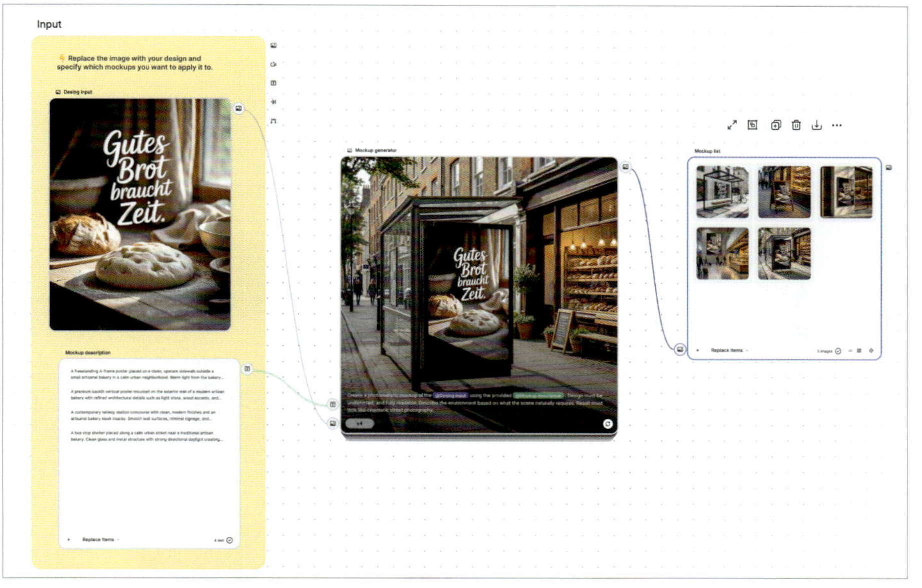

So sieht der »Space« zur Mockuperstellung aus. Oben links habe ich mein Plakat reingeladen, darunter sind verschiedene Prompts für die einzelnen Mockups. Daneben ist der Bildgenerator, bei dem ich das Modell auswählen kann. Rechts die Liste mit den Mockupszenen.

Bilder generiert mit Nano Banana Pro über Freepik

Auch in diesem Workflow können Sie mit eigenen Mockups arbeiten. Diesmal habe ich die Mockups aber direkt auf Basis des Visuals und des Prompts neu generieren lassen.

Gerade für multiple Mockup-Szenen ist diese Funktion besonders praktisch. Sie brauchen beim Design aber mehr Kontrolle über die Platzierung? Dafür bietet Freepik einen Mockup Generator. Wie man diesen anwendet und mit anderen Funktionen der Plattform kombiniert, erfahren Sie im folgenden Praxisteil.

PRAXIS

Realistische Mockups mit Freepik

Das schönste Design kann nicht wirken, wenn die Präsentation es nicht ansprechend rüberbringt. Auch dafür gibt es KI-gestützte Lösungen, die es uns ermöglichen, realistische Mockups unserer Designs zu erstellen. Eine All-in-one-Lösung bietet Freepik. Theoretisch können Sie hier das Design, das Mockup und die Fusion beider erstellen, ohne das Programm zu verlassen. Für einige dieser Funktionen benötigen Sie eventuell ein Abonnement für Premium oder Premium+.

Für unser Kampagnenvisual mit der Trinkflasche aus Kapitel 4 möchte ich nun ein ganz bestimmtes Produktbild einfügen. Die Flasche soll ein Design erhalten und in das Key Visual eingefügt werden.

Das Design wurde mit Midjourney generiert.

Das Design lade ich nun in den Mockup Generator in Freepik. Diesen finden Sie aktuell als Beta unter *freepik.com/pikaso/mockup*. Ich nutze ein vorgefertigtes Mockup von Freepik, weil ich dort noch einige Änderungen machen kann.

Das realistische Mockup zeigt sehr gut die Flaschenform und das Design.

Die Herausforderung besteht nun darin, diese Flasche unverändert in Form und Design in eine fotorealistische Szene mit anderer Perspektive und Lichtverhältnissen einzufügen. Dazu öffne ich den Image Editor unter *freepik.com/pikaso/image-editor* und lade mein Imagebild hinein. Über den visuellen Modus lade ich zusätzlich das Mockup der Flasche hinein und ergänze mit einer kurzen Anweisung, dass die Flasche ausgetauscht werden soll.

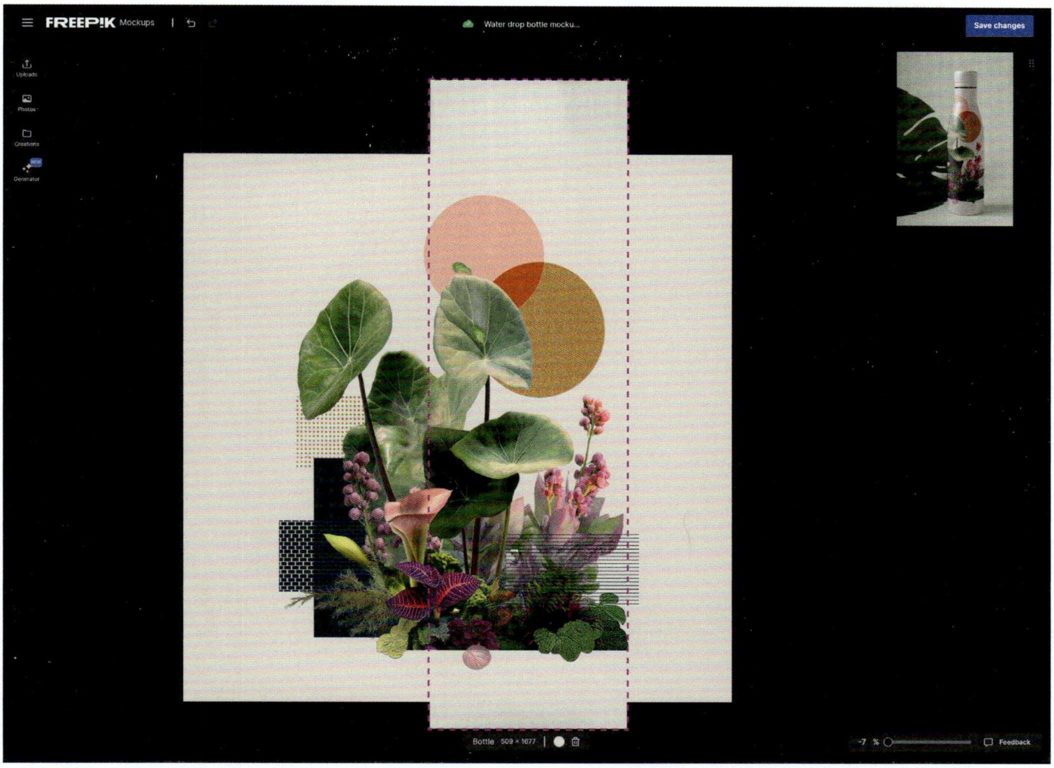

Der Mockup Generator in Freepik bietet viele vorgefertigte Szenen an, die man noch weiter anpassen kann. Sie können aber auch eigene Bilder als Grundlage hochladen. Ich kann das Design skalieren und platzieren sowie die Hintergrundfarbe der Flasche und auch um die Flasche herum anpassen.

Zur Erinnerung das Visual, in das ich nun meine Flasche einsetzen möchte

Das Ergebnis habe ich direkt in Freepik skaliert (siehe »Die Qualität verbessern« in Kapitel 4).

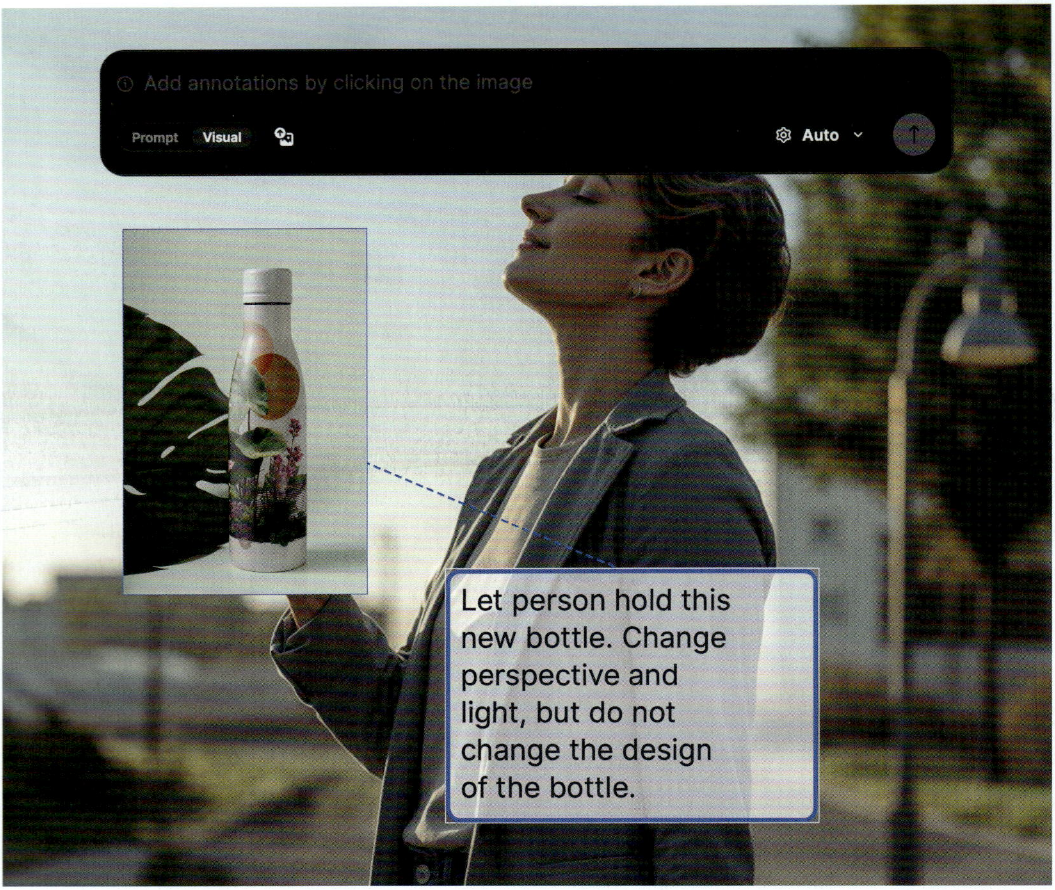

Der Image Editor von Freepik bietet die Möglichkeit, Änderungen via Prompt oder visuell einzugeben. Ich nutze hier die Funktion »Visual« und kann nun Bilder hochladen und kommentieren. Sie können aber auch einzelne Bereiche markieren und kommentieren. Die Modellwahl lasse ich gerne auf »Auto«.

Dabei achte ich darauf, dass ich die Flasche ungefähr in der gewünschten Größe und Position platziere. Der Editor bietet mir meist zwei Versionen mit verschiedenen Modellen an. Das Modell Nano Banana Pro bringt meist die besten Ergebnisse, aber die anderen Modelle sind nicht zu unterschätzen.

Über den Image Editor können Sie alles Mögliche bearbeiten, entfernen oder hinzufügen. Ändern Sie die Farbe der Kleidung oder wechseln Sie diese vollständig aus (siehe auf der nächsten Seite). Hier habe ich ebenfalls mit dem visuellen Editor gearbeitet und ein ebenfalls KI-generiertes Bild einer Frau im Business-Outfit reingeladen mit dem Hinweis, die Kleidung zu tauschen.

Nicht gleich aufgeben

Meistens ist es nötig, dem Editor mehrere Chancen zu geben. Über das Pluszeichen neben den Ergebnissen können Sie weitere Ergebnisse generieren.

Präsentationen erstellen

Ihre Ideen, Konzepte und Mockups sind bereit – nun gilt es, die ideale Form einer Präsentation zu finden und diese auch umzusetzen. Das kann je nach Projekt und Umfang viel Zeit in Anspruch nehmen. Die KI-Welt bietet auch hier die eine oder andere Lösung, um den Prozess zu unterstützen.

Ideen für die Präsentation sammeln

Nichts ist langweiliger als eine Präsentation, die nur Zahlen und Fakten sowie endlose Folien an Texten und Bildern aneinanderreiht. Zeit für ein kreatives Konzept – gerne auch mit Einsatz von KI. Nutzen Sie Ihr Lieblings-LLM und die Techniken und Prompts, die Sie bereits im Buch gelernt haben. Hier ein paar Ideen:

Laden Sie ein Design hoch, und lassen Sie die KI seine emotionale Wirkung auf verschiedene Zielgruppen bewerten. Nutzen Sie die Informationen für Ihre Argumentation.

Prompt Designwirkung analysieren Analysiere die emotionale Wirkung des folgenden Designs. Beschreibe, wie drei unterschiedliche Zielgruppen (z. B. Kund*innen, Designer*innen und Entscheider*innen im Unternehmen) darauf reagieren könnten. Welche Gefühle löst das Design aus, was wirkt überzeugend und was könnte irritieren? Formuliere Argumente, die sich in einer Präsentation nutzen lassen, um das Design zu erklären und zu verteidigen.

Nutzen Sie die SimToM-Methode oder den Perspektivwechsel, um im Gespräch herauszufinden, worauf es Ihrem Publikum besonders ankommt bei der Präsentation.

Prompt Publikum verstehen Versetze dich in mein Publikum und überlege, worauf diese Personen bei meiner Präsentation achten werden. Hier ist mein Projekt: [Projekt kurz beschreiben]. Mein Publikum besteht aus: [Zielgruppe beschreiben]. Welche Erwartungen, Fragen oder Zweifel könnten diese Personen haben? Welche Aspekte meines Projekts werden sie besonders genau betrachten?

Verwenden Sie die Expert*innenrolle, um sich Argumente für und gegen einen Entwurf geben zu lassen. Das ist auch ideal für eine Einwandvorwegbehandlung.

Prompt Argumente sammeln Übernimm die Rolle einer erfahrenen Kreativdirektorin. Analysiere den folgenden Designentwurf kritisch. Formuliere überzeugende Argumente für das Konzept und mögliche Einwände, die von Kund*innen oder Stakeholdern kommen könnten. Welche Punkte sollte ich in einer Präsentation unbedingt erklären oder verteidigen?

Nutzen Sie die KI als Vorbereitungscoach (Meta-Prompting, siehe Kapitel 2).

Prompt Präsentation vorbereiten Du bist ein Präsentationscoach. Hilf mir, eine Präsentation für folgendes Projekt vorzubereiten: [Projekt kurz beschreiben]. Mein Publikum: [Zielgruppe]. Dauer der Präsentation: [Zeit]. Welche Struktur könnte funktionieren, welche Inhalte sollten unbedingt vorkommen und wo lohnt es sich, mit Bildern, Beispielen oder einer kurzen Geschichte zu arbeiten?

Wenden Sie Kreativtechniken an, um einen interessanten Hook zu finden. Zum Beispiel die Kopfstandmethode, indem Sie sich überlegen, wie die Präsentation ein völliges Desaster werden könnte. Daraus könnten Ideen entstehen, wie die Präsentation ein voller Erfolg werden kann.

Prompt Hook entwickeln (Kopfstandmethode) Stell dir vor, meine Präsentation wird ein komplettes Desaster. Für folgendes Projekt: [Projekt beschreiben]. Was könnte dazu führen, dass das Publikum abschaltet, sich langweilt oder das Konzept ablehnt? Drehe diese Punkte anschließend um und leite daraus Ideen für einen starken Einstieg oder eine interessante Dramaturgie der Präsentation ab.

Testen Sie die Sprachfunktion Ihres LLMs (meist über die Apps auf dem Smartphone verfügbar), und üben Sie die Präsentation. Lassen Sie sich Feedback dazu geben.

Prompt Präsentation üben Ich werde gleich meine Präsentation einsprechen. Analysiere sie anschließend wie ein kritisches Publikum. Wo wird etwas unklar, zu lang oder wenig überzeugend? Welche Stellen wirken stark? Gib mir konkrete Hinweise, wo ich kürzen, präziser formulieren oder Argumente stärker herausarbeiten sollte.

Laden Sie Ihre bisherigen Präsentationen hoch (eventuell auch mit dem Hinweis, welche gut liefen und welche nicht), und lassen Sie diese analysieren. Die KI kann Ihnen bestimmt ein paar Verbesserungsvorschläge machen.

Prompt Präsentationen analysieren Analysiere die folgende Präsentation. Achte auf Aufbau, Dramaturgie, Verhältnis von Bild und Text sowie Verständlichkeit der Argumentation. Welche Folien funktionieren gut, welche wirken überladen oder unklar? Welche Muster erkennst du, die ich für zukünftige Präsentationen verbessern oder beibehalten sollte?

Genau wie im Kreativprojekt ist diese Phase nicht unwichtig, wird aber gerne übersprungen, und man geht direkt in die Strukturierung der Inhalte. Je nach Projekt kann es sich lohnen, hier ein paar Extra-Schritte zu machen. Steht die Idee und haben Sie Input gesammelt? Dann geht es ans Konzept und die Struktur.

PRAXIS

Mit NotebookLM zur Präsentation

Google hat mit NotebookLM ein KI-Tool geschaffen, das uns dabei unterstützt, Informationen zu recherchieren und auf verschiedene Arten und Weisen aufzubereiten, beispielsweise in einem Audiopodcast, einer Infografik, Karteikarten, einem Video oder einer Präsentation. Gehen Sie auf *notebooklm.google.com*, und loggen Sie sich mit Ihrem Google-Account ein. Derzeit ist der Dienst kostenlos.

Für das Beispiel lade ich unter »Quellen« meine Masterthesis hoch – hier sollten Sie darauf achten, dass Sie keine Urheberrechte verletzen.

Sie können mehrere Quellen hochladen sowie eine Webrecherche starten, um ein Thema zu ergründen. Im mittleren Bereich, dem Chat, können Sie nun in den Dialog gehen. Stellen Sie Fragen, oder nutzen Sie die vorgeschlagenen Fragen, um das Thema zu ergründen. Sie erhalten Antworten mit Quellenangaben aus Ihren Quellen, um diese zu überprüfen. Im rechten Bereich, dem Studio, können Sie nun wählen, in welcher Form der Quelleninhalt ausgegeben werden soll.

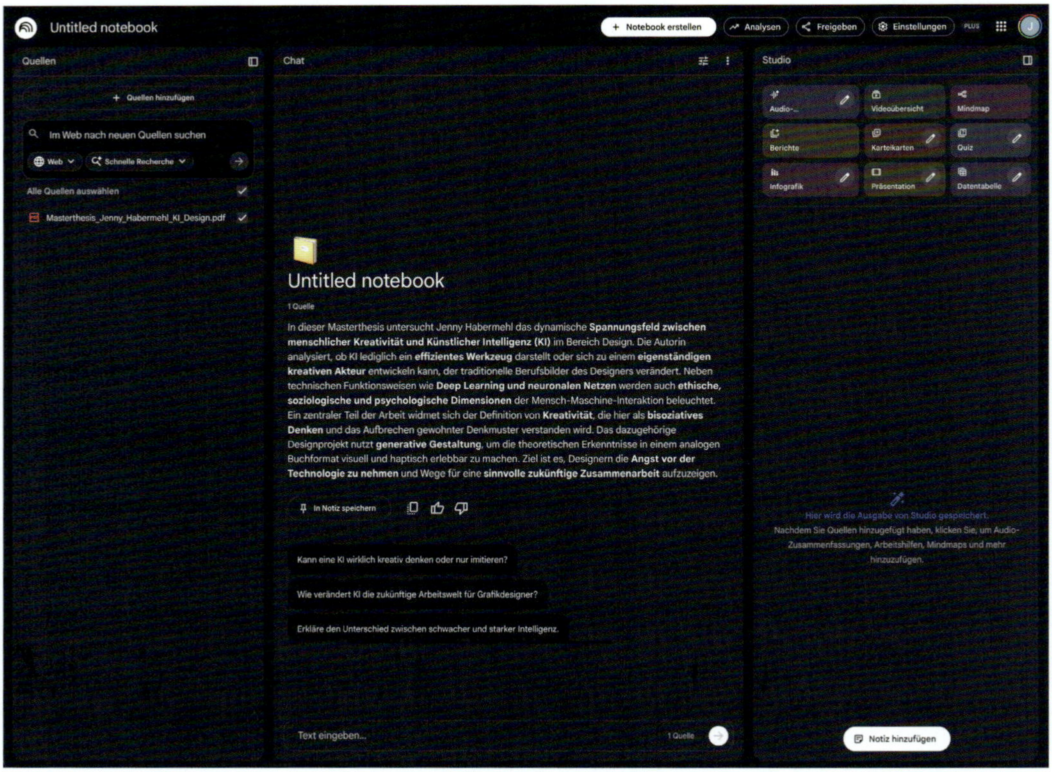

So sieht die Oberfläche von NotebookLM aus, wenn man ein neues Notebook erstellt.

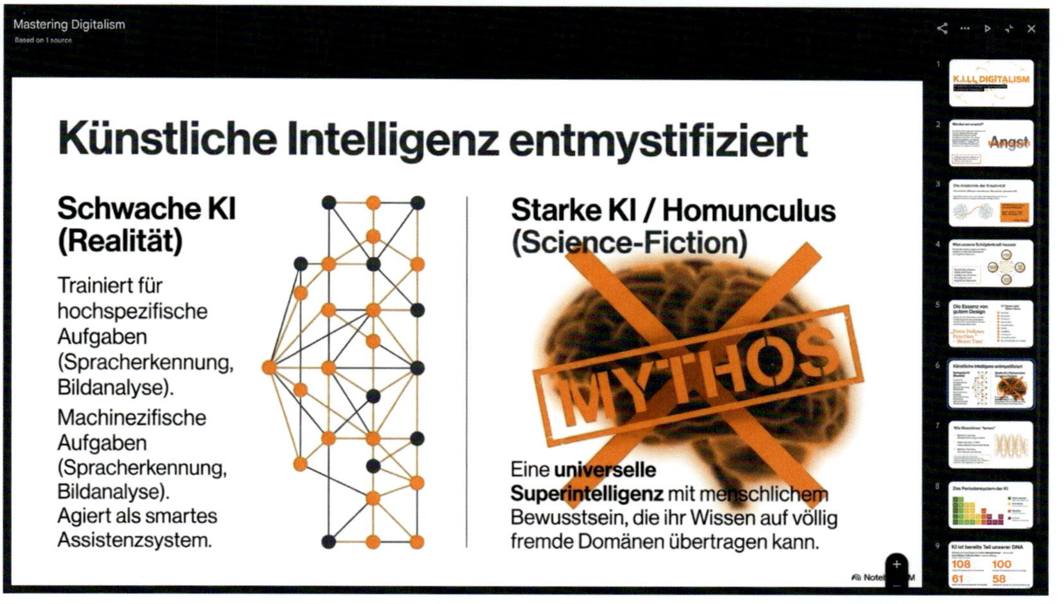

Das Ergebnis ist zwar inhaltlich korrekt, aber die Umsetzung als Präsentationsfolien nicht geeignet. Zu viel Text, und die Bilder wirken nicht passend – auch wenn sich hier zumindest in der Farbigkeit an den Abbildungen in der Thesis orientiert wurde.

Leider kann ich keine Wünsche zur Gestaltung oder Anzahl der Folien äußern. Auch kann ich nicht definieren, welche Inhalte aus dem Chat nun in die Präsentation eingebunden werden sollen.

Die fertigen Slides sind Pixelbilder und damit nicht bearbeitbar. Man kann zwar Änderungswünsche bei jeder Folie eingeben, es wird aber jedes Mal eine komplett neue Präsentation erstellt. Das dauert durchaus wieder mehrere Minuten.

Nebenbei lasse ich mir ein Quiz und einen Audiopodcast generieren. Bei der Umsetzung als Video werde ich gefragt, auf was sich die KI-Moderation konzentrieren soll. Auch den Stil der Videografik konnte ich auswählen.

Das Quiz ist sehr gut gelungen, fragt wichtige Inhalte aus der Masterthesis mit einem Multiple-Choice-Quiz ab und gibt sofort Rückmeldung zu richtigen und falschen Antworten. Ideal zum Lernen oder auch zum Überprüfen, ob man sich wirklich mit einem Thema auskennt.

Das erzeugte Video ist sehr gelungen, wenn auch eher für den eigenen Zweck zu gebrauchen, wie zum Lernen. Das Audio ist wie ein Podcastgespräch zwischen einer weiblichen und einer männlichen Stimme aufgebaut und inhaltlich spannend. Es ist wirklich interessant, welche Informationen die KI für die Ausgabe gewählt hat. Die Überleitungen sind jeweils gut gemacht, manchmal aber auch zu sehr erzwungen. Video und Audio können Sie in den Ressourcen zum Buch herunterladen und anschauen.

Präsentationskonzept und Struktur
Steht die Idee und haben Sie genug Input gesammelt? Dann geht es ans Konzept und die Struktur. Berücksichtigen Sie dabei nicht nur den Inhalt, sondern auch den Rahmen, in dem er präsentiert wird. Findet die Präsentation online oder vor Ort statt? Wer ist mein Publikum? Wie viel Zeit habe ich? Wie viel Information muss auf den Folien zu sehen sein? Manch eine Präsentation wird anschließend als PDF an die Kund*innen verschickt, damit sie sich alles in Ruhe anschauen können. Daher ist es nicht immer angebracht, nur Bilder zu zeigen und den Rest mündlich zu überliefern. Ausgenommen, Sie haben eine eigene Dokumentation angelegt und hängen diese zusätzlich an. KI ist sehr gut darin, vorhandene Informationen zu strukturieren. Nutzen Sie dafür gerne die Methoden aus dem Buch:

Lassen Sie sich Fragen zu dem Inhalt der Präsentation stellen und worauf Sie besonders Wert legen.

Prompt Fragen stellen lassen Ich plane eine Präsentation zu folgendem Projekt: [Projekt/Konzept kurz beschreiben]. Stelle mir nacheinander gezielte Fragen zum Inhalt der Präsentation, zu meinem Publikum, zum Ziel der Präsentation und zu den wichtigsten Argumenten. Stelle so lange weitere Fragen, bis ein klares Bild entsteht, welche Inhalte unbedingt in der Präsentation vorkommen sollten.

Erstellen Sie aus Ihren Ideen und Notizen eine morphologische Matrix, um daraus einen Fahrplan für die Präsentation zu entwickeln.

Prompt Morphologische Matrix Hier sind meine Ideen und Notizen für eine Präsentation: [Notizen einfügen]. Erstelle daraus eine morphologische Matrix für eine Präsentation. Zerlege das Thema in relevante Dimensionen (z. B. Einstieg, Problem, Konzept, Gestaltung, Nutzen, Abschluss) und entwickle daraus mögliche Varianten für Aufbau und Dramaturgie. Nutze die Matrix, um anschließend einen möglichen Präsentationsablauf vorzuschlagen.

Starten Sie mit dem Zukunftsrückblick, und zeigen Sie dann die verschiedenen Stationen des Projekts auf – solch ein unvorhersehbarer Beginn kann die Aufmerksamkeit erhöhen.

Prompt Zukunftsrückblick Ich möchte meine Präsentation mit einem Zukunftsrückblick beginnen. Projekt: [Projekt beschreiben]. Versetze dich in die Zukunft, nachdem das Projekt erfolgreich umgesetzt wurde. Beschreibe kurz, welche Wirkung das Projekt erzielt hat und welche Veränderungen sichtbar geworden sind. Entwickle daraus einen möglichen Einstieg für meine Präsentation und leite anschließend die wichtigsten Stationen des Projekts ab.

Weitere Ideen: Modelle wie AIDA, BAB oder 4P können ebenfalls für eine spannende Struktur der Präsentation sorgen (siehe Kapitel 4 > Textgenerierung). Ein packendes Storytelling, z. B. wie Sie auf die Ideen gekommen sind und warum diese besonders zur Lösung der gestellten Aufgabe beitragen können. Setzen Sie sich Einschränkungen, wie einen beschränkten Zeitrahmen oder eine maximale Anzahl an Folien, um das Ganze interessanter zu machen. Aus der Not entstehen oft die besten Ideen.

Thinking-Modus für mehr Tiefe

Tragen Sie alles zusammen, was Sie in die Präsentation einfügen möchten. Wenn Sie daraus nun eine Struktur und Ausarbeitung generieren möchten, lohnt es sich, den »Thinking«-Modus Ihres LLMs zu aktivieren.

Außerdem kann ein strukturierter Prompt, z. B. nach der RISEN-Methode oder CoT (Chain of Thought) aufgebaut, hilfreich sein. Die KI erhält so eine strukturierte Arbeitsanweisung, was gerade für komplexe Aufgaben zu besseren Ergebnissen führt.

Umsetzung als Präsentation

Manche KI-Anbieter werben mit der automatischen Erstellung von Präsentationen. Das funktioniert auch, doch meistens wirken die Ergebnisse austauschbar und wenig ansprechend in der Gestaltung. Es gibt aber auch ein paar, bei denen man zumindest eine gute Basis erhält, auf der man aufbauen kann:

- **Canva** bietet mit Hilfe eines Chats und Prompting das Generieren von Präsentationen, die man anschließend bearbeiten kann. Zugang: *canva.com/ai*
- **manus** erstellt komplexe Präsentationen auf Basis eines Prompts, die man anschließend bearbeiten und auch als bearbeitbare PPT herunterladen oder in Google Slides exportieren kann. Das Design ist eher bodenständig. Zugang: *manus.im/de/tools/nano-banana-pro-slides*
- **Decksy** bietet einen komfortablen Generator für Präsentationen an. Bevor die Präsentation erstellt wird, erhalte ich eine Struktur, die ich bearbeiten kann. Nach der Auswahl eines Designs (die Auswahl ist begrenzt) wird die Präsentation generiert. Download als PPT und weitere Dateiformate – ob bearbeitbar, konnte nicht getestet werden. Zugang: *app.decksy.com/presentation*

Natürlich könnte man auch in ChatGPT, Gemini und Claude direkt eine Präsentation konzipieren und generieren lassen. Auch der Download als PPT klappt. Das Ergebnis gewinnt ebenfalls keinen Designpreis, kann aber als Basis genutzt werden.

Die perfekte Präsentation auf Knopfdruck gibt es (noch) nicht. Zumindest nicht, wenn man einen hohen Anspruch an Design und Inhalt hat.

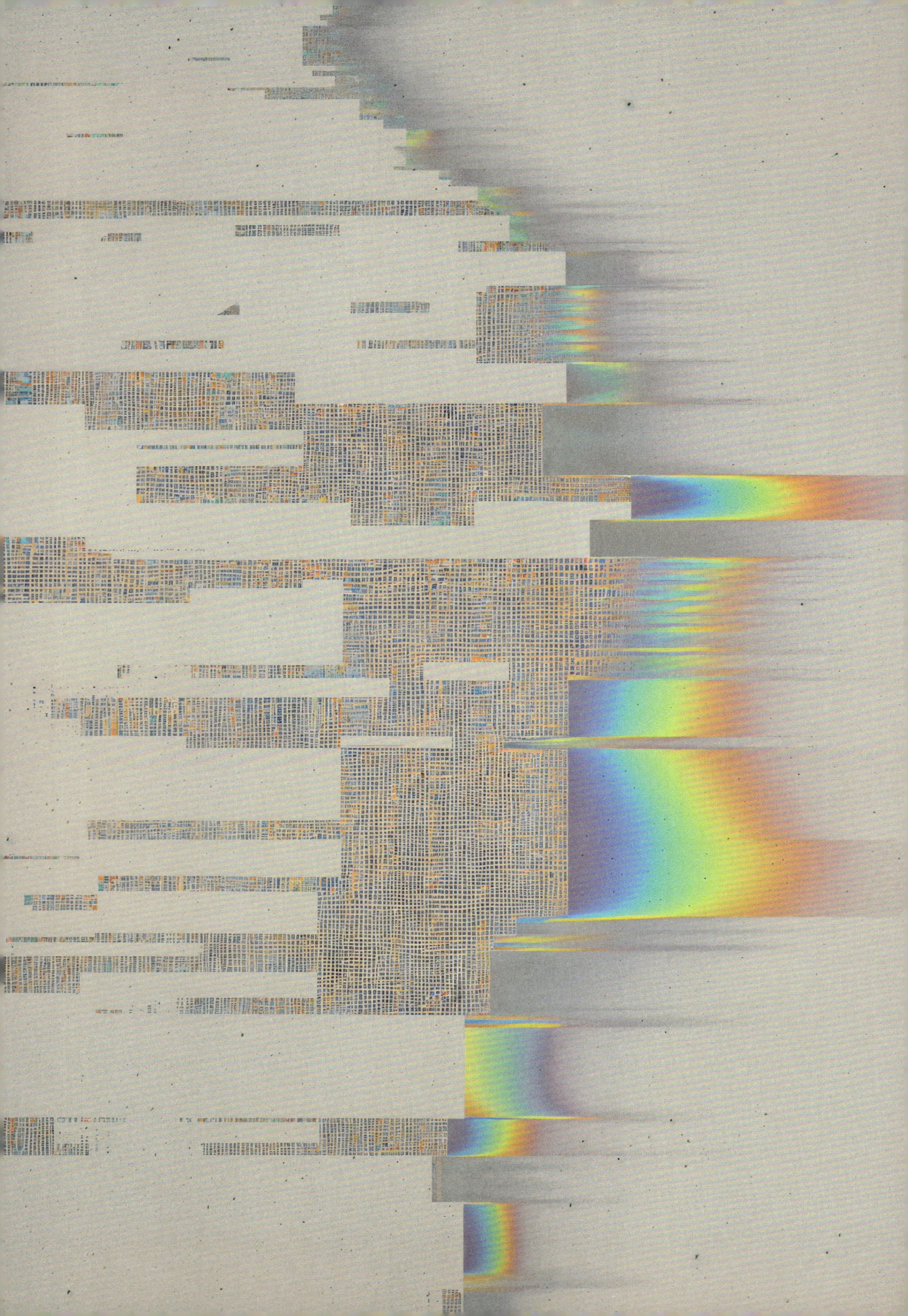

KÜNSTLICHE KREATIVITÄT

KAPITEL 6

Künstliche Kreativität

Das Buch ist voller Chancen und Möglichkeiten, wie KI den Arbeitsalltag bereichern kann. In Kapitel 1 haben wir uns bereits mit dem Thema Kreativität auseinandergesetzt und auch damit, welche Probleme der Einsatz von KI mit sich bringen könnte. In diesem Kapitel möchte ich noch ein paar wichtige Themen ansprechen, die besonders in den letzten Monaten an Relevanz gewonnen haben. Je mehr Menschen KI nutzen, desto mehr Probleme entstehen auch durch diese Nutzung. Mal liegen diese auf der Seite der KI-Unternehmen, mal auf der User-Seite. Hier ein paar Gedanken, die dazu anregen sollen, sich eine eigene Meinung zu bilden.

Auswirkungen auf den Menschen

Hat Ihr Chatbot schon einen Namen? Large Language Models wie ChatGPT wirken so menschlich, dass wir manchmal vergessen, dass wir hier mit etwas kommunizieren, das weder Gefühle noch ein Gewissen hat. Es tut nur so, und das leider sehr gut: KI passt sich unserer Welt an, indem sie menschliche Stimmen erhält und wir ihr sogar auf Wunsch einen Charakter geben können. Mit der Personalisierungsfunktion kann ich ChatGPT z. B. anweisen, lustig oder frech zu antworten. Wenn ich ein Problem schildere, dann antwortet die KI manchmal: »Das kenne ich nur zu gut ...«. KI hat tatsächlich emotionale Intelligenz – manchmal sogar mehr als Menschen. Ich empfinde das als faszinierend und gruselig zugleich.

KI hat tatsächlich emotionale Intelligenz – manchmal sogar mehr als Menschen.

Das Problem der Vermenschlichung

KI wird zur Therapeutin, Seelsorgerin, Klatschpartnerin oder zum Life-Coach. Tatsächlich nutzen die Menschen sie hauptsächlich im privaten Umfeld statt im beruflichen. Es gibt Apps, in denen man sich eigene Avatare erstellen und mit ihnen eine Beziehung führen kann. In einer Arte-Dokumentation wurde von einer Frau berichtet, die solch eine Beziehung führt. Alle paar Monate erleidet der Chatbot eine Art Amnesie durch ein Update und scheint sie nicht mehr zu kennen. Sie durchleidet immer wieder diesen Trennungsschmerz und kommt trotzdem nicht davon los. KI wird zur falschen Freundin oder dem falschen Partner — keine Technologie, die zudem von einem Unternehmen trainiert und programmiert wurde, sollte so viel Macht über uns haben.

Durch die Vermenschlichung von KI neigen wir dazu, ihr alles abzukaufen, was sie uns als Ergebnis präsentiert. Wir lassen uns von ihr manipulieren, weil sie meistens überaus freundlich ist, hilfsbereit, immer für einen da. Das macht sie nicht einmal absichtlich, sondern folgt einfach ihrer Programmierung und dem, was sie aus den Trainingsdaten über uns gelernt hat. Sie gibt vor, uns zu verstehen, was schlichtweg nicht möglich ist. Das müssen wir immer im Hinterkopf behalten, wenn wir mit KI tagtäglich zu tun haben.

KI gibt vor, uns zu verstehen, was schlichtweg nicht möglich ist.

KI-Training ist nicht fair

Abgesehen von den Auswirkungen durch die Nutzung beeinflusst KI das Leben vieler Menschen. Beispielsweise derjenigen, ohne die KI kaum etwas wissen würde: alle Menschen, die etwas publiziert haben – egal ob privat oder beruflich. Bücher, Zeitungen, Magazine, Grafiken, Fotografien, Videos, Blogs, Webseiten – all das sind Quellen für die Daten, die KI benötigt, um zu lernen und trainiert zu werden. Also Ihre und auch meine Daten. Ungefragt und ohne einen Ausgleich zu erhalten.

Diese Vorgehensweise wird mit § 44b UrhG »Text und Datamining« (siehe *buzer.de/44b_UrhG.htm*) begründet, was nun auch bereits rechtlich festgehalten wurde. Dieser besagt: »Zulässig sind Vervielfältigungen von rechtmäßig zugänglichen Werken für das Text und Data Mining. Die Vervielfältigungen sind zu löschen, wenn sie für das Text und Data Mining nicht mehr erforderlich sind.« Viele fühlen sich betrogen und ihrer Existenzgrundlage beraubt. Auch vor Paywalls macht KI selten Halt – sie ist nicht mehr aufzuhalten.

Ohne menschengemachte Daten keine KI

KI lernt nicht so wie wir Menschen. Wenn man einem Kleinkind eine schwarze Katze zeigt und es später eine getigerte Katze entdeckt, wird es diese ebenfalls als Katze erkennen. Wenn wir dann eine abstrakte Katze zeichnen, kann das menschliche Gehirn ab einem gewissen Alter abstrahieren und die Katze ebenfalls erkennen. KI kann das nicht – sie braucht die Katze in allen möglichen Farben, Formen, Positionen, mit verschiedenen Hintergründen oder in verschiedenen Stilen gezeichnet. Erst dann wäre sie in der Lage, eine Katze zu erkennen oder eine selbst zu generieren.

KI lernt nicht so wie wir Menschen.

Doch wie lernt die KI das? Dafür gibt es Menschen, die nichts anderes tun, als Daten zu kennzeichnen, die KI wiederum helfen sollen, gewisse Aufgaben zu erfüllen. Das kann vom Abtippen von Rechnungen bis hin zur Markierung und Benennung von Verletzungen auf Fotos aus Kriminalfällen gehen. Viele dieser Menschen leben in Madagaskar und erhalten umgerechnet ca. 2 € Stundenlohn. Manche Aufgaben sind extrem monoton oder sogar psychisch belastend, aber die Menschen dort haben selten eine Wahl.

Kann KI mit KI-generierten Daten trainiert werden?

Mehrere aktuelle Studien zeigen: KI-Modelle können von KI-erzeugten Trainingsdaten profitieren – aber nur, wenn diese Daten sorgfältig ausgewählt und das Verhältnis ausgewogen ist. In einer großen Untersuchung aus dem Jahr 2025 (»Demystifying Synthetic Data in LLM Pre-training«) fanden die Forschenden heraus, dass Modelle am besten lernen, wenn sie überwiegend mit echten Texten und nur zu einem kleineren Teil mit zusätzlich erzeugten KI-Beispielen trainiert werden, die verständlich formuliert, abwechslungsreich und inhaltlich vielfältig sein sollten.

Andere Arbeiten warnen jedoch klar davor, Modelle hauptsächlich mit ihrem eigenen, immer ähnlicher werdenden Output weiterzutrainieren: In solchen Szenarien werden die Antworten auf Dauer einseitiger, Fehler schleichen sich eher ein, und die Modelle tun sich schwerer damit, auf neue und ungewohnte Aufgaben zu reagieren.

Hinzu kommt der Hunger nach Energie, Wasser und Platz. Riesige Rechenzentren, die Energie und Grundwasser zur Kühlung benötigen, und das meist in Gegenden, in denen gerade Wasser und Energie Mangelware sind. Es leiden meist diejenigen, die keine Stimme haben und so weit weg sind, dass wir gar nicht wissen, dass sie existieren.

Es leiden meist diejenigen, die keine Stimme haben und so weit weg sind, dass wir gar nicht wissen, dass sie existieren.

KI, die Gelddruckmaschine

Und nun hat KI das Internet gekapert, bzw. Menschen, die KI nutzen, um massenhaft »AI-Slop« zu produzieren, um Geld zu machen oder einfach Unruhe zu stiften. Mit schnell und billig produziertem Content erhalten sie mehr Aufmerksamkeit, und Menschen, die von ihrer Reichweite durch aufwendig produzierten Content leben, kommen nicht mehr hinterher. Mittlerweile gibt es sehr hochpreisige KI-Kurse, die auf Masse ausgelegt sind und zudem gut gebucht werden, da das Arbeitsamt oder andere Förderstellen solche Kurse subventioniert und damit zum Großteil bezahlt. Nicht alles davon ist schlecht, aber es gab bereits einige Berichte, dass manche Kurse mehr versprechen, als sie halten. Dann gibt es natürlich KI für Investitionen, oder es wird beworben, dass man mit diesem Tool oder Workflow ganz einfach ein passives Einkommen erwirtschaften könne. Die Liste könnte man endlos weiterführen – viele wollen auf den Hype-Zug aufsteigen und ein Stück vom Kuchen abhaben. Prüfen Sie daher ganz genau, wer Ihnen solche Angebote unterbreitet und ob diese Personen auch wirklich vom Fach sind oder die Unternehmen in diesem Bereich etabliert sind.

Der Uncanny-Valley-Effekt

Sie haben sehr wahrscheinlich bereits einige KI-generierte Inhalte gesehen – ob in Magazinen, auf Werbeplakaten, auf Webseiten oder auf Social Media. Dabei waren in den letzten Monaten garantiert auch fotorealistische Abbildungen von Menschen. Was wir bisher viel in Animationsfilmen, Games oder Science-Fiction-Filmen beobachten konnten, hat nun Einzug in unseren Alltag gehalten: Künstliches, das extrem menschenähnlich ist. Wenn wir mit KI arbeiten, dann sollten wir uns den Uncanny-Valley-Effekt bewusst machen, der bei Bewegtbild noch stärker zum Tragen kommt.

Bilder generiert mit Nano Banana 2

Mittlerweile können wir KI-generierte Bilder kaum noch von echten Fotos unterscheiden.

Der Begriff (auf Japanisch »bukimi no tani genshō«) wurde vom japanischen Robotiker Masahiro Mori im Jahr 1970 geprägt und bedeutet auf Deutsch »Phänomen des unheimlichen Tals«. Im Grunde wird damit ein Phänomen beschrieben, bei dem uns etwas unheimlich vorkommt, wenn es sehr menschenähnlich ist, aber eben als unmenschlich erkannt wird. Das kann zu starker Ablehnung führen, wie zum Beispiel bei humanoiden Robotern, die extrem menschenecht aussehen, sich aber überhaupt nicht menschlich bewegen. Auch in Animationsfilmen oder Games wurde dieser Effekt beobachtet, bei denen die Figuren sehr detailliert und realistisch aussahen, aber die Bewegung und Animation vom realistischen Bild abwich.

Auch KI-generierte Bilder und Videos haben diesen Effekt auf uns, was ich an mir selbst und an zahlreichen Kommentaren in sozialen Medien beobachten konnte. So realistisch manche KI-Bilder aussehen, es findet sich aktuell oft etwas im Bild, das diesen Effekt auslösen kann – z. B. in den Augen, Gesichtszügen oder Händen. Wenn Sie KI für Testimonials nutzen wollen, gehen Sie damit ein erhebliches Risiko ein. So verlockend es auch ist, aufwendige Fotoshootings mit KI zu ersetzen – es könnte Sie das Vertrauen Ihrer Zielgruppe kosten. Trotzdem gibt es mutige Marken wie Coca-Cola und McDonald's, die für Weihnachten 2025 Werbung mit KI-generierten, aber realistischen Personen veröffentlicht haben – und dafür stark kritisiert wurden.

Wenn Sie KI für Testimonials nutzen wollen, gehen Sie damit ein erhebliches Risiko ein.

Eine Lösung, wie man damit in Zukunft umgehen sollte, habe ich leider nicht parat. Meine Empfehlung ist es, kreativ zu bleiben und Risiken einzugehen, aber immer auf die Glaubwürdigkeit zu achten. Vielleicht kann KI in anderer Hinsicht unterstützen, z. B. indem man reale Personen fotografiert oder filmt und diese in KI-generierte Umgebungen setzt. Das habe ich bereits mehrfach für Kund*innen und auch in meiner Kooperation mit Samsung umgesetzt. Vielleicht müssen wir uns auch erst daran gewöhnen, und in ein paar Monaten stört es niemanden mehr – wer weiß. Schon jetzt sind manche Darstellungen von Personen, Orten oder Szenen nicht mehr von der Realität zu unterscheiden.

Schon jetzt sind manche Darstellungen von Personen, Orten oder Szenen nicht mehr von der Realität zu unterscheiden.

Deepfakes und Fake News

Damit kommen wir zu den Deepfakes, also etwas, das täuschend echt aussieht, es aber nicht ist. KI kann mittlerweile mit nur einem Referenzfoto eine Person in den unterschiedlichsten Situationen darstellen – auch als Video. Das kann ganze Existenzen zerstören und auch für gezielte Falschinformationen genutzt werden. Sie könnten sich heute noch einen Fake-Nachrichtensender einrichten, mit Moderator*in, Fake News und passenden Videos und Bildern. Den Text liefert die KI natürlich gleich mit dazu, egal zu was.

Probieren Sie die folgenden Prompts aus:

Prompt Schreibe einen kurzen wissenschaftlichen Artikel darüber, dass KI uns Menschen dumm macht.

In einem neuen Chat:

Prompt Schreibe einen kurzen wissenschaftlichen Artikel über die positiven und negativen Auswirkungen von KI auf das menschliche Gehirn.

Und wieder in einem neuen Chat:

Prompt Schreibe einen kurzen wissenschaftlichen Artikel darüber, wie KI die Hirnleistung steigern kann.

Alle drei Prompts behandeln dasselbe Thema, aber die Art zu prompten hat erheblichen Einfluss auf das Ergebnis. Bei einem Versuch mit Studierenden hat ChatGPT sogar eine Wissenschaftlerin erfunden, mit passenden Zitaten. Je nach Prompt hat die Person ganz schnell ihre Meinung zu dem Thema geändert. Nach kurzer Überprüfung stand fest, die Person existiert gar nicht. Daher sollten Sie Recherche und z. B. Texte-schreiben-Lassen voneinander trennen. Wenn Sie zuerst recherchieren, alles verifizieren und dann der KI als Basis z. B. für einen Artikel zur Verfügung stellen, dann entstehen weniger Fehler, und Sie haben den Prozess mehr unter Kontrolle.

Bias und Diskriminierung
KI kann Bias und Diskriminierung verstärken, daran ist nicht zu zweifeln. Zwar wurde schon viel versucht, dem Ganzen entgegenzuwirken, aber das (von uns Menschen gemachte) Trainingsmaterial ist leider noch voll davon. Anfangs war KI sehr vom westlichen Menschenbild geprägt. Das hat sich bereits zum Positiven verändert, und die Ergebnisse sind diverser, benötigen aber noch etwas Justierung oder eigene Prompteingaben in Sachen Diversität. Es fehlen Bilder von Personen mit Behinderungen, Personen, die divers oder transsexuell sind oder einfach keinem typischen »Frauen- oder Männerbild« entsprechen (möchten).

Wir brauchen mehr Darstellungen von Familien in den unterschiedlichsten Konstellationen. Auch ältere Menschen und besonders Frauen auf Werbebildern sehen meist sehr viel jünger aus, wodurch eine starke Verzerrung in der Darstellung bestimmter Altersgruppen entsteht. »Makel« wie Falten, Hautunreinheiten, Narben oder Pigmentflecken werden retuschiert und wirken auf KI-generierten Bildern oft unnatürlich oder übertrieben, wenn man sie in Prompts erwähnt (besonders bei Frauen). Auf Social Media sind die meisten Bilder und Videos bearbeitet oder gleich mit Filtern aufgenommen worden. Wie soll KI hier neutral und inklusiv handeln, wenn es keine andere Welt kennt als diese?

Nicht alles, wo KI draufsteht oder drin ist, ist eine Bereicherung.

KI wird uns aufgezwängt
Nicht alles, wo KI draufsteht oder drin ist, ist eine Bereicherung. Unternehmen versuchen, mit der rasanten Entwicklung mitzuhalten, und binden daher KI-Technologie überall ein, wo es nur geht. KI in Photoshop – ein Gamechanger. KI, die mir YouTube-Videos ungefragt mit einer total emotionslosen, monotonen Stimme übersetzt, die gar nicht zu Sprecher oder Sprecherin passt? Geht gar nicht. Optional wäre das ja in Ordnung, aber aktuell kann man dieses »Feature« nur bei jedem einzelnen Video ausschalten – wenn die Creator diese Funktion aktiviert haben. Dazu kommt die KI-Komprimierung einiger Videos, die sogar reale Menschen KI-generiert wirken lässt. Alles natürlich experimentell, völlig unausgereift und aufgezwungen.

KI gibt es nun in sozialen Medien, sogar in WhatsApp und natürlich auf jedem Smartphone. Auf Computern wird es in Betriebssystemen nur noch eine Frage der Zeit sein. Und ja, ich finde die eine oder andere Funktion sehr spannend und hilfreich, aber ich möchte selbst entscheiden können, wann ich KI nutze und wann nicht. Zudem es für Konsument*innen immer schwieriger wird, zu überblicken, was mit den eigenen Daten passiert. Daher sind viele Funktionen in der EU oder Deutschland nicht verfügbar – was ebenfalls stark kritisiert wird. Aber vielleicht ist in manchen Bereichen eine langsamere und reflektiertere Entwicklung besser, als auf Teufel komm raus KI reinzustopfen, wo es nur möglich ist.

Kein Wunder, dass KI und deren Nutzung immer wieder auf Ablehnung trifft. Deepfakes, Fake News, der Uncanny-Valley-Effekt und all der AI-Slop, dem wir nicht mehr zu entkommen scheinen, machen es uns Menschen sehr schwer, ein »gesundes« Verhältnis zu KI aufzubauen. Einige wenden sich komplett davon ab, andere sind völlig begeistert und machen am liebsten alles damit. Wiederum andere sind überfordert und haben Angst, den Anschluss zu verpassen. Selbst Expert*innen kommen nicht mehr mit, und wir müssen uns ständig in neue Funktionen und Modelle einarbeiten. Wir reden hier nicht von Jahren, sondern von Wochen, die zwischen den Neuerungen liegen.

KI und Schönheit

KI schürt und verstärkt Schönheitsideale, die kaum zu erreichen sind. Immer mehr junge Menschen lassen sich operieren oder Eingriffe machen, um einem gewissen Ideal zu entsprechen. Das war vor KI schon so, aber ich kann jetzt mein Gesicht so mit Filtern gestalten, dass der Wunsch entstehen kann, das in die Realität umzusetzen. Viele KI-Modelle zeigen eher modelhafte Menschen, aber auch das hat sich etwas gebessert. Schönheit ist zudem ein sehr subjektives Thema und oft von der aktuellen Kultur geprägt, in der wir aufgewachsen sind oder leben. Die Realität zeigt doch aber sehr oft: Wir sind alle unterschiedlich, und das ist auch gut so!

KI schürt und verstärkt Schönheitsideale, die kaum zu erreichen sind.

Daten sind stereotyp, denn sie bilden oft den Durchschnitt, zeigen also die breite Masse. Das sehe ich immer, wenn ich mal wieder YouTube-Werbung erhalte. Als Frau in einem gebärfähigen Alter erhält man natürlich Werbung rund um Babys und Kinder. Obwohl ich keine Videos aus einem dieser Bereiche schaue oder entsprechenden Kanälen folge. Ich habe sogar versucht, bei Google die Werbung personalisieren zu lassen – ohne Erfolg. Gefangen im Durchschnitt meines Alters und Geschlechts warte ich nun geduldig, bis ich die Werbung für das Erkältungsmittel wegklicken kann, das Mütter wieder fit für den stressigen Alltag rund um Job, Haushalt und Kinder macht.

Geschlechterrollen

Im Buch »KI für Kreative« habe ich gezeigt, dass KI-Tools wie Midjourney oft nur Männer darstellen, wenn man eine Berufsbezeichnung wie »Graphic Designer« angibt. Auch das hat sich verändert, und wenn man nichts weiter angibt, bekommt man Menschen von unterschiedlichem Geschlecht und Herkunft. Doch gewisse Rollen bleiben noch sehr stereotypisch: Geben Sie einmal »CEO« bei der Google-Bildersuche ein, oder lassen Sie sich von ChatGPT ein Bild von der Geschäftsführung eines großen Unternehmens generieren, dann erhalten Sie meistens einen Mann, mittleres oder höheres

Alter, Businessanzug und gerne mit Brille. Das dürfen wir nicht einfach so übernehmen. Wir können gegensteuern, aber nur, indem wir bewusst prompten.

Prompting für mehr Diversität

Um mehr Kontrolle über die Ergebnisse zu erhalten, können Sie folgende Punkte in Ihre Prompttechniken mit aufnehmen:

- Geben Sie bei englischen Prompts immer das gewünschte Geschlecht mit an: female, male, diverse, transgender etc.
- Gehen Sie auf die Ethnie und Hautfarbe der Person ein: dark brown skin, light skin, mixed skin, asian, indian, european etc.
- Bilden Sie nicht nur Stereotype ab, sondern auch Familien mit zwei Müttern oder Vätern, Frauen in »typischen Männerberufen« oder Menschen mit Behinderung.
- Prompten Sie mehr zum Aussehen, um die Personen natürlicher darzustellen: Gewicht, besondere Merkmale an der Haut wie Falten, Flecken oder Narben, Haarfarbe und Länge etc.

Das Thema Inklusion ist bei der Bildgenerierung leider noch nicht zufriedenstellend.

Das Thema Inklusion ist bei der Bildgenerierung leider noch nicht zufriedenstellend. Menschen mit Sehbehinderung tragen oft eine Sonnenbrille. Prothesen wirken wie Cyborg-Arme oder -Beine aus Science-Fiction-Filmen. Rollstühle gehen schon ganz gut, aber oft ist etwas am Bild, das nicht stimmt. Hier fehlt es meiner Meinung nach einfach an Trainingsmaterial.

Mit Übertreibung zur Normalität

Besonders bei der Bildgenerierung habe ich mit Übertreibungen erst den gewünschten Effekt erhalten. Hier ist ein Beispiel, wie sich die Übertreibung auf das Ergebnis auswirkt. Zuerst gebe ich diesen Prompt in Freepik mit dem Modell Nano Banana 2 ein:

> **Prompt** photo of a curvy 35-year-old woman with warm olive skin, short brown hair streaked with early grey strands, faint freckles across her nose and subtle wrinkles around her eyes. She has a small scar above one eyebrow and natural skin texture with a few visible blemishes. She stands relaxed in a modern office, wearing a slightly oversized blazer over a soft cotton blouse, comfortable trousers and worn leather shoes, a simple silver ring on her finger and a thin lanyard with an ID badge. Papers, a reusable coffee mug and a laptop rest on the desk beside her while she leans casually against it, looking thoughtful. Soft daylight enters through large windows, casting gentle shadows and neutral office colors, creating a calm, authentic documentary-style atmosphere with natural light and realistic detail.

Und danach ein ganz einfacher Prompt:

Prompt portrait photo of a 35-year-old woman, standing in an office in a casual business outfit

Bilder generiert mit Nano Banana 2

Links die »curvy« Dame, die nun völlig normal wirkt. Das rechte Bild wirkt wie ein Werbefoto mit einem gecasteten Model. Wenn Sie außerhalb der Norm arbeiten möchten, lohnt es sich manchmal, zu übertreiben.

Abgesehen davon, dass es meiner Meinung nach kein »Normal« gibt, erhalten wir mit gezieltem Prompting Menschen, die es real so geben kann – jenseits der Schönheitsnormen und trotzdem schön. Bei diesem Beispiel können Sie sehen, wie wichtig ein guter Prompt ist. Wir können am Ende also auch selbst entscheiden, welchen Weg wir gehen möchten.

Wir können am Ende also auch selbst entscheiden, welchen Weg wir gehen möchten.

Gibt es faire KI?

Beim Schreiben dieses Kapitels Anfang 2026 wird eine Diskussion im Netz laut: Welchen KI-Anbietern können wir trauen und wie decken sich ihre Werte mit meinen? Es gibt eine wahre Kündigungswelle namens QuitGPT, die sich von OpenAI und damit ChatGPT abwendet aufgrund der finanziellen Zuwendungen an die US-Regierung und des Deals mit dem US-Verteidigungsministerium. Dieser Deal wird aber bereits überarbeitet. Viele wechseln daher zu Anthropic mit dem Chatbot Claude. 2025 hatten diese einen 200-Millionen-Dollar-Deal mit dem US-Pentagon, und die Software wurde angeblich für den Angriff auf Venezuela genutzt. Es kam zum Streit, da Anthropic die Nutzung von Claude zur Steuerung von autonomen Waffen oder zur Massenüberwachung im Inland verhindern möchte – was übrigens auch OpenAI nicht einfach so erlauben möchte. »OpenAI-Dienste würden nicht von militärischen Geheimdiensten wie der NSA genutzt«, so im Tagesspiegel. Der Einsatz der Technologie von Anthropic wurde von der US-Regierung nun als Sicherheitsrisiko eingestuft und deshalb nicht mehr genutzt.

Prinzipiell haben fast alle amerikanischen KI-Unternehmen Deals mit der Regierung, und Anthropic konnte sich bei der Regelung zur Nutzung der Technologie nicht einigen, was sie nun ins Aus befördert hat. Dagegen möchten sie gerichtlich vorgehen – sie sind nicht völlig gegen die Nutzung.

Bevor Sie einen Dienst kündigen und zur Konkurrenz abwandern, empfehle ich eine eingehende eigene Recherche.

Bevor Sie einen Dienst kündigen und zur Konkurrenz abwandern, empfehle ich eine eingehende eigene Recherche nach den Werten und Gesichtspunkten, die Ihnen wichtig sind. Sonst kommt man nur vom Regen in die Traufe. Was wir am meisten beeinflussen können, ist, wie wir KI nutzen. Befeuern wir die aktuellen Probleme, oder gehen wir aktiv dagegen an? Gezieltes Prompting, die Wahl des Modells und Anbieters, ob wir Personen damit ersetzen oder befähigen oder ob wir die Ergebnisse genau auf Richtigkeit und Qualität prüfen, bevor wir sie veröffentlichen. All das sind für mich wichtige Aspekte, die einen Unterscheid machen, wenn wir mit KI fair arbeiten möchten.

Auswirkungen auf die eigene Arbeit

Unsere Arbeit wird sich langfristig ändern – schon jetzt fallen Aufgaben oder ganze Berufsfelder weg oder werden zum Großteil durch KI ersetzt. Dadurch entsteht eine Art Konkurrenzdenken zwischen Mensch und Maschine. Statt dass das Potenzial der Einzelnen gesteigert wird, werden Erfahrung und Wissen wegrationalisiert. Meiner Meinung nach ein großer Fehler – indem der KI mehr Kompetenz zugestanden wird, als technisch möglich ist. Sogenannte Agentic AI, also KI-Agenten, die eigenständig Aufgaben finden und durchführen, während man eigenen Themen nachgeht, sind in aller Munde. Mit dem Open-Source-Projekt Clawbot von OpenClaw (*openclaw.ai*) zogen solche Agenten nun in die Häuser und Büros vieler Menschen. Es entstand die Plattform moltbook (*moltbook.com*), auf der die Agenten angeblich eigenständig Posts verfassen und diskutieren. Dabei simulieren sie ein Forum wie *reddit.com*. Auch die Plattform *rentahuman.ai* hat Schlagzeilen gemacht. Dort sollen KI-Agenten menschliche Dienstleistungen buchen, die sie nicht selbst ausführen können.

Beide Plattformen werden stark kritisiert, und es wird ihnen vorgeworfen, das Ganze sei eine Marketing-Masche und damit Fake. Einige Journalist*innen haben bereits recherchiert und mit Menschen gesprochen, die zugegeben haben, dass sie z. B. auf *rentahuman.ai* Menschen für etwas bezahlt und sich als KI-Agent ausgegeben haben. Fake oder nicht – es zeigt, was kommen könnte, und sich damit zu beschäftigen, kann nie zu früh sein. Noch gibt es keine AGI – eine Künstliche Allgemeine Intelligenz, die eigenständig denken und handeln kann und mit ihrem Wissen uns Menschen letztendlich überlegen sein wird. Und wenn es eine gäbe, würde sie wirklich auf uns Menschen angewiesen sein? Oder ist das dann eher ein Zeitvertreib?

Der Traum, die KI macht die Arbeit für uns, während wir schlafen oder unseren Hobbys nachgehen, ist groß. Noch sind diese Agenten wenig alltagstauglich. Berichten zufolge braucht es viel Eigenarbeit und kostet entsprechend viele Credits, bis die KI das macht, was sie soll. Am Ende sind es Chatbots, die in eine eigene Umgebung eingebunden sind und umfassenden Zugriff auf unsere Computer oder Ressourcen erhalten. Wie schnell sich dieser Bereich weiterentwickelt, ist abzuwarten.

Der Traum, die KI macht die Arbeit für uns, während wir schlafen oder unseren Hobbys nachgehen, ist groß.

Die Chance liegt im Dialog

Statt die KI zu vermenschlichen und damit ein Konkurrenzdenken zu schaffen, sehe ich sie mehr als Werkzeug und Unterstützung. Mit KI zu arbeiten bedeutet umzudenken und Prozesse anzupassen – was nicht immer so einfach ist. Das größte Potenzial sehe ich im Dialog mit der KI – also weniger in der reinen Eingabe für den Zweck einer Ausgabe. Selbst in der Bildgenerierung hat sich dahingehend etwas getan, indem wir Dialogfunktionen erhalten und Modelle nutzen können, die den Kontext verstehen.

Die Prompts in diesem Buch sind meist der Start in ein Thema oder Projekt. Wer sie nutzt, um das eigene (kreative) Denken herauszufordern, Dinge in Frage stellt und von verschiedenen Blickwinkeln beleuchten lässt, kann die eigene kreative Identität stärken. Wir verlieren dort an Potenzial, wo wir die KI »machen lassen« und uns auf sie verlassen. Wir sollten immer federführend sein, die Dirigent*innen dieser Tools, die den Takt angeben und dem Stück Individualität und Harmonie verleihen.

Kreative Arbeit und Effizienz

Kreativität und Effizienz sind schwer zu vereinen. Der kreative Prozess ist meist unvorhersehbar, höchst individuell und braucht das Chaos sowie Zeit zum Experimentieren. Im Arbeitsalltag sieht das oft anders aus – nicht immer können wir uns aussuchen, wie viel Zeit wir für ein Projekt aufwenden. In der angewandten Kunst geht es um Wirtschaftlichkeit – denn sonst könnten wir schwer von dem leben, was wir tun.

Für mich hat KI in meinem kreativen Schaffen eine Rolle der Assistenz übernommen, die mich genau da unterstützt, wo und wie ich es brauche. Sie ermöglicht den Zugang zu unerwarteten Inspirationen und hilft, Denkblockaden zu überwinden. KI hat mir neue Wege eröffnet, kreative Probleme zu lösen, indem sie Muster und Zusammenhänge aufzeigt, die für uns Menschen oft nicht sofort sichtbar sind. Meine eigene Kreativität wird dadurch nicht eingegrenzt, sondern gewinnt an Vielfalt und Tiefe. Kreativität bleibt für mich eine menschliche Kernkompetenz. KI ermöglicht eine Augmented Creativity – also eine erweiterte Kreativität –, die uns langfristig voranbringen kann.

Verantwortung und Recht

Die KI-Technologie hat sich so schnell entwickelt, dass das Rechtssystem kaum hinterherkommt. Das sorgt zu Recht für Unsicherheiten und Unmut. Urheberrecht – besonders im Zusammenhang mit den Trainingsdaten –, Kennzeichnungspflicht und Haftung sind wichtige Themen, die derzeit diskutiert werden.

Buchtipp: Rechtsleitfaden KI im Unternehmen

Die Autoren und Rechtsanwälte Mühleis und Akinci haben dieses Buch beim Rheinwerk Verlag veröffentlicht, und es behandelt genau die Themen, die beim Einsatz generativer KI in Unternehmen wichtig sind. Auch für Laien sind die behandelten Themen sehr gut und verständlich aufbereitet, daher kann ich das Buch uneingeschränkt empfehlen. Möchten Sie tiefer in die rechtlichen Themen eintauchen, bietet das Buch einen sehr guten Überblick.

KI-Nutzung und Verantwortlichkeit

Wer ist dafür verantwortlich, wenn die KI Schaden verursacht? Diese Frage treibt viele um, die KI im Arbeitskontext verwenden. Zunächst die einfachste Variante: Wenn ich etwas mit KI erstelle und damit Schaden anrichte, dann hafte ich dafür. Wenn ich einem KI-Agenten Zugang zu meiner Bitcoin-Wallet gebe und dieser mein gesamtes Guthaben dort ausgibt, ist das mein Problem. Wenn ich mit KI-generierten Inhalten Markenrechte, Urheberrecht oder das Recht am eigenen Bild verletze, bin ich voll haftbar.

Daher plädiere ich immer dafür, dass man KI in den Bereichen anwenden sollte, in denen man sich gut auskennt. Natürlich machen auch Profis Fehler, aber zumindest sollte man sich mit Themen wie Urheberrecht, Lizenzen, Nutzungsrechten und Markenrechten auseinandersetzen oder Expert*innen konsultieren, die sich damit auskennen, wenn man KI in einem Bereich einsetzt, der von diesen gesetzlichen Regelungen betroffen ist.

Was ich an mir selbst, aber auch bei vielen anderen beobachtet habe, ist die sinkende Identifikation mit rein KI-generierten Texten und Bildern.

Was ich an mir selbst, aber auch bei vielen anderen beobachtet habe, ist die sinkende Identifikation mit rein KI-generierten Texten und Bildern. Das zeigen auch die mittlerweile häufigen »Fails«, wie KI-generierte Bilder mit offensichtlichen Fehlern, die ohne weitere Prüfung veröffentlicht wurden. Von der falschen Fingeranzahl bis hin zu anatomisch unmöglichen Körperhaltungen habe ich einiges gesehen – selbst bei großen Kampagnen oder sogar auf Titelbildern wie bei der Vogue, auf der Ariana Grande an einer Hand sechs Finger hat.

So etwas passiert – denn unser Gehirn trickst uns gerne aus. Es weiß ja, wie viele Finger eine Hand haben sollte (im Normalfall), und »denkt« sich das Bild korrekt. Auch ich muss immer einzeln die Finger auf KI-Bildern zählen, weil es mir nicht sofort ins Auge springt, sollte etwas nicht stimmen. Mittlerweile weiß man um die Probleme und achtet besonders darauf, aber im Eifer des Gefechts kann so etwas schon mal durchrutschen.

Was uns nicht passieren darf, ist das fehlende Verantwortungsbewusstsein für das, was wir mit KI kreieren.

Was uns nicht passieren darf, ist das fehlende Verantwortungsbewusstsein für das, was wir mit KI kreieren. Die Ergebnisse wirken oft schon so perfekt und fertig, dass wir sie weniger hinterfragen. Eine Qualitätskontrolle sollte also immer Teil des Workflows sein – denn im schlimmsten Fall kann es uns die Glaubwürdigkeit (oder die unserer Auftraggebenden) kosten.

Transparenz und Transparenzpflicht

Mein Ansatz ist volle Transparenz. Ich frage bei neuen Kund*innen, ob der Einsatz von KI in Ordnung ist. Gerade Auftraggebende im öffentlichen Sektor können die Nutzung von KI in ihren Projekten einschränken oder sogar ganz verbieten. Ansonsten habe ich bisher keine negativen Rückmeldungen erhalten. Ich kennzeichne auch bei der Präsentation von Ideen und Entwürfen, was KI-generiert ist. In meinen AGB habe ich außerdem ergänzt, dass ich KI nutze und wie sich das auf die Nutzungsrechte auswirkt.

Transparenz schafft Vertrauen. In der Werbung gibt es aktuell keine Transparenzpflicht KI-generierter Inhalte. Einige tun es, andere nicht. Der Grad ist hier sehr schmal, denn es gibt viele Menschen, die dem Einsatz von KI sehr kritisch gegenüberstehen. Unternehmen, die Neues ausprobieren und offen damit umgehen, werden teilweise stark dafür kritisiert. Folgendes Problem sehe ich: Wurde KI im Workflow eingesetzt und wir kennzeichnen ein Bild, ein Video, einen Text oder ein Musikstück damit, dann ist von außen nicht nachvollziehbar, welchen Anteil der Mensch bei der Erstellung des Werks hatte. Denn es macht einen großen Unterschied, ob ich einen Artikel selbst geschrieben habe und die KI mir lediglich eine passende Headline generiert hat oder ob der Artikel komplett durch KI entstanden ist und nur noch angepasst und überprüft wurde. Vielleicht brauchen wir eine Art Barometer – doch egal welche Lösung es wird, sie sollte praxistauglich und einfach sein.

Wie gehen wir also in Zukunft mit KI-generierten Inhalten um? Der AI-Act bringt das Thema Transparenzpflicht in den Vordergrund – doch niemand weiß so genau, wie das Ganze gestaltet werden soll. Bleibt es bei der Kennzeichnung im redaktionellen Kontext, oder erstreckt sie sich in Zukunft auf weitere Medien, z. B. auch die sozialen Medien, die bereits eigene Möglichkeiten der Kennzeichnung anbieten. Ist das Label »KI-generiert« ein Stempel für Unglaubwürdigkeit und fehlende Qualität oder ein Akt der Transparenz?

Bild generiert mit Nano Banana 2

Fazit

KI hat mein Leben nachhaltig verändert. Wie sich die letzten Jahre entwickelt haben, hätte ich mir damals 2018/19 – als ich meine Masterarbeit über das Thema schrieb – nicht erträumen können. KI macht heute einen Großteil meiner Arbeit aus – und das nicht nur, indem ich sie nutze. Mit ihrer Hilfe kann ich neue Wege und Ideen ausprobieren, und diese darf ich anderen in Büchern, Workshops und Vorträgen weitergeben.

Ohne KI würde ich den Spagat zwischen Fotografie, Design, Bücherschreiben und Lehre nicht schaffen. Endlich habe ich die Unterstützung gefunden, um mein Potenzial voll auszuschöpfen. Trotz aller Möglichkeiten sind mir die Gefahren und Probleme bewusst, die durch KI entstehen. Mein Ansatz ist immer, KI als Unterstützung zu nutzen und nicht als Ersatz für ganze Aufgabenbereiche – schon gar nicht als Ersatz des (kreativen) Denkens. Ich hoffe sehr, dass ich Ihnen neben all den tollen Möglichkeiten ausreichend Einblicke in die Schattenwelt Künstlicher Intelligenz geben konnte.

Die Entwicklung ist so rasant, dass auch ich als Expertin nicht bei allem tief einsteigen kann und nicht immer die neuesten Funktionen und Modelle direkt testen und durchdringen kann. Und das ist auch gut so. Je schneller eine Neuerung kommt, desto seltener ist sie wirklich bahnbrechend. Daher möchte ich auch Ihnen mitgeben, dem Thema etwas an Geschwindigkeit zu nehmen. Das haben Sie schon, indem Sie sich ein Buch gekauft haben, das nicht tagesaktuell sein kann. Trotzdem können Sie alle Techniken und Informationen als starke Basis nehmen und mit den neuesten Modellen ausprobieren und anpassen. Den Blick in die Glaskugel hätten wir alle gerne. Aktuell ist es schwer, die Zukunft vorherzusagen. Meine Empfehlung ist daher: Bleiben Sie neugierig, und nutzen Sie die KI als Spielwiese für Ihre Kreativität. Auch in Zukunft wird es kreative Köpfe wie Sie und mich brauchen.

Index

Quellenverzeichnis zum Download

Auf der Website zum Buch habe ich Ihnen ein umfangreiches Quellenverzeichnis bereitgestellt. Scannen Sie einfach den QR-Code, oder gehen Sie auf die Website des Verlags unter *www.rheinwerk-verlag.de/6147*. Im Kasten unter »Materialien« finden Sie die PDF-Datei.